EDMUND HUSSERL

Die phänomenologische Methode

Ausgewählte Texte I

MIT EINER EINLEITUNG
HERAUSGEGEBEN VON
KLAUS HELD

PHILIPP RECLAM JUN. STUTTGART

Universal-Bibliothek Nr. 8084 [4]

Gesamtherstellung: Reclam, Ditzingen. Printed in Germany 1990
RECLAM und UNIVERSAL-BIBLIOTHEK sind eingetragene
Warenzeichen der Philipp Reclam jun. GmbH & Co., Stuttgart
ISBN 3-15-008084-3

Inhalt

Einleitung

1. *Husserls Phänomenologie heute*

Edmund Husserl (1859–1938) ist der Begründer der Phänomenologie, die zu den bedeutenden philosophischen Strömungen der Gegenwart zählt. Für die deutsche Philosophie in den ersten Jahrzehnten und das französische Denken in der Mitte des 20. Jahrhunderts hatte sie maßgebende Bedeutung. Grundwerke der Philosophie unserer Zeit wie *Der Formalismus in der Ethik und die materiale Wertethik* von Max Scheler (1913/16), *Sein und Zeit* von Martin Heidegger (1927), *Das Sein und das Nichts* von Jean-Paul Sartre (1943) und die *Phänomenologie der Wahrnehmung* von Maurice Merleau-Ponty (1945) verstanden sich programmatisch als phänomenologische Untersuchungen.

Auch in der nicht phänomenologisch orientierten Philosophie und in einer Reihe von Wissenschaften, etwa der Literaturwissenschaft oder den Sozialwissenschaften, vor allem aber der Psychologie, wurden vielfältig phänomenologische Motive wirksam. Der Einfluß der Phänomenologie erstreckt sich heute weit über den deutsch-französischen Sprachraum hinaus. An erster Stelle sind Lateinamerika und Japan zu nennen. Aber auch im nicht-orthodoxen Marxismus Jugoslawiens, der Tschechoslowakei und Polens, in Italien und zunehmend sogar im anglo-amerikanischen Denken, wo zunächst eine breitere Wirkung Husserls ausblieb, werden phänomenologische Ideen diskutiert. So hat man mit Recht von einer weltweiten »phänomenologischen Bewegung« sprechen können.

Die Kenner zählen Edmund Husserl, der diese Bewegung auslöste, zu den Klassikern der Philosophie des 20. Jahrhunderts. Den philosophisch interessierten Laien in Deutschland ist kaum mehr als sein Name bekannt. Das hat vor allem einen Grund: Die Husserlsche Phänomenologie bildet zwar für die schon genannten frühen Hauptwerke Heideggers und Sartres mit Abstand die wichtigste Voraussetzung. Aber weil Husserl Jude war, konnten die Schriften seiner Spätzeit im »Dritten Reich« nicht mehr erscheinen, und so war die Kontinuität der Auseinandersetzung mit seinem Denken unterbrochen, als man in den fünfziger und sechziger Jahren innerhalb und außerhalb der deutschen Universitäten Heidegger und Sartre wieder intensiv diskutierte.

Das Schweigen über Husserl bleibt ein für die deutsche Kulturszene der Wirtschaftswunderjahre beschämender postumer Triumph des Nationalsozialismus, auch wenn man zweierlei zugestehen muß: Die trockene Diktion des Katheder-philosophen Husserl bot sich von vornherein für eine öffentliche Debatte nicht entfernt in solchem Maße an wie die griffigen Formulierungen der Existenzphilosophie, und unglücklicherweise erschien die Gesamtausgabe der Husserlschen Schriften, die seit 1950 historisch-kritisch ediert werden, nicht in Deutschland.[1]

In der zweiten Hälfte der sechziger Jahre und in den siebziger Jahren wurde es um die Husserlsche Phänomenologie noch stiller als zuvor, weil das Interesse an der Heideggerschen Spätphilosophie, am Existentialismus und an der Hermeneutik Gadamers, die ebenfalls durch wichtige Motive mit der Phänomenologie verbunden ist, stark zurückging; die »Kritische Theorie« der Frankfurter Schule, die Sprachanalytik in der Nachfolge des späten Wittgenstein, der sogenannte französische Strukturalismus, Wissenschaftstheorie und Wissenschaftsgeschichte traten mit wechselnder Intensität in den Vordergrund des fachlichen, aber auch des öffentlichen Interesses. Erst in den letzten Jahren taucht der Name Husserl wieder häufiger sogar in den außeruniversitären Diskussionen auf, weil die »Lebenswelt«[2], der Zentralbegriff seiner unvollendeten Spätphilosophie, zunehmend die Aufmerksamkeit auf sich zieht.

Vor diesem ganzen Hintergrund darf man dem Erscheinen der beiden Bände der vorliegenden Auswahl gewiß eine besondere Bedeutung zusprechen. Die Mehrzahl der hierin enthaltenen Texte wird in Deutschland erstmals einem breiteren Publikum zugänglich gemacht. Zugleich stehen damit dem Studenten und Schüler für die Arbeit in Universitätsseminaren oder Kursen der reformierten gymnasialen Oberstufe zentrale Partien des Husserlschen Lebenswerks zur Verfügung, die bisher zu einem großen Teil nur in die Hand von Lesern gelangten, die die hohen Kosten für die Anschaffung dickleibiger Fachliteratur nicht scheuten. Jeder Studientext behandelt einen thematisch in sich geschlossenen Problemzusammenhang, so daß auch die Stücke, die größeren Schriften Husserls entnommen sind, ein Studium des zugehörigen Werks nicht voraussetzen. Innerhalb der meisten Texte wurde nicht gekürzt. Wo überhaupt etwas weggelassen wurde, handelte es sich um entbehrliche Abschnitte: Exkurse, Ausblicke oder Überleitungen, die den Zusammenhang mit dem übrigen Text des betreffenden Werks herstellen.

2. *Leben und Werke*

Aus dem unauffälligen Gelehrtenleben Edmund Husserls ist nichts »Spektakuläres« zu berichten. Er wurde am 8. April 1859 in Proßnitz (Mähren) geboren. 1876 bis 1882 studierte er Mathematik und Philosophie, erst in Leipzig, dann in Berlin. An die Promotion in Mathematik im Winter 1882/83 schloß sich bald ein vertieftes Philosophiestudium bei Franz Brentano in Wien an. In Halle habilitierte sich Husserl mit dem Thema: »Über den Begriff der Zahl. Psychologische Analysen«. Dort lehrte er als Privatdozent von 1887 bis 1901. 1900/01 veröffentlichte er sein erstes Hauptwerk, mit dem er die Phänomenologie begründete: die *Logischen Untersuchungen* in zwei Bänden.[3] Aufgrund dieses Werks wurde er 1901 als außerordentlicher Professor nach Göttingen berufen. Erst mit 47 Jahren wurde er dort 1906 ordentlicher Professor. Von

1916 bis zur Emeritierung im Jahre 1928 hatte er den Lehrstuhl für Philosophie in Freiburg i. Br. inne, auf dem ihm Martin Heidegger folgte. Er starb dort am 27. April 1938.[4]
Schon in Göttingen bildete sich um Husserl ein Schüler- und Freundeskreis, die »Göttinger Schule« der Phänomenologie. An ihre Seite trat bald eine in München beheimatete Richtung. Zusammen mit den Münchner Philosophen Moritz Geiger und Alexander Pfänder, seinem später im Ersten Weltkrieg gefallenen Göttinger Schüler Adolf Reinach und dem damals in Berlin lehrenden Max Scheler gründete Husserl 1913 das *Jahrbuch für Philosophie und phänomenologische Forschung*, das zum Sammelbecken der phänomenologischen Forschungsarbeit wurde. Hierin erschienen die schon genannten Werke von Scheler und Heidegger, aber auch andere herausragende Arbeiten der Philosophie im ersten Drittel unseres Jahrhunderts. Besonders bekannt wurden – auch unabhängig vom *Jahrbuch* – die Namen von Husserls erster Assistentin, Edith Stein, einer Jüdin, die zur katholischen Kirche konvertierte, später Karmeliterin wurde und im Konzentrationslager starb, von Roman Ingarden, einem einflußreichen polnischen Philosophen, von Jan Patočka, einem bekannten tschechoslowakischen Philosophen, der später als Sprecher der Menschenrechtserklärung »Charta 77« bekannt wurde, von Aron Gurwitsch und Alfred Schütz, die nach dem Zweiten Weltkrieg in den Vereinigten Staaten lehrten.
Husserl eröffnete das Jahrbuch mit einem programmatischen Werk, *Ideen zu einer reinen Phänomenologie und phänomenologischen Philosophie*, das auf drei Bücher veranschlagt war, von denen aber nur das erste (im folgenden zitiert als: *Ideen I*) zu seinen Lebzeiten veröffentlicht wurde.[5]
Mit den *Ideen I*, seinem zweiten Hauptwerk, 13 Jahre nach den *Logischen Untersuchungen*, gab Husserl der Phänomenologie eine Wendung, die seine Göttinger und Münchner Weggefährten nicht akzeptieren konnten. Über die alte und die neue Gestalt der Phänomenologie, die »Wesenslehre« der frühen Zeit und die transzendentalphilosophische Ausprä-

gung des Husserlschen Denkens in der Freiburger Periode, wird noch zu sprechen sein.
Wiederum verging eine lange Zeit, bis Husserl weitere wichtige Werke erscheinen ließ. 1928 veranlaßte er Heidegger, einen von Edith Stein aus alten Vorlesungsteilen und Forschungsmanuskripten zusammengestellten Text herauszugeben, die berühmt gewordenen *Vorlesungen zur Phänomenologie des inneren Zeitbewußtseins.*[6] 1929 veröffentlichte Husserl selbst eine neue Einführungsschrift, die *Formale und transzendentale Logik.*[7] Zwei längere Vorträge, die er 1929 an der Sorbonne in Paris gehalten hatte, erweiterte Husserl wiederum zu einer Einführung in die Phänomenologie, den *Cartesianischen Meditationen*, die 1931 in französischer Sprache erschienen. Die deutsche Fassung wurde erst 1950 als Band 1 der Gesamtausgabe »Husserliana« veröffentlicht.[8] Schließlich konnte Husserl 1936 außerhalb Deutschlands noch einen Teil seines letzten Werks publizieren, das abermals und auf ganz neue Weise in die Phänomenologie einführen sollte: *Die Krisis der europäischen Wissenschaften und die transzendentale Phänomenologie* (im folgenden zitiert als: *Krisis*). Das vollständige Werk erschien erst 1954 als Band VI der »Husserliana«.[9] Ebenfalls nur im Ausland konnte 1938 eine Zusammenstellung von Forschungsmanuskripten erscheinen, die Husserls ehemaliger Assistent Ludwig Landgrebe in seinem Auftrag unter dem Titel *Erfahrung und Urteil* bearbeitete und herausgab.[10]
Abgesehen von den *Logischen Untersuchungen* und den *Vorlesungen zur Phänomenologie des inneren Zeitbewußtseins*, erschienen von Husserl zu Lebzeiten nur programmatische Einführungsschriften, und diese – wie erwähnt – teils unvollständig, eine nicht einmal in deutscher Sprache. Die eigentliche Arbeit Husserls konzentrierte sich aber nicht auf solche Einführungen, sondern auf seine konkreten phänomenologischen Analysen. Husserl schrieb seine Gedanken mit. Tag für Tag unermüdlich tätig, füllte er mit seinen Analysen zwischen 1890 und 1938 etwa 45000 Seiten in Gabelsberger Ste-

nographie. Seine Schaffenskraft und unbedingte Hingabe an die Sache wurden auch durch die Schikanen der Nazis, die ihm das Betreten der Universität verboten, nicht gebrochen. Das Verbotsschreiben befindet sich im Husserl-Nachlaß. Er hat es wie alles, was ihm an Blättern zur Hand war, auf der Rückseite mit Forschungsnotizen beschrieben – »ein Fall des ›Weitermachens‹, dessen Würde der des Satzes ›Noli tangere circulos meos‹ nicht nachsteht«[11]. Nach Husserls Tod bestand die Gefahr, daß die Forschungsmanuskripte, der eigentliche Ertrag seiner Lebensarbeit, in die Hände der Nazis fallen könnten. Ein belgischer Franziskanerpater, Hermann Leo Van Breda, rettete den Nachlaß in einer abenteuerlichen Aktion vor dem Zugriff der Nationalsozialisten.[12] Er gründete 1939 an der Universität Löwen in Belgien ein Husserl-Archiv. Es veröffentlicht seit 1950 in Zusammenarbeit mit dem später gegründeten Husserl-Archiv an der Universität Köln die schon erwähnten »Husserliana«. Diese historisch-kritische Gesamtausgabe umfaßt die von Husserl selbst veröffentlichten oder für die Veröffentlichung vorgesehenen Werke, die wichtigsten unveröffentlichten Vorlesungen, Vorträge und Aufsätze und – als Beilagen oder als eigene Bände – thematisch gruppierte Auswahlen aus den Forschungsmanuskripten.

In Husserls Gedankenwelt einzudringen gelingt nicht ohne Mühe. So sind dem Leser vielleicht einige Hinweise zur Lektüre willkommen. Demjenigen, der eine kurze und gut lesbare Vorstellung der Phänomenologie aus Husserls eigener Feder sucht, sei der *Encyclopaedia Britannica*-Artikel empfohlen, der im vorliegenden Band als vierter Text abgedruckt ist. Tiefer dringt Husserls grundlegende Einführung in die Phänomenologie aus den *Ideen I*, die »Phänomenologische Fundamentalbetrachtung«, in diesem Band als dritter Text enthalten. Die kurze Skizze einer besonders typischen konkreten phänomenologischen Analyse enthält der Text über die Wahrnehmung, der den zweiten Band dieser Auswahl eröffnet. Die berühmtesten Beispiele im Detail durchgeführter Analyse sind die im zweiten Band enthaltenen Texte zum »inneren Zeitbewußtsein« und zur »Intersubjektivität«. Einen Zugang zu Husserl über die schon erwähnte Lebenswelt-Problematik bietet der letzte Text des zweiten Bandes.

Wer an die Lektüre der beiden vorliegenden Auswahlbände ein vertieftes Husserl-Studium anschließen möchte, sei in erster Linie auf die programmatisch einführenden Hauptwerke von 1913, 1927 und 1936 verwiesen: *Ideen I*, *Cartesianische Meditationen* und *Krisis*. Zur Einführung geeignet sind auch zwei Vorlesungen Husserls aus den Jahren 1907 und 1925 (»Husserliana«-Bände II und IX). Charakteristisch für das Pathos der beginnenden Phänomenologie ist ein Aufsatz von 1911, mit dem Husserl besonderes Aufsehen erregte und dessen Titel in der Philosophie des 20. Jahrhunderts zu einem umstrittenen Programmwort wurde: *Philosophie als strenge Wissenschaft*. Für ein intensiveres Eindringen in die Grundlegungsproblematik der transzendentalen Phänomenologie ist die Vorlesung *Erste Philosophie* von 1923/24 besonders aufschlußreich. Was das Studium konkreter Analysen betrifft, so ist neben den genannten Texten im zweiten Band dieser Auswahl der zweite Band der *Logischen Untersuchungen* noch immer unentbehrlich. Andere Analysen zu einer jeweils relativ überschaubaren Thematik enthalten die »Husserliana«-Ausgaben des zweiten Buches der *Ideen zu einer reinen Phänomenologie und phänomenologischen Philosophie* (Band IV), *Ding und Raum* (Band XVI, aus einer Vorlesung von 1907) und *Analysen zur passiven Synthesis* (Band XI, aus einer Vorlesung von 1926)[13], außerdem das schon erwähnte Gemeinschaftswerk von Husserl und Landgrebe: *Erfahrung und Urteil.*

Ein Blick in die Sekundärliteratur: Die schon klassisch gewordenen Einführungen in zentrale Fragen des Husserlschen Denkens stammen von seinen beiden letzten Assistenten Ludwig Landgrebe und Eugen Fink, die beide mit eigenen weiterführenden Forschungen im In- und Ausland hohes

Ansehen erwarben. Wichtige Aufsätze von ihnen und anderen Phänomenologiekennern sind in Sammelbänden enthalten, über die sich im Literaturverzeichnis nähere Angaben finden. Eine lesenswerte Einführung in die frühe Phänomenologie hat Heidegger in einer Vorlesung von 1925 gegeben, die jetzt als Band 20 der Gesamtausgabe veröffentlicht ist. Aus den letzten Jahren ist eine Einführung von Paul Janssen zu nennen, die einen zuverlässigen Gesamtüberblick über die Themenvielfalt des Husserlschen Denkens gibt, und eine kritische Auseinandersetzung von Antonio Aguirre mit den bekanntesten neueren Husserl-Kritikern, worin er das schiefe Bild zurechtrückt, das sie teilweise von Husserls Gedanken vermitteln. Einblick in die aktuelle Forschung zu Husserl und zur Phänomenologie überhaupt geben die Zeitschriften *Phänomenologische Forschungen* und *Husserl Studies*. Viele wichtige Beiträge zur Husserl-Interpretation in den drei letzten Jahrzehnten sind in den Bänden der »Phaenomenologica« erschienen, einer Reihe von Monographien, die der Nijhoff-Verlag (Niederlande) herausbringt. Für alle bibliographischen Details sei auf das Literaturverzeichnis verwiesen. Es enthält außerdem eine auf das Wichtigste beschränkte Auswahl von Veröffentlichungen zu den Problemen, mit denen sich Husserl in den hier dargebotenen Texten auseinandersetzt.

3. *Das Grundproblem der Phänomenologie*

Für den vorliegenden Auswahlband wurde der Titel »Die phänomenologische Methode« gewählt. Er nennt den Aspekt, durch den die Phänomenologie ursprünglich bekannt wurde. Husserls Anspruch war zunächst eine neue philosophische Methode. »Philosophische Methode« – das meint einen Weg, ein Verfahren zur Erkenntnis der Wahrheit. Der Weg des Erkennens ist durch das Ziel vorgezeichnet. Sein Ziel hat Husserl programmatisch in dem schon erwähnten Aufsatz von 1911 formuliert: *Philosophie als strenge Wissenschaft.* Husserl wandte sich hier gegen die um die Jahrhundertwende verbreitete Vorstellung, Philosophie sei nicht Wissenschaft, sondern »Weltanschauung«. Zugleich bekämpfte er die Resignation des philosophischen »Historismus«: Die Aufgabe der Philosophie sollte im Grunde nur noch darin bestehen, ihre eigene Geschichte zu schreiben. Rückbesinnung der Philosophie auf ihren Wissenschaftscharakter – das hieß für Husserl freilich nicht: die Philosophie auf Wissenschaftstheorie reduzieren, wie es einflußreiche Richtungen damals wollten – und heute wieder wollen. Gemeint war auch nicht eine Anpassung der Philosophie an die Methoden der modernen Naturwissenschaft.

Worum es Husserl mit seinem Programm eigentlich ging, war ein keineswegs neues Ideal der Philosophie: radikal vorurteilsfreie Erkenntnis. Durch ihre Vorurteilslosigkeit will sich die Philosophie seit alters vom bloßen Meinen unterscheiden. Wie Platon als erster formuliert hat: *Episteme*, wahres Erkennen, soll an die Stelle der *Doxa*, der Meinung, treten. Das Meinen bleibt auf doppelte Weise hinter dem wahren Erkennen zurück. Zum einen unterliegen Meinungen stets irgendwelchen situationsbedingten Schwankungen. Wahre Erkenntnisse sollen von der subjektiven Befangenheit in wechselnden Lebenssituationen frei und in diesem Sinne »objektiv« und dauerhaft sein. Zum andern erheben wir, solange wir etwas bloß meinen, einen Erkenntnisanspruch, den wir nicht einlösen. Wer beispielsweise sagt »Ich meine, daß es im August in Italien zu heiß ist« oder »Ich meine, daß der Lehrsatz des Pythagoras beweisbar ist«, der bringt damit zum Ausdruck: Meine Auffassung könnte sich bewahrheiten, indem ich im Sommer nach Italien fahre bzw. den Beweis für den Lehrsatz wirklich vorführe. So verweist das bloße Meinen seinem Sinne nach auf Situationen, in denen das Gemeinte sich ausweisen, erfüllen, bestätigen würde. Solche Situationen bringen uns gleichsam in die Nähe der Sache, die uns beim Meinen nur aus der Ferne gegeben ist.

In dieser Hinsicht überführen wir das Meinen in wahre Erkenntnis, indem wir uns in Erfahrungs- oder, allgemeiner: Erlebnissituationen versetzen, die uns die notwendige Sachnähe verschaffen. Die zunächst genannte Forderung an wahre Erkenntnis war aber gerade ihre Dauerhaftigkeit und Objektivität, und das hieß: Unabhängigkeit von den jeweiligen Erlebnissituationen. So entsteht, wenn man wahres Erkennen durch Abgrenzung vom Meinen bestimmt, eine gewisse Spannung zwischen den Ansprüchen der Objektivität und der Sachnähe. Man darf sagen, daß diese Spannung im Grunde Husserls Philosophieren ausgelöst und in Atem gehalten hat. Sein Streben nach der Vorurteilslosigkeit einer »strengen Wissenschaft« bestand darin, die Spannung nicht einseitig aufzulösen.
Die Forderung nach Sachnähe besitzt gegenüber der nach Objektivität einen Vorrang: Ich kann über eine Sache nur reden – sei es objektiv oder bloß meinungshaft –, weil ich voraussetze, daß sich grundsätzlich die Möglichkeit realisieren läßt, sie auf eine sachnahe Weise, sozusagen »anschaulich«, »leibhaft« zu erleben. Ohne eine solche Möglichkeit wäre mir die Sache nicht einmal bekannt, sie existierte für mich nicht. So weiß ich mich bei allem, was mir in meinen Erfahrungen, Erlebnissen oder Gedanken begegnen mag, verwiesen auf Situationen, in denen das Erfahrene, Erlebte, Gedachte ursprünglich – Husserl sagt: »originär« – im Umkreis meines Erfahrens, Erlebens, Denkens aufgetaucht ist oder darin in originärer Weise auftreten könnte. Wie immer mir eine Sache erscheinen mag, jedes Erscheinen von etwas ist rück- oder vorbezogen auf ein *originäres Gegebensein* für mich und bezieht letztlich von daher seinen Sinngehalt.
In der Situation des originären Erscheinens nehme *ich* den Bezug zur Sache auf; die Sache erscheint *für mich* als etwas Erfahrbares, Erlebbares, Erkennbares auf der Bühne der Welt. In diesem Sinne hat alles originär Erscheinende einen *subjekt-relativen* Charakter, wie Husserl sagt, d. h., sein

Erscheinen besteht darin, sich einem in einer bestimmten Situation befindlichen Subjekt darzubieten. Auf der anderen Seite erhebt objektive Erkenntnis den Anspruch, an die wechselnden subjektiven Erkenntnissituationen nicht gebunden zu sein; das objektiv Erkannte soll gerade nicht bloß subjekt-relativ »für mich«, sondern »an sich«, d. h. unabhängig vom Bezug auf Subjekte und die Situativität ihres Erlebens, bestehen. Da aber jegliches Erfahren, Erleben, Denken auf Situationen originären Erscheinens beruht, setzt auch die Erkenntnis der Gegenstände, wie sie »an sich« sein mögen, subjektiv-situative Weisen originärer Gegebenheit voraus.

Aus dieser Problemkonstellation ergibt sich bereits die philosophische Frage, in der man den inneren Anfang des Husserlschen Philosophierens sehen darf: Wie sind die *Gegebenheitsweisen* der Gegenstände, in denen wir sie als etwas an sich, objektiv Bestehendes auffassen, rückgebunden an originäre subjekt-relative Gegebenheitsweisen? Zwischen dem Ansichbestehen der Gegenstände und ihrer subjektiven, situationsgebundenen Gegebenheitsweise besteht ein Wechselverhältnis, eine Korrelation, deren konkreter Charakter von der Art der Gegenständlichkeit abhängt. Um bei den obigen Beispielen zu bleiben – das Klima eines Landes kommt mir auf gänzlich andere Weise ursprünglich zur Gegebenheit als der Inhalt eines mathematischen Lehrsatzes, und die originären Weisen des Erscheinens beider Sachen lassen sich nicht austauschen.

Die beiden Seiten der Korrelation sind voneinander unablösbar: Dem Gegenstand-im-Wie-seiner-Gegebenheit – dem *»Noema«*, wie Husserl in den *Ideen I* sagt – korrespondiert die *Noesis*,[14] die zugehörige Mannigfaltigkeit der Vollzüge des Erfahrens, Erlebens, Erkennens, in denen mir eine bestimmte Art von Gegenständen originär erscheint und auch nur erscheinen kann; ich kann nicht gleichsam an dieser Mannigfaltigkeit vorbei auf den Gegenstand blicken. Diese Korrespondenz von Gegenstandsart und Gegebenheitsweise ist ein Gesetz, das sich mit unbedingter Allgemeinheit vorab zu aller Erfahrung, also »apriori«, formulieren läßt. *Die Gegenstände im Wie ihres Erscheinens* in zugeordneten Gegebenheitsweisen sind die »Phänomene«, die »Erscheinungen«, von denen die danach benannte »Phänomenologie« handelt. Die Phänomene im Husserlschen Sinne sind nichts anderes als das in der Welt »an sich« Seiende, aber rein so, wie es sich in der situativen Jeweiligkeit des subjektiven »Für-mich« zeigt.

Daß die Frage nach der *Korrelation* von objektivem Gegenstand und originärer subjektiver Gegebenheitsweise den inneren Anfang des Husserlschen Denkens bildet, bestätigt eine Stelle der *Krisis*, an der Husserl auf sein Lebenswerk zurückblickt: »Die naive Selbstverständlichkeit, daß ein jeder die Dinge und die Welt überhaupt so sieht, wie sie für ihn aussehen, verdeckte, wie wir erkennen, einen großen Horizont von merkwürdigen Wahrheiten, die in ihrer Eigenheit und ihrem systematischen Zusammenhang nie in den Gesichtskreis der Philosophie traten. Nie erregte [scil. vor dem ersten Durchbruch der »transzendentalen Phänomenologie« in den *Logischen Untersuchungen*] die Korrelation von Welt (der Welt, von der wir je sprechen) und subjektiven Gegebenheitsweisen von ihr das philosophische Staunen, trotzdem sie sich schon in der vorsokratischen Philosophie und, aber nur als Motiv skeptischer Argumentation, in der Sophistik vernehmlich meldet. Nie hat diese Korrelation ein eigenes philosophisches Interesse erregt, so daß sie zum Thema einer eigenen Wissenschaftlichkeit geworden wäre. Man blieb in der Selbstverständlichkeit verhaftet, daß jedes Ding für jedermann jeweils verschiedentlich aussieht.«[15] Und in einer Anmerkung fügt Husserl mit einem bei ihm seltenen Ton des subjektiven Bekenntnisses hinzu: »Der erste Durchbruch dieses universalen Korrelationsapriori von Erfahrungsgegenstand und Gegebenheitsweisen (während der Ausarbeitung meiner *Logischen Untersuchungen* ungefähr im Jahre 1898) erschütterte mich so tief, daß seitdem meine gesamte Lebensarbeit von dieser Aufgabe einer systematischen Ausarbeitung dieses Korrelationsapriori beherrscht war.«[16]

Was bisher als Sachnähe oder *Originarität* bezeichnet wurde, ist der philosophischen Tradition als Grundlage oder Norm philosophischer Erkenntnis schon lange bekannt: Sie nannte es Evidenz. Husserl nimmt diesen Begriff auf, weil er den Gedanken der Verwiesenheit jeglicher Welterfahrung auf originäre Gegebenheitsweisen konsequenterweise auch auf die philosophische Erkenntnis selbst anwendet. Auch die Phänomenologie zehrt in ihrem Sinngehalt vom ursprünglichen »leibhaften« Erscheinen dessen, worüber sie Aussagen macht. Ohne Einsicht (»intuitio«, »Anschauung«), die durch ihre Sachnähe und damit Sachhaltigkeit »einleuchtet« (»Evidenz«), bleibt das philosophische Denken ein leeres Argumentieren und Konstruieren. Solchem Spiel mit Begriffen setzt Husserl die phänomenologische Beschreibung, die Deskription auf der Grundlage der Evidenz entgegen. Kants Feststellung gilt noch immer: »Begriffe ohne Anschauung sind leer«. Deshalb formuliert Husserl in den *Ideen I* das *»Prinzip der Prinzipien«* für alle Philosophie, daß nämlich »jede originär gebende Anschauung eine Rechtsquelle der Erkenntnis sei, daß alles, was sich uns in der ›Intuition‹ originär (sozusagen in seiner leibhaften Wirklichkeit) darbietet, einfach hinzunehmen sei, als was es sich gibt, aber auch nur in den Schranken, in denen es sich da gibt [. . .].«[17] Und Husserl fügt hinzu: An diesem Prinzip »kann uns keine erdenkliche Theorie irre machen. Sehen wir doch ein, daß eine jede ihre Wahrheit selbst wieder nur aus den originären Gegebenheiten schöpfen könnte.«[18]

Die Philosophie soll nicht mehr und nicht weniger behaupten, als ihr auf der Grundlage *originär gebender Anschauung* möglich ist. Evidenz wird so zum Leitbild philosophischer Erkenntnis, aber deswegen, weil solche Erkenntnis selbst unter dem Gesetz der Angewiesenheit und Verwiesenheit jeglichen Erlebens auf Originarität steht. Das Erscheinen der Welt in Gegebenheitsweisen ist in diesem Sinne auf Evidenz

gegründet. Sofern dieses Erscheinen wiederum das Grundthema der phänomenologischen Philosophie bildet, könnte man formelhaft sagen: Phänomenologie als Methode ist der Versuch, Evidenz über Evidenz herbeizuführen. Evidenz wird hier zur Grundlage der Erkenntnisart der Philosophie *und* ihres Gegenstandes. Der vorletzte Text dieses Bandes (»Psychologismus und transzendentale Grundlegung der Logik«, Abschn. 4–7) zeigt, daß Husserl selbst bewußt war, wie hier der Begriff der Evidenz zu einer zentralen Bedeutung gelangt, die er bis dahin in der Philosophie nicht gehabt hatte.
Die methodische Fundamentalforderung der Evidenz und die Aufgabenstellung »Korrelationsforschung« sind zwei Seiten ein und desselben Grundansatzes. Deshalb kann es für die Phänomenologie nicht genügen, generelle Aussagen über das universale Korrelationsapriori von Gegenstand und Gegebenheitsweisen zu machen. Sollen solche Aussagen nicht durch ihre Allgemeinheit sachfern bleiben, so müssen sie sich auf die konkrete Untersuchung der spezifischen Weisen des Erscheinens bei den verschiedenen Gegenstandsarten stützen. Der Philosoph muß, wie Husserl gelegentlich gesagt hat, in der Lage sein, die großen Scheine seiner universalen Thesen ins Kleingeld sachnaher Detailanalysen zu wechseln. So wird die Philosophie in phänomenologischer Methode zur »Arbeitsphilosophie« – auch dies eine Husserlsche Prägung.

4. *Die Widerlegung des Psychologismus*

Die Methode, die zum Ziel der Philosophie als strenger Wissenschaft führt, ist für Husserl die auf konkrete Evidenzen gegründete phänomenologische Korrelationsforschung. Wie entwickelte sich diese Methode?
In den *Logischen Untersuchungen* fand Husserls Denken zu sich selbst, und mit ihnen wurde er berühmt. Besonderes Aufsehen erregte der erste Band, die *Prolegomena zur reinen*

Logik (im folgenden zitiert als: *Prolegomena*), die zum größten Teil der Kritik einer Einstellung gewidmet sind, die damals die Philosophie weitgehend beherrscht hat und die als *Psychologismus* bezeichnet wird. Husserl hatte dieser Position in seiner Habilitationsschrift *Über den Begriff der Zahl* selbst noch zugeneigt; der Untertitel war charakteristisch: »Psychologische Analysen«. Vor allem die Kritik des Mathematikers und Philosophen Gottlob Frege gab ihm den Anstoß zu einer Entwicklung, die dann zur klassischen Widerlegung des Psychologismus in den *Prolegomena* führte.
Der Psychologismus zeigte viele Gesichter, aber im Vorblick auf das soeben formulierte Grundproblem des Husserlschen Denkens kann man sagen: Seine Grundtendenz bestand darin, die Spannung im Wahrheitsverständnis einseitig zugunsten der subjektiv-situativen Vollzüge aufzulösen.
Husserl ging es in den *Logischen Untersuchungen* um die Grundlegung der Logik als einer normativen »Wissenschaftslehre« – wir würden heute von »Wissenschaftstheorie« sprechen –, weil ihm die Logik als das Fundament für wissenschaftliche Erkenntnis überhaupt galt. Die Situationsunabhängigkeit wahrer Erkenntnis zeigt sich vor allem in den »objektiv gültigen« logischen Strukturen, die das Denken normieren – darüber hinaus in allen auf andere Weise »objektiv geltenden« Normen, denen der Mensch sein Handeln unterstellt. Solche Normen sind allgemeine Gesetze. Was ist der »Ort« für das Sein des Allgemeinen, insbesondere der logischen Gesetze? Wir können diese Gesetze zum Gegenstand unseres Denkens machen, aber besitzen sie gegenüber dem Denken ein selbständiges Sein? Der Psychologismus verneint diese Frage. Für ihn sind die logischen Gesetze nichts anderes als eine naturhafte Regelung der psychischen Abläufe, die wir »Denken« nennen, – so wie es Naturgesetze für die Prozesse in der materiellen Welt gibt.
Diese Auffassung hat Husserl in den *Prolegomena* so überzeugend widerlegt, daß der Psychologismus philosophiegeschichtlich zu den Akten gelegt werden konnte. Das Kern-

stück von Husserls Argumentation ist im ersten Text dieses Bandes abgedruckt. Husserls damalige Denkleistung hat zur Folge gehabt, daß uns heute die Unhaltbarkeit des Psychologismus als eine bare Selbstverständlichkeit erscheint. Daß die Widerlegung keineswegs selbstverständlich war, zeigt allein schon die Menge der Autoren, mit denen Husserl sich im Text auseinandersetzt. Um dies zu dokumentieren, wurden seine zahlreichen Anmerkungen in der vorliegenden Auswahl mit abgedruckt.

Die unhaltbaren Konsequenzen der psychologistischen Auffassung von den Denkgesetzen verdeutlicht Husserl, von Hause aus Mathematiker, u. a. am Funktionieren der Rechenmaschine,[19] also dem, was sich heute zum Computer entwickelt hat. Die Mechanik einer Rechenmaschine bzw. die Elektronik eines Computers (Hardware) folgt einem ganz anderen Typ von Gesetzen, nämlich physikalischen Gesetzen, als die Zeichenketten, die man mit der Maschine ausrechnet (Software). Der Psychologismus kann diesen Unterschied nicht verständlich machen. Er verwechselt die Frage nach dem richtigen Denken mit einer letztlich naturwissenschaftlichen empirischen Beschreibung der Denkabläufe, d. h. in der Sprache der heutigen klinischen Psychologie: der Struktur der neurophysiologischen Schaltungen in unserem Gehirn.

Im Grunde fällt der Psychologismus einem Doppelsinn des Begriffs »Gedanke« zum Opfer. Das Allgemeine der unser Denken normierenden logischen Gesetze ist Gedanke – »Gedanke« verstanden als dasjenige, was im Vollzug des Denkens gedacht wird. Unter »Gedanke« kann man aber auch einen Denkvollzug als psychischen Vorgang verstehen. Der Psychologismus reduziert das Sein des gedachten Allgemeinen auf die faktischen Bewußtseinsabläufe des Denkens. So erklärt er die Logik aus der Psychologie und erhebt diese anstelle der Philosophie zur Grundwissenschaft. Demgegenüber stellt Husserl heraus: Das Allgemeine, das unser Denken normiert, ist unabhängig vom faktischen, empirisch

erfaßbaren Wechsel der subjektiven Erkenntnissituationen gültig, es hat »objektiv«, »an sich« Bestand.
Dieser Gedanke hat sich in der Folgezeit, unabhängig von Husserl, in der Entwicklung der Logik zur »Logistik«, zur modernen »symbolischen« oder »mathematischen« Logik durchgesetzt. Dabei blieb aber eine Seite der Problematik unbeachtet, die in der Entfaltung von Husserls Grundansatz immer mehr hervortrat. Das objektiv Gültige, an sich Seiende ist uns gerade *in* seinem von den faktischen subjektiven Vollzügen unabhängigen Gehalt nur zugänglich durch den Rückbezug auf entsprechende subjekt-relative originäre Gegebenheitsweisen. Das gilt auch für die Gesetze der Logik. Sie schweben nicht an einem vulgär-platonischen Ideenhimmel, sondern sind als Gedanken rückgebunden an die Situativität von Denkvollzügen. Löst man sie davon ab, so führt das in der Logik zur Aufstellung von Regelsystemen, die nun nichts anderes mehr sein können als technische Anweisungen zur Aufstellung wahrer Aussagen – ohne Bindung an die Inhaltlichkeit der Lebenssituationen, in denen sich jemand originär davon überzeugen kann, daß etwas wahr oder falsch ist. Diese subjektiven Gegebenheitsweisen überläßt man der empirischen Psychologie. So kommt es zu einer »Arbeitsteilung« zwischen ihr und der Logik – »Logik« dabei verstanden als reine Technik der Aufstellung von Kalkülen. Das *eine* Wahrheitsproblem, das Husserl noch gesehen hatte: die Austragung der Spannung zwischen dem objektiv-allgemeinen Ansich und dem Fürmich der Vollzüge in situativen Gegebenheitsweisen, zerfällt.
Angesichts dieser Entwicklung hat sich der späte Husserl gegen eine einseitig objektivistische Auslegung seiner frühen Psychologismuskritik gewehrt. Dies ist im vorletzten Text dieses Bandes nachzulesen. Mit der späten Interpretation der Tendenz seiner *Prolegomena* nimmt Husserl zugleich gegen eine Entwicklung innerhalb der von ihm ausgelösten phänomenologischen Bewegung Stellung. Die Rettung objektiver, an sich bestehender Gegenständlichkeit durch Husserls Psy-

chologismuskritik wurde als eine solche Befreiung empfunden, daß seine ersten Anhänger seine große Leistung fast ganz darin erblickten, der Philosophie ihre gegenständliche Orientierung zurückerobert zu haben. Sie verstanden die Phänomenologie als *»Wende zum Objekt«* und machten die Maxime *»Zu den Sachen selbst«* zu ihrem Kampfruf. Die Befolgung dieser Maxime sollte die Philosophie aus ihrer neuzeitlichen Befangenheit im Subjektivismus befreien. Es entstand ein antisubjektivistischer Objektivismus, der mehr oder weniger ungeschützt glaubte, freischwebende logische, mathematische, ethische oder sonstige »Geltungen« oder »Wesenheiten« annehmen zu dürfen.
Husserl selbst verstand seinen Antipsychologismus keineswegs in diesem Sinne antisubjektivistisch. Dies ist nicht bloß die späte Selbstinterpretation in dem hier abgedruckten Stück der *Formalen und transzendentalen Logik*, sondern es zeichnete sich schon in der 5. und 6. *Logischen Untersuchung* ab und wurde durch die *Ideen* von 1913 endgültig deutlich. Auch Husserl wollte »zu den Sachen selbst«. Doch, was »die Sachen selbst« sind, kommt originär nur in subjektiven Vollzügen anschaulicher Selbstgebung zum Vorschein. Diese Vollzüge aber sind beheimatet im menschlichen Bewußtsein. So wird schon im ersten Jahrzehnt unseres Jahrhunderts das *Bewußtsein* zum Forschungsfeld der Husserlschen Phänomenologie, aber erst die *Ideen* von 1913 verkünden dies auch literarisch als Programm.

5. *Phänomenologie als Wesenslehre*

Was schützt die Phänomenologie, die sich als Erforschung des Bewußtseins versteht, vor dem Rückfall in den Psychologismus? Als erstes ist hier ein Zentralbegriff Husserls zu nennen: die Intentionalität des Bewußtseins.
Husserl entdeckte die philosophische Tragweite des Korrelationsapriori zunächst im Bereich des theoretischen Urteilens,

weil es ihm in den *Logischen Untersuchungen* um die Grundlegung der Logik ging. Diese Grundlegungsproblematik verlor er nie ganz aus den Augen, und er nahm sie 1929 in der *Formalen und transzendentalen Logik* noch einmal ausdrücklich auf. Aber schon im ersten Jahrzehnt unseres Jahrhunderts weitete er die Korrelationsforschung auf jegliches erlebende Bewußtsein überhaupt aus. Alles, wovon sich sinnvoll reden läßt, muß mir in irgendwelchen spezifischen Weisen originärer Gegebenheit zugänglich sein. Nicht nur beim theoretischen Erkennen, sondern bei allen *»Akten«*, beim Wahrnehmen, Fühlen, Begehren, Erstreben, Lieben, Glauben, praktischen Bewerten usw. kann dasjenige, worauf wir uns mit dem betreffenden Bewußtseinsvollzug beziehen, für uns entweder »leibhaft anschaulich«, in der Weise der »Selbstgebung« erscheinen oder so, daß sich das Bewußtsein nur auf eine derartige *»Erfüllung«* oder *»Bewährung«* angewiesen und verwiesen weiß, ohne sie aktuell zu realisieren. In diesem Sinne geht es dem Bewußtsein in allen seinen Spielarten um einen *»Gegenstand«* im weitesten Sinne dieses Wortes: einen Pol, worauf sich bestimmte Bewußtseinsvollzüge jeweils beziehen. Zu jedem Wahrnehmen gehört etwas Wahrgenommenes, zu jedem Denken etwas Gedachtes, zu jedem Lieben etwas Geliebtes; jeder Akt hat ein Gegenüber. Husserl konnte hier an die Theorie der Intentionalität anknüpfen, die sein philosophischer Lehrer Franz Brentano – seinerseits in einer Wiederaufnahme scholastischer Gedanken – entwickelt hatte. Das Bewußtsein ist »intentional«, das heißt: es ist in jedem seiner Akte *Bewußtsein-von-etwas*.

Die Prägung »Bewußtsein ist Bewußtsein-von-etwas« ist seit Husserl zum philosophischen Gemeinplatz geworden, aber sie enthält in dieser Form weder sachlich etwas Neues gegenüber der Art, wie bereits Descartes oder der deutsche Idealismus das Bewußtsein auffaßten, noch bringt sie schon das Eigentümliche der Husserlschen Lehre vom Bewußtsein zum Ausdruck. Spezifisch für Husserl ist erstens der Gedanke, daß das Bewußtsein auf originäre Gegebenheitsweisen angewiesen und verwiesen ist, d. h. auf »Evidenz« in der schon erwähnten ganz weiten Bedeutung dieses Begriffs. Wäre das Bewußtsein nicht Verwiesenheitsbewußtsein, welches die Fähigkeit, das »Vermögen« besitzt, das leer, mittelbar, unbestimmt »Vermeinte« zur Erfüllung zu bringen, so wäre ihm keinerlei Gegenstand intentional gegeben. Um überhaupt Bewußtsein-von-etwas sein zu können, muß das Bewußtsein von seiner eigenen Möglichkeit – Husserl sagt hier mit einer treffenden Begriffsprägung »Vermöglichkeit« – wissen, sich das betreffende »Etwas« anschaulich erscheinen zu lassen. Die Intention des Bewußtseins auf einen Gegenstand ist also kein statischer Bezug-auf-etwas, sondern belebt von einer Tendenz zur Originarität; Husserl gebraucht die Wörter »Intention« und »intendieren« durchaus ähnlich wie unsere Alltagssprache, wo sie ein Streben mit einer Absicht bezeichnen. Das intentionale Bewußtsein ist in allen seinen Formen darauf ausgerichtet, in der anschaulichen Selbsthabe des Erlebten Befriedigung zu finden. Das Bewußtsein will auf Evidenz hinaus; sie bildet sein Ziel, sein Telos. In diesem Sinne steht alles Bewußtseinsleben, wie Husserl in seiner Spätzeit sagen wird, unter dem Gesetz einer »Teleologie«.

Mit dieser Charakterisierung des Bewußtseins hängt als zweites Spezifikum des Husserlschen Intentionalitätsbegriffs der Gedanke des Korrelationsapriori eng zusammen: Das Bewußtsein darf man sich nicht so vorstellen wie einen leeren Strand, an den das Meer beliebige Inhalte anschwemmt; es ist kein Container, dem es gleichgültig ist, womit er gefüllt wird, sondern es besteht aus mannigfaltigen Akten, deren Charakter sich jeweils durch eine entsprechende Art von Gegenständlichkeit bestimmt, die ausschließlich in den zu ihr passenden Gegebenheitsweisen für das Bewußtsein erscheinen kann. Dies gilt unabhängig davon, ob der betreffende Gegenstand faktisch vorhanden ist oder nicht. Auch wenn ich mir beispielsweise bei einer Gesichtswahrnehmung die Existenz des wahrgenommenen Dings nur einbilde, so bestimmt sich doch die Art des Bewußtseinsvollzugs, in diesem Falle: des perspektivischen Sehens, von dem Gegenstand, in diesem Falle: dem Ding-im-Raume, her. Da die Akte nichts sind ohne die Gegenstände, *wovon* sie Bewußtsein sind, kann man sagen: Das intentionale Bewußtsein trägt den Gegenstandsbezug in sich selbst. Mit dem Begriff der Intentionalität erledigt sich so im Prinzip das klassische Problem der neuzeitlichen »Erkenntnistheorie«, wie ein zunächst weltloses Bewußtsein die Beziehung zu einer jenseits seiner liegenden »Außenwelt« aufnehmen könne.

Die Auffassung des Bewußtseins als intentional läßt es nicht mehr zu, die an sich bestehende Gegenständlichkeit, das Gegenüber der Bewußtseinsvollzüge, psychologistisch in diese Vollzüge aufzulösen; denn der Charakter der Akte bestimmt sich gerade von diesem Gegenüber her. Entscheidend ist hierbei, daß dies unabhängig vom faktischen Vorhandensein des intentional vermeinten Gegenstandes gilt. Der Charakter der Bewußtseinsvollzüge ist nicht von den zufällig angetroffenen empirischen Gegebenheiten abhängig, sondern vom *»Wesen«*, d. h. der allgemeinen Bestimmtheit der Arten von Gegenständlichkeit. So gibt es Gegenstandsbereiche, *»Seinsregionen«*, wie Husserl sagt, die sich unterscheiden durch die Eigentümlichkeit ihres Wesens, ihres *»Eidos«*, d. h. des geistigen Anblicks, den sie in einer entsprechenden originären Anschauung bieten. Der *eidetischen* Gegenstandsbestimmtheit korrespondiert jeweils gemäß dem Korrelationsapriori eine allgemeine, eidetische Verfassung der intentionalen Akte, die auf die betreffende Gegenständlichkeit bezogen sind.

Weil die Akte und ihre Gegenständlichkeiten sich unabhängig von den empirisch feststellbaren Tatsachen eidetisch charakterisieren lassen, ist ihre Korrelation – wie schon angedeutet – ein *Apriori*; die Mannigfaltigkeit der Gegenstandsarten und ihrer Gegebenheitsweisen bietet sich der philosophischen Forschung als ein Feld erfahrungsvorgängiger Erkenntnis dar. Wie Husserl im zweiten Text des vorliegenden Bandes ausführt, macht die Phänomenologie nicht die Tatsachen, die bei einzelnen Menschen empirisch feststellbaren Einzelfälle intentionalen Erlebens und seiner Gegenständlichkeit zum Thema. Sie abstrahiert von den zufälligen, faktischen Bewußtseinsabläufen und Gegenständen und richtet ihren Blick auf die Wesensgesetze, die den Aufbau der Akte und der in ihnen erscheinenden Seinsregionen bestimmen. Diese Gesetze gelten erstens mit *Notwendigkeit*, d. h., kein Einzelfall intentionalen Erlebens kann sich ihnen entziehen, und zweitens in *Allgemeinheit*, d. h., sie umfassen alle Einzelfälle. Die Zurückführung der faktischen Eigenschaften der intentionalen Erlebnisse und ihrer Gegenstände auf die eidetische Bestimmtheit, die ihnen zugrunde liegt und für die die faktischen Eigenschaften nur auswechselbare Beispiele sind, nennt Husserl *eidetische Reduktion*.

Der Psychologismus hatte das Sein einer bestimmten Art des Allgemeinen, der das Denken normierenden logischen Gesetze, geleugnet, indem er sie als eine quasi naturgesetzliche Regelung der Denkvollzüge interpretierte. Mit Husserls Widerlegung des Psychologismus kam das Allgemeine in der Philosophie zu neuen Ehren. Die »Wende zum Objekt«, die man an Husserls Leistung feierte, verstand man so vor allem als Rettung der Objektivität des Allgemeinen. Innerhalb der phänomenologischen Forschung wurde das Allgemeine in erster Linie als eidetische Allgemeinheit zum Thema. Die eidetische Verfassung der Gegenstandsregionen und der darauf bezüglichen intentionalen Akte zu erforschen, dies bildete für Husserls Göttinger und Münchner Weggefährten die Aufgabe der Phänomenologie. Ihre subtilen Wesensanalysen machten die frühe Phänomenologie vor allem als Methode der Wesenserkenntnis bekannt. Phänomenologische Methode, das hieß, wie die Göttinger und Münchner Phänomenologen nachdrücklich betonten, zur originären geistigen Anschauung, »Erschauung«, *»Ideation«* der eidetischen Sachverhalte, zur *»Wesensschau«* vordringen und in diesem Sinne »zu den Sachen selbst« gelangen.

Husserl hat die eidetische Reduktion immer zum methodischen Instrumentarium der Phänomenologie gezählt. Nicht zufällig beginnen die *Ideen*, mit denen Husserl das *Jahrbuch* – das gemeinsame Publikationsorgan aller Phänomenologen – eröffnete, mit dem Kapitel »Tatsache und Wesen«, das hier als zweiter Text abgedruckt ist. In der Wesenslehre, der ersten Konsequenz aus der Widerlegung des Psychologismus, blieb Husserl mit der Göttinger und Münchner Phänomenologenschule verbunden. Aber am nächsten Kapitel der *Ideen I*, der »Phänomenologischen Fundamentalbetrachtung« – im vorliegenden Band der dritte Text –, schieden sich die Geister. Hier zog Husserl aus der Thematisierung des intentionalen Bewußtseins radikale Konsequenzen, die weit über die Phänomenologie der Wesensschau hinausführten und seinen Göttinger und Münchner Freunden als ein Rückfall in den neuzeitlichen Subjektivismus erschienen.

Eine Konsequenz dieses Schrittes war in den zwanziger Jahren eine kritische Überprüfung der Lehre von der Wesensschau. Wenn es geboten ist, für alles objektiv Bestehende die subjektiven Bedingungen seines Erscheinens im Bewußtsein, nämlich die originären Gegebenheitsweisen aufzusuchen, dann muß dies auch für die Gegebenheit der eidetischen Sachverhalte gelten. Der Phänomenologie stellt sich so die Aufgabe, eine Phänomenologie ihrer eigenen Erkenntnisart, der Wesensanschauung, zu entwickeln. Husserl hat diese Aufgabe in seiner Lehre von der *»eidetischen Variation«* zu lösen versucht. Diese Lehre wurde erstmals literarisch zugänglich in den von Landgrebe redigierten Untersuchungen über *Erfahrung und Urteil*, die einen Teil der programmatischen Versprechungen der *Formalen und transzendentalen Logik* einlösen. Das einschlägige Kapitel aus *Erfahrung und Urteil* ist hier als letzter Text im Anschluß an Husserls späten Rückblick auf die Psychologismuskritik aus der *Formalen und transzendentalen Logik* abgedruckt, weil sich mit ihm gewissermaßen der Kreis von Antipsychologismus und Wesenslehre schließt.

Allen – auch den empirischen – Wissenschaften geht es um allgemeine Aussagen. Die empirischen Wissenschaften gelangen vom Besonderen und Faktischen, das sie mittels Beobachtung und Experiment feststellen, zum Allgemeinen durch Induktion, d. h. durch eine schrittweise methodisch vollzogene Verallgemeinerung der Beobachtungsergebnisse. Die so gewonnene empirische Allgemeinheit bleibt »komparativ«, wie Kant das ausdrückte, weil immer nur eine relativ allgemeinste Aussage verglichen mit weniger weit fortgeschrittenen Ergebnissen des Verallgemeinerungsprozesses zu erreichen ist. D. h., die komparative Allgemeinheit bleibt revidierbar. Die Allgemeinheit der notwendigen eidetischen Bestimmungen hingegen umfaßt von vornherein – »apriori« – alle überhaupt erdenklichen Fälle; sie kann weder noch braucht sie jemals revidiert zu werden. Die Theorie der eidetischen Variation erklärt, wie diese unbedingte Allgemeinheit dem Denken originär zur Gegebenheit kommt.
Auch das phänomenologische Bewußtsein, das Wesensallgemeines erfaßt, muß wie das Bewußtsein des empirisch verfahrenden Wissenschaftlers von Einzelfällen ausgehen. Empirie, Erfahrung, beruht letztlich auf Wahrnehmung. Der empirisch vorgehende Forscher kann nur schrittweise induktiv verallgemeinern, weil er an die faktische Wahrnehmung seiner Beispielfälle gebunden ist; er muß abwarten, was sich in der Wahrnehmung an Tatsachen zeigt. Der Wesensphänomenologe kann nur deshalb zu unbedingten Allgemeinheiten gelangen, weil er auf solches Abwarten wahrgenommener faktischer Ereignisse nicht angewiesen ist. Wenn *er* von einzelnen Beispielfällen ausgeht, ist er nicht daran gebunden, sie wahrzunehmen. Das an die faktische Wahrnehmung nicht gebundene Bewußtsein von Einzelfällen ist die Phantasie; sie kann sich beliebig Beispiele erdenken.
In der Phantasie haben wir die Möglichkeit, uns ein intentionales Erlebnis oder einen darin gegebenen Gegenstand immer wieder anders vorzustellen; wir können seine Bestimmungen in freier Variation beliebig »umfingieren«, wie Husserl das

ausdrückt. In diesem Beliebigkeitsbewußtsein aber kann die Allgemeinheit des Wesens zur originären Gegebenheit kommen. Wir haben nämlich die Möglichkeit, beim Umfingieren darauf zu achten, bis zu welcher Grenze wir gehen können, ohne daß der vorgestellte Gegenstand bzw. der ihn erfassende Akt ein anderer wird, also seine Identität verliert. Auf diese Weise springen gewisse in allen erdenklichen Beispielfällen identische, in der Variation der Beispiele invariante Bestimmungen heraus, und genau sie machen das Wesen des in Frage stehenden Aktes bzw. Gegenstandes aus. So erfassen wir das Wesen einer Sache originär in »eidetischer Variation«, d. h. in einer Reflexion auf die Grenzen eines in der Phantasie beheimateten Umdenkens der Sache.

Freilich bleibt bei dieser Theorie eine Frage offen: Die Grenzen, die das Bewußtsein beim Umfingieren entdeckt, sind ihm offenbar vorgegeben. Es erfindet diese Grenzen nicht; denn es stößt auf sie; sie sind die Schranken, die das Umfingieren nicht überschreiten darf. Von woher sind der Phantasie bei ihrem freien Spiel solche Schranken gesetzt, was bindet das variierende Bewußtsein dergestalt, daß die Reflexion darin Invarianten zum Vorschein bringen kann? Diese entscheidende Frage hat Husserl in seiner Theorie der eidetischen Variation nicht mehr beantwortet. Eine mögliche Lösung des Problems – die sich aber bei Husserl so nicht findet – könnte lauten: Das Wesen als Invariante bringt in vergegenständlichter Form die Regeln zum Vorschein, nach denen die Verweisungszusammenhänge des Horizontbewußtseins strukturiert sind;[20] was das Horizontbewußtsein ist, wird im folgenden noch erklärt.[21]

6. *Weltglaube und Epoché*

In gewissem Sinne bleibt die Phänomenologie als Methode der Wesensschau noch vor den Toren der Philosophie. Philosophie verstand sich seit ihren Anfängen als Erkenntnis des

Ganzen schlechthin. Aristoteles charakterisiert sie deshalb als die Wissenschaft, die das Seiende im Hinblick auf den Zug betrachtet, den alles, was ist, gemeinsam hat: das Sein.[22] Husserl nennt das Ganze schlechthin die »Welt«. Weil es ihm radikal um Vorurteilslosigkeit geht, muß für ihn Philosophie Welterkenntnis sein; denn solange unsere Erkenntnis nur auf Ausschnitte dessen, was überhaupt erkennbar ist, beschränkt bleibt, droht aus den Seinsbereichen der Welt, die noch nicht in die Erkenntnis einbezogen wurden, die Gefahr, daß undurchschaute Vorurteile aufrechterhalten bleiben. Deshalb muß Husserl die Urfrage der Philosophie nach dem Ganzen schlechthin wiederaufnehmen.

Die Wesensschau ist als solche noch keine Erkenntnis der Welt als des Ganzen schlechthin; denn sie kann benutzt werden und wurde benutzt, um Teilbereiche der Welt, nämlich bestimmte Seinsregionen und darauf bezügliche Aktarten, auf ihre eidetischen Bestimmungen hin zu durchleuchten. Die Bestimmungen von Seinsregionen sind noch nicht die Bestimmungen des Seienden-im-Ganzen, also des eigentlichen Gegenstandes der Philosophie. Soll die Phänomenologie radikal vorurteilslose philosophische Methode sein, muß Husserl die Frage stellen, ob und wie sie Welterkenntnis ermöglicht.

Wegen seines Strebens nach Vorurteilslosigkeit hatte Husserl seinen Begriff von philosophischer Wahrheit aus dem Kontrast zum natürlichen Meinen gewonnen. Deshalb stellt sich ihm nun die Frage: Hat es der Mensch vielleicht schon im natürlichen, vorphilosophischen Leben mit dem Ganzen schlechthin zu tun, oder eröffnet ihm erst die philosophische Erkenntnis den Zugang zur »Welt«? Husserls grundlegende Antwort lautet: Schon vor aller Philosophie hat der Mensch ein Bewußtsein von der Welt. Was sich durch die Philosophie ändert, kann deshalb nur die *Einstellung* zur Welt sein. Die Frage: Wie kann das Ganze der Welt in der Phänomenologie zum Thema werden, bekommt zufolgedessen folgende Fassung: Wie läßt sich die *»natürliche Einstellung«* des Menschen zur Welt in eine neue, philosophische Einstellung überführen?

Aber die Vorfrage ist: Wieso hat der Mensch schon vor aller philosophischen Erkenntnis Weltbewußtsein? Vom Korrelationsgedanken ausgehend, kennzeichnet Husserl die natürliche Einstellung folgendermaßen: Die Gegenstände in meiner Welt begegnen mir in situationsbedingten Gegebenheitsweisen. Ein Wahrnehmungsding wie dieser Tisch hier beispielsweise kann mir nur so erscheinen, daß es mir jeweils eine Seite zukehrt. Um den Tisch »ganz« zu sehen, muß ich um ihn herumgehen, und dabei ist er mir unaufhebbar »perspektivisch« gegeben. Indem ich aber jeweils irgendeinen seiner perspektivischen Anblicke – seiner *»Abschattungen«*, wie Husserl sagt – als Gegebenheitsweise vollziehe, ist mir zugleich bewußt, daß das Sein des Tisches sich nicht in dem Aspekt, den er mir gerade aktuell darbietet, erschöpft. Mit dem Gegenstand ist »mehr« gemeint als das in der jeweiligen Gegebenheitsweise Erscheinende.[23] Ich schreibe dem Tisch also in meinem intentionalen Erlebnis ein Sein zu, das sein jeweiliges, von Situation zu Situation wechselndes Gegebensein transzendiert. Die perspektivischen Abschattungen sind subjekt-relativ. Das Sein des Gegenstandes hingegen ist nach meiner selbstverständlichen Überzeugung seinem subjektiv-situativen Erscheinen transzendent und besteht »an sich«, »objektiv«. So fällt das Bewußtsein in der natürlichen Einstellung gewissermaßen stillschweigend ständig ein Existenzurteil über die Gegenstände; es sagt: sie *sind*, d. h., sie haben einen subjekt- und situationsunabhängigen Bestand.

Das intentionale Erlebnis stellt im Normalfalle seinen Gegenstand als seiend vor; es enthält in diesem Sinne eine *»Seinssetzung«*. Das Verhältnis des Menschen in der natürlichen Einstellung zu den Gegenständen ist die selbstverständliche Überzeugung von ihrem Sein. Dieser *»Seinsglaube«* bezieht sich zunächst auf die einzelnen Gegenstände der einzelnen intentionalen Erlebnisse. Bei näherer Betrachtung umfaßt

er aber das Ganze aller solcher Gegenstände, d. h. die »Welt«.
Das intentionale Bewußtsein vollzieht fortwährend Seinssetzungen, d. h., bestimmte Gegenstände oder deren Eigenschaften gelten ihm als seiend. Diese *»Seinsgeltung«* ist aber etwas grundsätzlich Unbeständiges. Auf der Suche nach Erfüllung und Bewährung für seine mehr oder weniger »vagen« oder »leeren« Intentionen schreitet das intentionale Bewußtseinsleben fort. Dabei erweisen sich stets aufs neue und unvermeidlich Gegenstände, die das Bewußtsein bis dahin für existierend oder für so und so beschaffen hielt, als nichtexistierend oder zumindest anders beschaffen. So müssen wir immer wieder Seinsgeltungen *»durchstreichen«*. Durch die Überführung unserer unbestimmten Vormeinungen in originäre Gegebenheitsweisen gelangen wir nicht nur zu Erfüllungen oder Bewährungen, sondern ebenso auch zu *»Enttäuschungen«*. Hierdurch bleibt aber eine Grundüberzeugung unberührt: der Glaube, daß die Welt als der *Boden*, auf den wir gewissermaßen alle Gegenstände stellen, Bestand hat. Jede Enttäuschung führt nämlich immer nur zu einem »nicht so, sondern anders«, niemals aber zu einem völligen Nichts. So bleibt das Sein der Welt in *»Endgeltung«*, auch wenn wir dem Sein und Sosein dieses oder jenes Gegenstandes seine Geltung für uns entziehen müssen. Diesen weltbezogenen Seinsglauben nennt Husserl die *Generalthesis der natürlichen Einstellung*.
Die unausdrückliche Überzeugung vom Sein der Welt begleitet jedes einzelne Gegenstandsbewußtsein. Zu jedem intentionalen Erlebnis gehört die Möglichkeit, die Aufmerksamkeit, vom gerade gegebenen Gegenstand ausgehend, anderen Gegenständen zuzuwenden. Beispielsweise habe ich bei der Wahrnehmung der Vorderseite des Tisches hier das Bewußtsein: ich kann um ihn herumgehen und seine Rückseite sehen; ich kann meinen Blick in dem Raum schweifen lassen, in dem er steht; ich kann dann aus dem Fenster dieses Raumes blikken und von dort aus weitere Gegenstände entdecken; usw.

Mein konkretes intentionales Erlebnis zeichnet mir also einen bestimmten Spielraum von Möglichkeiten vor, schrittweise immer weitere Gegenstände zu thematisieren. Über diesen Spielraum verfüge ich zwar frei, aber nicht in völliger Beliebigkeit. *Wie* ich weiter thematisieren kann, unterliegt einer Regelung, mit der ich in einer unausdrücklichen Weise vertraut bin. Auf diese Weise habe ich ein Bewußtsein der Verwiesenheit von einem Erlebnisgegenstand auf immer weitere Gegenstände.

Die Vertrautheit mit dem geregelten Verweisungszusammenhang, innerhalb dessen ich meine konkrete Erfahrung fortsetzen kann, nennt Husserl *Horizontbewußtsein*, und den Spielraum möglicher Erfahrung, der dadurch eröffnet wird, *Horizont*. Husserl hat die alltagssprachliche Bedeutung des Wortes »Horizont« aufgenommen und erweitert. Der Horizont ist in einem umfassenden Sinne mein Gesichtskreis, der Umkreis der um mich als Mittelpunkt orientierten Welt; er verschiebt sich mit den Positionsveränderungen des Subjekts. Er ist als der Spielraum meiner Erfahrungsmöglichkeiten etwas Subjektives; ich finde diese »Möglichkeiten« zwar vor, aber so, daß *ich* es bin, der über sie verfügt; ich habe das Bewußtsein »ich kann ...«. Weil es in meiner Vollmacht, meinem »Vermögen« liegt, dem Verweisungszusammenhang in der von mir gewünschten Richtung nachzugehen, kann Husserl – mit einem Begriff, der hier schon erwähnt wurde – das Horizontbewußtsein als ein Bewußtsein meiner *»Vermöglichkeiten«* charakterisieren.

Zu meiner Vermöglichkeit gehört aber das Bewußtsein, das Thematisieren neuer Gegenstände immer weiter fortsetzen zu können, d. h. das Bewußtsein eines endlosen Undsoweiter. Kraft dieses Bewußtseins haben wir das eben erwähnte Vertrauen, daß unser intentionales Erleben niemals völlig ins Leere stößt, auch wenn einzelne Enttäuschungserlebnisse die Seinsgeltung einzelner Gegenstände aufheben. So haben wir in der Unendlichkeit des Horizontbewußtseins die Überzeugung von einem undurchstreichbaren letzten

Horizont; es eröffnet sich ein *Horizont für alle Horizonte:* die Welt.
Mit der Bestimmung der Welt als *Universalhorizont* konkretisiert sich die Lehre von der Generalthesis: So wie zum einzelnen Gegenstand seine Gegebenheitsweisen gehören, ist das einzelne Gegenstandsbewußtsein eingebettet in den *Weltglauben.* Der Gegenstand, das Gegenüber, auf das meine Akte gerichtet sind, der Pol meiner Aufmerksamkeit, ist etwas Identisches, das bleibt gegenüber der Mannigfaltigkeit der Gegebenheitsweisen, d. h. der wechselnden Abschattungen, in denen es sich mir darbieten kann. Entsprechend ist die Welt etwas identisch Verharrendes gegenüber den einzelnen Gegenstandserlebnissen; die Seinsgeltung der Gegenstände kann in der originären Gegebenheit bestätigt oder entkräftet werden, aber die eine Welt bleibt dabei in Endgeltung.
Die natürliche Einstellung des Menschen ist die Generalthesis, der Weltglaube. Wie läßt sich dieses Verhältnis zur Welt in ein neues, philosophisches überführen? Husserl lenkt unsere Aufmerksamkeit darauf, daß schon die Analyse des Erscheinens von Gegenständen in Gegebenheitsweisen eine bestimmte Haltung erforderte. In den intentionalen Erlebnissen, die wir in natürlicher Einstellung vollziehen, sind die Gegenstände unser *»Thema«.* Uns ist zwar irgendwie bewußt, daß sie uns nur in Gegebenheitsweisen – Wahrnehmungsgegenstände beispielsweise nur in »Abschattungen« – erscheinen können, aber auf dieses situativ-subjektive Erscheinen richten wir normalerweise nicht eigens unsere Aufmerksamkeit, oder wenn doch, dann nur sporadisch. So vollzieht sich das Erscheinen-in-Gegebenheitsweisen *unthematisch.* Husserl sagt: Es *»fungiert«* als Medium, durch das hindurch wir auf den Gegenstand Bezug nehmen, der uns als seiend gilt. Das situativ-subjektive Erscheinen bleibt bei diesem Fungieren im Schatten unserer Aufmerksamkeit zugunsten der Helle, in der sich der als seiend aufgefaßte Gegenstand darbietet. Ebenso unthematisch wie die Gegebenheitsweisen fungiert auch der Weltglaube. Wenn wir dem Verwei-

sungszusammenhang des Horizontbewußtseins in irgendeiner Richtung nachgehen, interessieren uns thematisch immer nur die Gegenstände und Gegenstandsbereiche, auf die wir dabei stoßen; das Vertrauen, daß trotz einzelner Enttäuschungserlebnisse das intentionale Erleben nie völlig ins Leere geht, wird nie selbst zum Thema.

So ist das intentionale Bewußtsein in der natürlichen Einstellung, wie Husserl formuliert, in die thematisierten Gegenstände »verschossen«. Es lebt – auch dies eine charakteristische Husserlsche Wendung – *»geradehin«* in der Hingabe an die als seiend aufgefaßten Gegenstände. Der Phänomenologe macht das Fungieren der Gegebenheitsweisen und des Welthorizonts, das in der natürlichen Einstellung grundsätzlich unthematisch bleibt, zum Thema seiner Analyse. Damit aber vollzieht er das Leben-im-Geradehin nicht mehr mit. Die Richtung seiner Aufmerksamkeit und das Interesse an der Seinsgeltung der Gegenstände sind gebrochen. Der intentionale »Blickstrahl« des Phänomenologen zielt nicht mehr auf die als seiend aufgefaßten Gegenstände, sondern auf die Gegenstände im Wie ihres unthematischen Erscheinens und auf die Einbettung dieses Erscheinens ins Horizontbewußtsein. Der Blickstrahl ist so zurückgebogen auf das Subjektive des Vollzugs der Gegebenheitsweisen und des horizonthaften Verweisungsbewußtseins. Kurz: die phänomenologische Analyse hat den Charakter der *Reflexion*.

Die Reflexion beruht auf einer Haltung, die darin besteht, daß der Phänomenologe sich von dem seinsgläubigen Verschossensein in die thematischen Gegenstände befreit. Statt im Strom des Geradehin-Lebens mitzuschwimmen, erhebt er sich darüber; er vollzieht das Interesse am Sein der intendierten Gegenstände nicht mehr mit und wird so zum *»uninteressierten«* oder *»unbeteiligten Beobachter«*. Er hält sich aus der Beziehung, die sich zwischen ihm selbst als natürlich erlebendem Menschen und den diesem Menschen als seiend erscheinenden Gegenständen abspielt, heraus. Er setzt diese Beziehung gleichsam *in Klammern* und betrachtet das intentionale

Leben, das innerhalb der Klammern stattfindet, von außen. In einem Bild aus dem Sport: Das Rennen des Geradehin-Lebens, dessen Ziel es ist, in immer neuen Zwischenspurts bei seienden Gegenständen anzukommen, läuft weiter, aber für den reflektierenden Beobachter ist es »neutralisiert«.

Im Geradehin-Leben bezieht das Bewußtsein Position zum Sein der ihm begegnenden Gegenstände: Solange eine Seinsgeltung nicht durchgestrichen ist, bejaht, affirmiert das Bewußtsein das Sein; wird sie ungültig oder in irgendeiner Weise fraglich, geht das Bewußtsein zur Negation über oder zu irgendwelchen Stellungnahmen zum Sein, die zwischen Affirmation und Negation liegen: zum »Vielleicht«, »Wahrscheinlich« und dergleichen mehr. Der unbeteiligt reflektierende Beobachter muß sich all solcher Stellungnahmen enthalten. Er läßt sie auf sich beruhen, hält sie in der Schwebe; denn täte er dies nicht, bliebe er ins Sein der Gegenstände verschossen, und das in der natürlichen Einstellung Unthematische: die Gegebenheitsweisen und das Horizontbewußtsein, könnten ihm nicht zu Gesicht gelangen.

Die *Enthaltung von* jeglicher *Seinsstellungnahme*, die *Neutralität* gegenüber allen ihren möglichen Modifikationen nennt Husserl mit einem aus der antiken Skepsis aufgenommenen Begriff *»Epoché«*. Die Bezeichnung bedeutet wörtlich »Innehalten«, nämlich: mit dem Vollzug des Seinsstellungnehmens. Die Haltung der Epoché ist die gesuchte neue Haltung zur Welt, durch die sich die Philosophie von der natürlichen Einstellung unterscheidet. Ihre Entdeckung enthält den Ansatz zur Beantwortung der Frage, wie die phänomenologische Methode zur Philosophie, d. h. zur Thematisierung des Ganzen schlechthin werden kann. Das Ganze der Welt – »Welt« dabei verstanden als Horizont aller Horizonte – ist das für die natürliche Einstellung schlechterdings Unthematische. Eben dieses Unthematische kann durch die Epoché – und nur durch sie – thematisch werden. So ermöglicht erst die Epoché die Überführung der Phänomenologie der Wesensschau in eine streng vorurteilsfreie *philosophische* Methode.

7. *Die phänomenologische Reduktion*

Die Seinsregionen, deren eidetische Bestimmungen die Wesensschau ans Licht bringt, sind – mit der philosophischen Tradition gesprochen – Arten und Gattungen des Seienden. Diejenigen Bestimmungen, die sich auf das Ganze des Seienden überhaupt beziehen und deshalb die Bestimmungen der Arten und Gattungen noch überschreiten, transzendieren, nannte die Scholastik Transzendentalien. Als Transzendentalienlehre war schon das vorkantische Denken *Transzendentalphilosophie*. Schon um dieser vorkantischen Transzendentalität von Philosophie zu entsprechen, kann die Phänomenologie sich nicht darauf beschränken, Wesenslehre von bestimmten Seinsregionen und entsprechenden intentionalen Erlebnissen zu bleiben. Kant gab dem Begriff *»transzendental«* eine neue Bedeutung, indem er so »alle Erkenntnis« bezeichnete, »die sich nicht sowohl mit Gegenständen, sondern mit unserer Erkenntnisart von Gegenständen, insofern diese a priori möglich sein soll, überhaupt beschäftigt«[24]. Die Philosophie ist nunmehr deshalb Universalwissen, weil sie das Seiende überhaupt in der apriorischen Bezogenheit seines Seins auf Bewußtsein zum Thema macht.
In der »Phänomenologischen Fundamentalbetrachtung« der *Ideen I* stellt Husserl die Phänomenologie in die Tradition der durch Kant gestifteten Transzendentalphilosophie. Er kann dies tun, weil die phänomenologische Korrelationsforschung beiden Bedingungen aus Kants Definition entspricht: Aufgrund ihrer Reflexionshaltung der Epoché betrachtet sie die Gegenstände im Wie ihres Erscheinens für das intentionale Bewußtsein, sie fragt also nicht bloß geradehin nach diesen Gegenständen, sondern nach ihrer »Erkenntnisart«. Und als Methode der Wesensschau stellt sie das Apriorische an diesem Bewußtseinsbezug heraus. Auf welche Weise rückt nun das *Bewußtsein* in den Blickpunkt der Aufmerksamkeit der Phänomenologie, d. h., wie wird sie im kantischen Sinne zur Transzendentalphilosophie?

Es ist eine Epoché möglich, die sich auf die Neutralisierung der Seinsstellungnahmen in einzelnen intentionalen Erlebnissen beschränkt. Durch solch partielle Enthaltung vom Seinsglauben kommt die Welt als das Ganze schlechthin noch nicht in den Blick. Damit die phänomenologische Methode zur Philosophie wird, muß die Epoché *universal* werden. Sie darf keine Seinsstellungnahme unberührt lassen. Aber hieraus erwächst ein schwieriges Problem: Auch die Aussagen, die der Phänomenologe über das intentionale Erscheinen von Gegenständen macht, enthalten eine Seinsstellungnahme. Im Urteil über das Erscheinen-in-Gegebenheitsweisen werden eben diese Gegebenheitsweisen als seiend aufgefaßt. Würde sich die Phänomenologie auch dieser Seinssetzung noch enthalten, so könnte sie keinerlei Behauptungen mehr aufstellen. Die Epoché liefe darauf hinaus, auf jeglichen Erkenntnisanspruch und damit auf Philosophie als *Wissenschaft* zu verzichten; eben diese Funktion hatte sie in der antiken Skepsis. Die Phänomenologie als Wissenschaft braucht einen von der Epoché ausgenommenen Bereich aufrechterhaltbarer Behauptungen.

Die Behauptungen der Phänomenologie beziehen sich auf die intentionalen Akte des Bewußtseins. Deshalb kann der gesuchte Bereich nur das Bewußtsein sein. Aber wie vereinbart sich die Beibehaltung der Seinsgeltung für das Bewußtsein mit der Lückenlosigkeit der universalen Epoché? Die universale Epoché ist die Enthaltung von der Generalthesis der natürlichen Einstellung; sie neutralisiert die Seinsgeltung der *Welt*. Wäre das Sein des Bewußtseins von derselben Art wie das Sein der Gegenstände in der Welt, worauf sich der natürliche Weltglaube bezieht, wäre es der phänomenologischen Philosophie unmöglich, dem Bewußtsein Sein zuzusprechen. Das Sein des Bewußtseins muß demnach von grundlegend anderer Art als das der Gegenstände in der Welt sein. Diese These erscheint zunächst befremdlich, weil das Bewußtsein nach unserer vorphilosophischen Überzeugung im Menschen angesiedelt und dieser seinerseits ein Bestandteil der Welt ist. Also gilt es, gegen den natürlichen Anschein nachzuweisen, daß das intentionale Bewußtsein nicht zur Welt gehört, in seiner Seinsart nicht »mundan« ist, wie Husserl formuliert.

Zugleich stellt sich eine zweite Aufgabe: Wenn die Welt das Ganze schlechthin ist, gibt es nichts »neben« ihr oder »außerhalb« von ihr; denn das Ganze schlechthin ist dasjenige Ganze, das dadurch definiert ist, daß es zu ihm kein Außerhalb, kein Anderes gibt. Hegel nannte dies die Totalität. Demnach ist es ausgeschlossen, daß das Bewußtsein etwas »neben« der Welt, etwas »Anderes« als die Welt ist, d. h., es muß mit der Welt identisch sein. Diese These läßt sich aber nur auf eine Weise sinnvoll phänomenologisch konkretisieren: Die Welt ist das Ganze aller intentional erscheinenden Gegenstände. In der natürlichen Einstellung unterscheidet der Mensch das objektive Bestehen, das Ansichsein dieser Gegenstände von ihrem subjekt-relativen, bewußtseinsmäßigen Erscheinen in Gegebenheitsweisen; das Ansichsein ist der subjekt-irrelative, bewußtseinsunbezügliche Bestand der Gegenstände, von dem der Mensch in natürlicher Einstellung überzeugt ist. Identität von Welt und Bewußtsein kann nur heißen: Das Ansichsein der Welt ist – entgegen dem Seinsglauben der natürlichen Einstellung – nichts anderes als ihr intentionales Erscheinen-für-das-Bewußtsein.

Mit dieser These präsentiert Husserl die Phänomenologie als eine Variante des neuzeitlichen Idealismus. In der idealistischen Position liegt der eigentliche Unterschied der phänomenologisch-philosophischen Haltung von der natürlichen Einstellung. Diese hält als unthematischer Weltglaube das Sein der Welt und der Gegenstände in ihr für unabhängig von ihrem bewußtseinsmäßigen Erscheinen. Die konkrete Gestalt dieser natürlichen Überzeugung ist das Unthematischbleiben des Erscheinens. Der natürlichen Einstellung kommt es allein auf das bewußtseinsunabhängige, subjektirrelative Ansichsein und nicht auf sein subjekt-relatives Gegebensein an. Diese Einstellung ist die Grundhaltung des

»Geradehin-Lebens«. Demgegenüber bezieht der phänomenologische Korrelationsforscher jenes vermeintlich nicht subjekt-relative, bewußtseinsunbezügliche Sein auf das subjekt-relative Erscheinen. Und mehr noch: er führt jenes Sein auf dieses Erscheinen zurück.

Diese Zurückführung nennt Husserl die *phänomenologische Reduktion*. Sie ist nichts anderes als die radikale Universalisierung der Epoché. Das in der universalen Epoché seiner Geltung beraubte Sein der Welt enthüllt sich als Erscheinen-für-das-Bewußtsein. Mit dieser Reduktion wird die phänomenologische Methode transzendental im Sinne der durch Kant gestifteten Tradition. In der eidetischen Korrelationsforschung wurden die Gegenstände zwar schon im Wie ihres Erscheinens für das Bewußtsein betrachtet, aber es konnte noch offenbleiben, was es mit ihrem Sein auf sich hatte. Nun erst wird das Sein der Gegenstände *als* Bewußt-Sein erklärt. Sofern die phänomenologische Reduktion als radikal universalisierte Epoché verstanden wird und auf eine idealistische Position hinausläuft, nennt Husserl sie in seinen späteren Notizen zu den *Ideen I* und in seinen Entwürfen der zwanziger Jahre *transzendental-phänomenologisch*.

Die transzendentale Rückgründung des Seins im subjektiven Erscheinungsvollzug des Bewußtseins wurde von Husserls Göttinger und Münchner Freunden als Rückfall in den Subjektivismus abgelehnt. Sie beschränkten sich auf das, was Husserl eidetische Reduktion nannte, d. h. das Absehen von den Tatsachen zugunsten der eidetischen Allgemeinheit. Auch diese Reduktion enthielt eine Art Epoché, nämlich ein In-der-Schwebe-Lassen der Annahme von faktischem Sein: Die Wesenssachverhalte haben Bestand unabhängig davon, ob es bestimmte faktische Beispielfälle gibt oder nicht. Im Sinne Husserls muß man die phänomenologische von der eidetischen Reduktion streng unterscheiden; denn die phänomenologische Reduktion ist die Konsequenz aus der Haltung der Epoché, d. h. der Enthaltung von *jeglicher* Seinsstellungnahme, und diese Haltung kann ich auch gegenüber fakti-

schen Einzelerlebnissen einnehmen, ohne sie auf ihre eidetischen Strukturen zu befragen. Die Reduktion der Gegenständlichkeit überhaupt auf mein sie zum Erscheinen bringendes Bewußtsein ist etwas ganz anderes als die Reduktion der Fakten auf ihr Wesen.
Die Husserl-Kritiker unter den Phänomenologen sahen in der transzendentalphänomenologischen Reduktion eine Verarmung. Sie meinten: Der Rückzug auf das Bewußtsein schneidet die Philosophie von der Fülle des gegenständlichen Seins ab; der Aufbruch »zu den Sachen selbst« verkümmert in einem neuen Subjektivismus. Aber das war ein Mißverständnis des Begriffs »Reduktion«. Die phänomenologische Reduktion ist keine »reduktionistische« Verkürzung. Den Glauben der natürlichen Einstellung an die Bewußtseinsunabhängigkeit des Seins der Gegenstände nicht mitmachen bedeutet nicht: den Gegenständen keine Aufmerksamkeit mehr schenken. Im Gegenteil: Nur durch Reflexion läßt sich der Gehalt der Gegenstände so analysieren, wie er sich unverkürzt originär dem Bewußtsein darbietet, und erst durch Epoché und phänomenologische Reduktion öffnet sich die Reflexion vorbehaltlos der Analyse der originären Gegebenheitsweisen. Die transzendentale Phänomenologie sieht nicht von der Welt ab zugunsten des Bewußtseins, sondern ihr Interesse gilt gerade *in* der Durchleuchtung der Bewußtseinsphänomene der Welt. Letztlich interessiert den Transzendentalphänomenologen das Bewußtsein nur als Ort des Erscheinens der Welt.

8. *Der Weg zur Reduktion*

Nach dem zuletzt Gesagten stellen sich zwei Aufgaben, wenn die phänomenologische Methode zur Philosophie werden soll. Husserl muß erstens nachweisen, daß das intentionale Bewußtsein nicht mundan, d. h. von anderer Seinsart als die Gegenstände in der Welt ist. Er muß zweitens die transzendentalphänomenologische Reduktion wirklich durchführen, d. h. einen gedanklichen Weg gehen, bei dem herauskommt, daß das vermeintliche Ansichsein der Gegenstände nichts anderes ist als subjekt-relatives Erscheinen. Diesen Weg zur Reduktion hat Husserl in der »Fundamentalbetrachtung« der *Ideen I* so konzipiert, daß er über den ersten Nachweis führt. Mit diesem Nachweis war Husserl aber später nicht mehr zufrieden. Deshalb suchte er seit den zwanziger Jahren in intensivem Nachdenken nach einem überzeugenderen Weg zur Reduktion.

Sieht man zunächst vom fragwürdigen Nachweis der Nichtmundanität des Bewußtseins ab, so rechtfertigt Husserl in der »Fundamentalbetrachtung« den phänomenologischen Idealismus mit folgender Überlegung: Zum Seinsglauben der natürlichen Einstellung gehört die Überzeugung von der Bewußtseinsunabhängigkeit des Seins der Welt; die Gegenstände in der Welt bestehen subjekt-irrelativ; sie überschreiten das Erscheinen-in-Gegebenheitsweisen und sind insofern transzendent. Die genuin phänomenologische Frage kann nur lauten: Wie vollzieht das intentionale Bewußtsein dieses Transzendenzerlebnis in seiner originären Gestalt? Wie entsteht ursprünglich die Überzeugung, daß Gegenstände und Welt »mehr« sind als das im jeweiligen situationsbedingten Erscheinen Gegebene?

Das Musterbeispiel der Gegenstandserfahrung ist für Husserl die Wahrnehmung eines Dings.[25] Sie zeigt: Im Vollzug der aktuellen Abschattungen, z. B. dieses Tisches hier, sind mir horizonthaft Vermöglichkeiten weiterer Wahrnehmung mitbewußt. Die aktuellen Gegebenheitsweisen, z. B. der Anblick der Vorderseite des Tisches, verweisen mich durch ihren eigenen Sinngehalt auf potentielle Erfahrungen, in denen mir mehr vom Tisch oder, über ihn hinaus, mehr von der Welt überhaupt zur Gegebenheit käme. In diesem Sinne liegen in jeder Gegenstandserfahrung *»Motivationen«*, die über sie hinausführen. Entscheidend ist die Differenz zwischen dem aktuell Gegebenen und dem durch Aktualisierung motivierter Vermöglichkeiten Erfahrbaren. Aufgrund dieser Differenz wird jeder Gegenstand als etwas Seiendes bewußt, dessen Sein nicht in den jeweils vollzogenen Gegebenheitsweisen aufgeht. Dieser Überhang an Seinsgehalt ist die originär erfahrene Transzendenz der Gegenstände und der Welt.

Diese Transzendenz hat also ursprünglich nicht den Sinn der totalen Bewußtseinsunbezüglichkeit, sondern bedeutet genau das Gegenteil: Sie besagt, daß das Transzendente zwar gegenwärtig dem Bewußtsein nicht gegeben ist, aber prinzipiell im Verweisungszusammenhang der Vermöglichkeiten für eine motivierte Überführung ins aktuelle Erscheinen gewissermaßen bereitliegt. Kurz: die originäre Gestalt des Transzendenzerlebnisses ist die Einbettung der Gegenstandserfahrung ins Horizontbewußtsein. Gegenstandstranszendenz besteht zwar originär in einer aktuellen Bewußtseinsunbezüglichkeit, aber diese ist nur die Kehrseite einer latenten, durch Motivation aufdeckbaren Bewußtseinsbezüglichkeit, und »Bewußtseinsbezüglichkeit« besagt: situativ-subjektives Erscheinen. So erweist sich in der Tat jegliches transzendente Sein als Erscheinen.

Dieser Nachweis ist aber mit einer Zweideutigkeit behaftet. Was die transzendenten Gegenstände »überschreiten«, ist nach der gegebenen Erklärung die Bindung ihres Erscheinens an die Situation der jeweils aktuellen Gegebenheitsweisen. Die »Transzendenz«, von der Husserl spricht, meint originär die Überschreitung der situativen Jeweiligkeit. Husserl versteht aber das Erscheinen-in-Gegebenheitsweisen nicht nur als situativ, sondern auch als subjektiv. »Subjektiv« heißt dabei: angesiedelt im Bewußtsein. Deshalb muß Husserl die Situationstranszendenz zugleich als eine Überschreitung des Bewußtseins interpretieren.

Eine solche Interpretation setzt aber voraus, daß das Bewußtsein schon einen Eigenbestand hat, bevor es überschritten wird; nur solches, was in sich bereits etwas ist, läßt sich transzendieren. Dem Bewußtsein müssen so gewisse

Züge eigen sein, die ihm vorab zu seiner Überschreitung innewohnen. Das Bewußtsein hat zunächst mit diesen seinen ihm »immanenten« Zügen zu tun, sein Grundcharakter ist der ihm innerliche Bezug auf sich selbst, und die Transzendenz besteht dann darin, daß es sich auf anderes als seine eigene Innerlichkeit bezieht und so auf nicht-immanente Gegebenheiten ausgreift. In diesem Sinne unterscheidet Husserl die *transzendenten* Gegenstände in der Welt von den *immanenten* Gegebenheiten des Bewußtseins. Damit aber bekommt der bisher übersprungene Nachweis der Nichtmundanität des Bewußtseins für die Reduktion eine zentrale Bedeutung: Er muß nun Aufschluß darüber geben, worin die »Immanenz« besteht, die durch die Transzendenz der mundanen Gegenstände überschritten wird.

In der »Fundamentalbetrachtung« der *Ideen I* macht Husserl die Nichtmundanität des Bewußtseins durch einen Vergleich klar: Er wählt als Beispiel für die transzendenten Gegenstände-in-der-Welt die materiellen räumlichen Dinge. Die Seinsart der Dinge zeigt sich gemäß dem universalen Korrelationsapriori in der Art, wie sie originär erscheinen. Das gleiche gilt für die Seinsart des Bewußtseins. Das Bewußtsein ist das Ganze aller intentionalen Erlebnisse. Diese Erlebnisse bestehen konkret aus dem Vollzug der Gegebenheitsweisen, in denen der Gegenstand dem Bewußtsein erscheint; im angenommenen Beispielfall der Wahrnehmung eines Dings sind das die *Abschattungen*, in denen das Ding zur Gegebenheit kommt. Diese für die natürliche Einstellung unthematischen Abschattungen machen wir in der Reflexion zum Thema; in ihr können wir uns die Abschattungen originär, anschaulich gegenwärtig machen und in diesem Sinne unser Bewußtsein innerlich »wahrnehmen«. Durch einen Vergleich der äußeren Wahrnehmung des Dings mit der reflexiven, inneren Wahrnehmung seiner unthematischen Abschattungen muß der Unterschied zwischen der Seinsart des Bewußtseins und der der mundanen Gegenstände herausspringen.

Der Vergleich ergibt: Während das Ding nur durch Abschattungen zur Gegebenheit kommt, gilt dies für die reflexiv wahrgenommenen Abschattungen ihrerseits nicht. Die unthematisch vollzogenen Gegebenheitsweisen sind in der Reflexion nicht wiederum durch unthematische Gegebenheitsweisen gegeben; sie erscheinen dem reflektierenden Bewußtsein nicht subjekt-*relativ* in Abschattungen, sondern *absolut*. Das Bewußtsein ist sich selbst also in der Reflexion abschattungsfrei gegeben. Gemäß dem Korrelationsapriori entspricht die Seinsart des Gegebenen seiner Gegebenheitsweise. Demnach besitzt das Bewußtsein ein absolutes Sein im Unterschied zum subjekt-relativen Sein der Gegenstände in der Welt.

Um die Absolutheit des Bewußtseins zu verdeutlichen, greift Husserl auf den klassischen methodischen Zweifel in den *Meditationen* des Descartes zurück: Ich kann am Sein alles von mir Vorgestellten zweifeln, nur nicht am Sein meiner selbst, sofern und solange ich vorstelle. Das Sein des Vorstellungsvermögens, des Bewußtseins, ist der Rest an Unbezweifelbarem, den auch ein schlechthin allumfassender Zweifel nicht in Frage stellen kann. Ähnlich nun bei Husserl: Weil die mundanen Gegenstände subjekt-relativ gegeben sind, kann es jederzeit zur Durchstreichung ihrer Seinsgeltung kommen; Subjektrelativität bedeutet Möglichkeit der Täuschung. Prinzipiell wäre es wegen unserer Täuschbarkeit denkbar, daß der ganze Weltglaube zusammenbricht. Die Seinsgeltung des Bewußtseins hingegen ist wegen ihrer absoluten Gegebenheit undurchstreichbar und insofern absolut.

Selbst wenn das Sein der ganzen Welt seine Geltung verlöre und in diesem Sinne die Welt für das Bewußtsein »vernichtet« würde, bliebe etwas übrig: das absolute Bewußtsein als ein *»Residuum der Weltvernichtung«*. Die phänomenologische Reflexion versichert sich dieses Residuums. Indem sie ins Innere des Bewußtseins-Absoluten hineinblickt, entdeckt sie als seine ihm »immanenten« Bestandteile die Gegebenheitsweisen. Sie sind als unbezweifelbar *»reelle«* Stücke im Strom der intentionalen Erlebnisse enthalten. Davon zu unterscheiden sind die Gegenstände in der Welt als das *»Reale«*, das nur eine ungesicherte transzendente Existenz jenseits des bewußtseinsimmanenten Erlebnisstromes besitzt.

Die Methode der Reduktion biegt hiermit in die Bahnen des traditionellen cartesianischen Dualismus von Bewußtsein und »Außenwelt« ein. Dies konnte Husserl auf die Dauer aus mehreren Gründen nicht befriedigen, von denen hier nur drei genannt seien: Es entsteht erstens ein verwirrendes Spiel mit den Begriffen »immanent« und »transzendent«. Sofern das transzendente Sein der Welt auf sein Erscheinen in Gegebenheitsweisen zurückgeführt wird und diese immanent sind, erweist sich die Transzendenz des gegenständlichen Seins als immanent. Aber was soll vernünftigerweise noch unter »Transzendenz« zu verstehen sein, wenn sie »immanente Transzendenz« ist?

Diese Paradoxie eines Bewußtseins, das sich überschreitet und dabei doch in sich bleibt, widerspricht außerdem – zweitens – von Grund auf dem Geist der Korrelationsforschung. Mit Husserls Konzept von Intentionalität ist die klassische cartesianische Problematik von Drinnen und Draußen beim Bewußtsein im Prinzip erledigt. Sie kehrt jetzt wieder, weil Husserl den subjektiven Charakter der Gegebenheitsweisen überinterpretiert. Die Gegebenheitsweisen sind zweifellos subjektiv, sofern sie wegen ihrer natürlichen Unthematizität nur durch Reflexion ans Licht gezogen werden können. Für Husserl sind sie aber auch in dem Sinne subjektiv, daß ihr Vollzug sich allein in der Innerlichkeit des Bewußtseins abspielt. Doch dies ist eine einseitige Interpretation. Gewiß sind die Gegebenheitsweisen die Art, wie das intentionale Bewußtsein seine Erlebnisse vollzieht, aber ineins damit sind sie das Erscheinen-*von*-etwas, also Weisen des Sich-Zeigens, des Sich-Darbietens des Seienden selbst. Ihre Eigentümlichkeit läßt sich nicht angemessen begreifen, wenn man die cartesianisch inspirierte Frage stellt, ob man sie der »Außenwelt« oder der »Innenwelt« des Bewußtseins zuschlagen soll. Sie sprengen diesen Dualismus; denn sie sind das Zwischen, das ursprünglich die Dimension des intentionalen Erscheinens eröffnet, worin sich Bewußtsein und Welt schon vor aller Subjekt-Objekt-Spaltung getroffen haben.[26] Durch seine nichteinseitige Auflösung der Subjekt-Objekt-Spaltung im Wahrheitsverständnis hatte Husserl dieses Zwischen entdeckt und damit für die Philosophie des 20. Jahrhunderts als erster die Türe zu ganz neuen Denkmöglichkeiten aufgestoßen.

Schließlich – drittens – verstößt der cartesianische Nachweis der Nichtmundanität des Bewußtseins in den *Ideen I* auch gegen die Methode der Epoché. Zu Beginn der »Fundamentalbetrachtung« setzt Husserl sie ausdrücklich vom cartesianischen Zweifel ab. Auch Descartes suchte nach Husserl einen Weg zur Aufhebung der natürlichen Einstellung. Er glaubte, dieser Weg bestünde darin, den natürlichen affirmativen Seinsstellungnahmen methodisch eine universale Negation entgegenzustellen. Die Negation ist aber noch eine Spielart des Stellungnehmens. Die natürliche Einstellung läßt sich nur durch ein Aufsichberuhenlassen *aller* Modifikationen des Stellungnehmens, d. h. durch Epoché überwinden. Husserl widerruft unter der Hand diese Einsicht seiner eigenen Descartes-Kritik, wenn er die Möglichkeit in Betracht zieht, eine extreme Enttäuschung könne die Seinsgeltung der Welt in Frage stellen, und das nichtmundane Bewußtsein zum »Residuum der Weltvernichtung« erklärt. Damit wird es – im Prinzip wie bei Descartes – zu demjenigen Restbestand von affirmierbarem Seiendem, der sich in der Negation der Welt erhält.

Als Husserl sehr viel später in seinen *Cartesianischen Meditationen* noch einmal an Descartes anknüpfte, hat er an ihm in diesem Sinne kritisiert, das Bewußtsein sei bei ihm noch »ein kleines Endchen der Welt«[27]. Solange das Bewußtsein noch ein Stück der Welt ist, deren Sein in der natürlichen Einstellung affirmiert wird, unterscheidet es sich in seiner Seinsart nicht von den mundanen Gegenständen. Dieser Vorwurf trifft auch die »Phänomenologische Fundamentalbetrachtung«. So mußte Husserl in methodischer Hinsicht nach den

Ideen I vor allem daran gelegen sein, die phänomenologische Auffassung vom Bewußtsein zu klären. In den zwanziger Jahren konzipierte Husserl einen Weg zur Reduktion, der hier mit dem *Encyclopaedia Britannica*-Artikel dokumentiert ist. Dieser Weg führt über die *»phänomenologische Psychologie«*. Sie ist die Vorgestalt der transzendentalen Phänomenologie, bei der das Bewußtsein noch als mundan aufgefaßt wird, d. h. als Seele die Geltung eines Seienden-in-der-Welt behält. Die ganze Gegenstandswelt wird bereits auf das Wie ihres rein intentionalen Erscheinens reduziert, und doch bleibt die Phänomenologie hier eine mundane, d. h. dem Weltglauben verhaftete vorphilosophische Wissenschaft. Sie ist so nichts anderes als die nicht-empirische Psychologie, d. h. die Wissenschaft von den durch eidetische Reduktion erkennbaren Wesensstrukturen aller Erlebnisse, wie sie in reflexiver Innenschau durch die Haltung der Epoché analysiert werden können. Diese introspektiv-eidetische Psychologie hat nach Husserl eine doppelte Funktion: Sie ist erstens die apriorische Grundlage aller empirischen Psychologie; die heute fast ausschließlich betriebene rein naturwissenschaftliche Psychologie, die ohne introspektiv-eidetische Grundlage auszukommen glaubt, ist für Husserl bodenlos und muß deshalb scheitern. Die phänomenologische Psychologie ist zweitens die Vorstufe der transzendentalen Phänomenologie. Von ihr enthält sie zwar schon den ganzen Inhalt, aber noch innerhalb der Mundanität. Es bedarf nach Husserl nur einer »Vorzeichenänderung«, durch die das Bewußtsein nicht mehr mundan, sondern transzendental aufgefaßt wird, um diese neue Art von Psychologie in Transzendentalphilosophie zu überführen.

Worin besteht diese Vorzeichenänderung? Das Bewußtsein, so wurde hier gelegentlich gesagt, ist der Strom der intentionalen Erlebnisse – Husserl spricht deshalb auch vom *»Erlebnisstrom«*. In diesem Strom sind alle meine Erlebnisse zu einer Einheit vereinigt. Diese Einheit mache ich mir bewußt, indem ich meine Erlebnisse als »meine« bezeichne.

Sie sind »meine« bedeutet: sie gehören zu »mir«, »ich« bin ihr Vollzieher. So bin ich als *»Vollzugs-Ich«*, wie Husserl formuliert, der Grund für die Zusammengehörigkeit aller meiner Erlebnisse, d. h. für die Einheit des Bewußtseinsstroms. In meinen intentionalen Erlebnissen bin ich auf Gegenstände-in-der-Welt gerichtet, ich kann aber in der Reflexion auch mein eigenes Ich zum Gegenstand machen. Bei dieser Vergegenständlichung erscheint in der natürlichen Einstellung das Ich sich selbst wiederum als etwas Seiendes in der Welt; die Objektivierung ist eine Verweltlichung: Ich fasse mich soziologisch als Rollenträger, experimentalpsychologisch als Versuchsperson oder als was auch immer auf.

Bei allen solchen Selbstvergegenständlichungen entzieht sich aber etwas der Verweltlichung: ich selbst als Vollzugs-Ich; denn ich, der ich das jeweilige Vergegenständlichungserlebnis vollziehe, bleibe als Vollzieher gewissermaßen immer diesseits der Vergegenständlichung. Als so verstandenes Vollzugs-Ich bin ich ein prinzipiell nichtmundanes Wesen, ich bin *»reines Ich«*, wie Husserl sagt. »Rein« bedeutet hier: durch keine verweltlichende Objektivation einholbar. Das Bewußtsein nicht mehr mundan, sondern transzendental auffassen heißt: sich auf das reine Vollzugs-Ich besinnen. Deshalb nennt Husserl es auch das *»transzendentale Ich«*.[28] Das transzendentale Ich in uns ist kein anderes als das mundane Ich; die phänomenologische Reflexion redet hier keiner Bewußtseinsspaltung das Wort. Sie erinnert nur daran, daß ich in letzter Instanz ein Wesen bin, das in keiner Objektivation aufgeht und dadurch seine Freiheit und Verantwortung bewahrt. Wie immer sich Husserl das Zustandekommen der Vorzeichenänderung beim Übergang von der phänomenologischen Psychologie zur transzendentalen Phänomenologie methodisch gedacht haben mag – klar ist, worum es ihm letztlich ging: um eine Besinnung auf mich selbst in meiner freien Verantwortlichkeit.[29]

Den konkreten Weg zur Reduktion hat Husserl nicht in den

zuletzt problematisierten Methodenreflexionen beschritten. »Reduktion«, »Zurückführung« des Seins von Gegenständen und Welt auf ihr intentionales Erscheinen kann nur den Sinn haben, jenes Sein aus dem Erscheinen zu erklären. Daß dem Bewußtsein bestimmte Gegenstandsarten als an sich seiend gelten, muß aus ihrem Erscheinen in den entsprechenden Gegebenheitsweisen verständlich gemacht werden. Indem das Bewußtsein das originäre situativ-subjektive Gegebensein in motivierter Weise transzendiert, baut sich der Seinsbestand der Welt mit ihren eidetisch unterscheidbaren Gegenstandsbereichen auf. Diesen Aufbau der Welt aus motivierten Transzendenzvollzügen des Bewußtseins nennt Husserl *»Konstitution«*[30]. Die eigentliche Aufgabe der Korrelationsforschung in der transzendentalen Phänomenologie besteht darin, die Konstitution der verschiedenen Gegenstandsbereiche zu analysieren. Der zweite Auswahlband bringt Texte, die Beispiele für diese konkrete Forschungsarbeit der Phänomenologie enthalten.
Als Methode der eidetischen und transzendentalphänomenologischen Reduktion entwickelte sich die Phänomenologie zu einem der wenigen umfassenden systematischen Entwürfe in der Philosophie des 20. Jahrhunderts. Trotz seiner Fragwürdigkeiten, von denen zuletzt einiges angedeutet wurde, ist dieser Entwurf das wesentliche Bindeglied zwischen klassischer deutscher Transzendentalphilosophie und den für das 20. Jahrhundert charakteristischen Neuansätzen wie Existenzphilosophie, Seinsdenken, Hermeneutik, Wissenschaftstheorie und Sprachanalytik, mit denen allen ihn etwas verbindet. So lohnt es sich, den Weg, den die Husserlsche Phänomenologie als Methode gegangen ist, zu verfolgen, um den Übergang vom Zeitalter des Idealismus zu unserer Epoche systematisch zu »rekonstruieren«. Nur auf diese Weise lassen sich Tiefgang und Tragweite der Versuche der Gegenwartsphilosophie einigermaßen verbindlich abschätzen. In anderer Hinsicht ist das Studium Husserlscher Texte reizvoll, sofern sie als durchgeführte Konstitutionsforschung durch

konkrete Analysen unser philosophisches Verständnis von der Welterfahrung des Menschen in vielen Einzelzügen bereichern. Für diese Seite unseres Interesses an Husserl sei auf den zweiten Band verwiesen.

Klaus Held

Widerlegung des Psychologismus

[50] I. Der Psychologismus, seine Argumente und seine Stellungnahme zu den üblichen Gegenargumenten

1. *Die Streitfrage, ob die wesentlichen theoretischen Fundamente der normativen Logik in der Psychologie liegen*[1]

[. . .] [51] Ist es richtig, daß die theoretischen Wahrheiten, die wir im Rahmen der traditionellen und neueren Logik behandelt finden, und vor allem die zu ihrem wesentlichen Fundament gehörigen, ihre theoretische Stelle innerhalb der bereits abgegrenzten und selbständig entwickelten Wissenschaften besitzen?

Hier stoßen wir auf die Streitfrage nach dem Verhältnis zwischen Psychologie und Logik; denn auf die angeregten Fragen hat eine, gerade in unserer Zeit herrschende Richtung die Antwort fertig zur Hand: Die wesentlichen theoretischen Fundamente liegen in der Psychologie; in deren Gebiet gehören ihrem theoretischen Gehalt nach die Sätze, die der Logik ihr charakteristisches Gepräge geben. Die Logik verhält sich zur Psychologie wie irgendein Zweig der chemischen Technologie zur Chemie, wie die Feldmeßkunst zur Geometrie u. dgl. Zur Abgrenzung einer neuen theoretischen Wissenschaft, zumal einer solchen, die in einem engeren und prägnanteren Sinne den Namen Logik verdienen sollte, besteht für diese Richtung kein Anlaß. Ja nicht selten spricht man so, als gäbe die Psychologie das alleinige und ausreichende theoretische Fundament für die logische Kunstlehre. So lesen wir in MILLS Streitschrift gegen HAMILTON: »Die Logik ist nicht eine von der Psychologie gesonderte und mit ihr koordinierte Wissenschaft. Sofern sie überhaupt Wissenschaft ist, ist sie ein Teil oder Zweig der Psychologie, sich von ihr einerseits unterscheidend wie der Teil vom Ganzen und andererseits wie die Kunst von der Wissenschaft. Ihre theoretischen

Grundlagen verdankt sie sämtlich der Psychologie, und sie schließt soviel von dieser Wissenschaft ein, als nötig ist, die Regeln der Kunst zu begründen.«[2] Nach LIPPS scheint es sogar, als wäre die Logik der Psychologie als ein bloßer Bestandteil einzuordnen; denn er sagt: »Eben daß die Logik eine Sonderdisziplin der Psychologie ist, scheidet beide genügend deutlich voneinander.«[3]

[52] 2. *Die Beweisführung der Psychologisten*[4]

Fragen wir nach der Berechtigung derartiger Ansichten, so bietet sich uns eine höchst plausible Argumentation dar, die jeden weiteren Streit von vornherein abzuschneiden scheint. Wie immer man die logische Kunstlehre definieren mag – ob als Kunstlehre vom Denken, Urteilen, Schließen, Erkennen, Beweisen, Wissen, von den Verstandesrichtungen beim Verfolge der Wahrheit, bei der Schätzung von Beweisgründen usf. – immer finden wir psychische Tätigkeiten oder Produkte als die Objekte praktischer Regelung bezeichnet. Und wie nun überhaupt kunstmäßige Bearbeitung eines Stoffes die Erkenntnis seiner Beschaffenheiten voraussetzt, so wird es sich auch hier, wo es sich speziell um einen psychologischen Stoff handelt, verhalten. Die wissenschaftliche Erforschung der Regeln, nach denen er zu bearbeiten ist, wird selbstverständlich auf die wissenschaftliche Erforschung dieser Beschaffenheiten zurückführen: das theoretische Fundament für den Aufbau einer logischen Kunstlehre liefert also die Psychologie, und näher die Psychologie der Erkenntnis.[5] Dies bestätigt auch jeder Blick auf den Gehalt der logischen Literatur. Wovon ist da beständig die Rede? Von Begriffen, Urteilen, Schlüssen, Deduktionen, Induktionen, Definitionen, Klassifikationen usw. – alles Psychologie, nur ausgewählt und geordnet nach den normativen und praktischen Gesichtspunkten. Man möge der reinen Logik noch so enge Grenzen ziehen, das Psychologische wird man nicht fernhalten können. Es steckt schon in den Begriffen, welche für die logischen Gesetze konstitutiv sind, wie z. B. Wahrheit und Falschheit, Bejahung und Verneinung, Allgemeinheit und Besonderheit, Grund und Folge, u. dgl.

[53] 3. *Die gewöhnlichen Argumente der Gegenpartei und ihre psychologistische Lösung*

Merkwürdig genug glaubt man von der Gegenseite die scharfe Trennung beider Disziplinen gerade im Hinblick auf den normativen Charakter der Logik begründen zu können. Die Psychologie, sagt man, betrachtet das Denken, wie es ist, die Logik, wie es sein soll. Die erstere hat es mit den Naturgesetzen, die letztere mit den Normalgesetzen des Denkens zu tun. So heißt es in JÄSCHES Bearbeitung der KANTschen Vorlesungen über Logik:[6] »Einige Logiker setzen zwar in der Logik psychologische Prinzipien voraus. Dergleichen Prinzipien aber in die Logik zu bringen, ist ebenso ungereimt, als Moral vom Leben herzunehmen. Nehmen wir die Prinzipien aus der Psychologie, d. h. aus den Beobachtungen über unseren Verstand, so würden wir bloß sehen, wie das Denken vor sich geht, und wie es ist unter den mancherlei subjektiven Hindernissen und Bedingungen; dieses würde aber nur zur Erkenntnis bloß zufälliger Gesetze führen. In der Logik ist aber die Frage nicht nach zufälligen, sondern nach notwendigen Regeln – nicht, wie wir denken, sondern, wie wir denken sollen. Die Regeln der Logik müssen daher nicht vom zufälligen, sondern vom notwendigen Vernunftgebrauche hergenommen sein, den man ohne alle Psychologie bei sich findet. Wir wollen in der Logik nicht wissen: wie der Verstand ist und denkt, und wie er bisher im Denken verfahren ist, sondern: wie er im Denken verfahren sollte. Sie soll uns den richtigen, d. h. den mit sich selbst übereinstimmenden Gebrauch des Verstandes lehren.« Eine ähnliche Position nimmt HERBART ein, indem er gegen die Logik seiner Zeit und »die psychologisch sein sollenden Erzählungen vom Verstande und der Vernunft, mit denen sie anhebt«, einwendet, es sei dies ein [54] Fehler gerade so arg, wie der einer Sittenlehre, welche mit der Naturgeschichte der menschlichen Neigungen, Triebe und Schwachheiten beginnen wollte, und indem er zur Begründung des Unterschiedes auf den normativen Charakter der Logik, wie Ethik hinweist.[7]

Derartige Argumentationen setzen die psychologistischen Logiker in keinerlei Verlegenheit. Sie antworten: der notwendige Verstandesgebrauch ist eben auch ein Verstandesgebrauch und gehört mit dem Verstande selbst in die Psychologie. Das Denken, wie es sein soll, ist ein bloßer Spezialfall des Denkens, wie es ist. Gewiß hat die Psychologie die Naturgesetze des Denkens zu erforschen, also die Gesetze für alle Urteile überhaupt, ob richtige oder falsche; aber ungereimt wäre es, diesen Satz so zu interpretieren, als gehörten nur solche Gesetze in die Psychologie, welche sich in umfassendster Allgemeinheit auf alle Urteile überhaupt beziehen, während Spezialgesetze des Urteilens, wie die Gesetze des richtigen Urteilens, aus ihrem Bereich ausgeschlossen werden müßten.[8] Oder ist die Meinung eine andere? Will man leugnen, daß die Normalgesetze des Denkens den Charakter solcher psychologischen Spezialgesetze haben? Aber auch dies geht nicht an. Normalgesetze des Denkens wollen, heißt es, nur angeben, wie man zu verfahren habe, vorausgesetzt, daß man richtig denken will. »Wir denken richtig, im materialen Sinne, wenn wir die Dinge denken, wie sie sind. Aber die Dinge sind so oder so, sicher und unzweifelhaft, dies heißt in unserem Munde, wir können sie der Natur unseres Geistes zufolge nicht anders als eben auf diese Weise denken. Denn es braucht ja nicht wiederholt zu werden, was oft genug gesagt worden ist, daß selbstverständlich kein Ding, so wie es ist, abgesehen von der Art, wie wir es denken müssen, von uns gedacht werden oder Gegenstand unseres Erkennens sein kann, daß also, wer seine [55] Gedanken von den Dingen mit den Dingen selbst vergleicht, in der Tat nur sein zufälliges, von Gewohnheit, Tradition, Neigung und Abneigung beeinflußtes Denken an demjenigen Denken messen kann, das von solchen Einflüssen frei, keiner Stimme gehorcht, als der der eigenen Gesetzmäßigkeit.«

»Dann sind aber die Regeln, nach denen man verfahren muß, um richtig zu denken, nichts anderes als Regeln, nach denen man verfahren muß, um so zu denken, wie es die Eigenart des Denkens, seine besondere Gesetzmäßigkeit, verlangt, kürzer ausgedrückt, sie sind identisch mit den Naturgesetzen des Denkens selbst. Die Logik ist Physik des Denkens oder sie ist überhaupt nichts.«[9]

Vielleicht sagt man von antipsychologistischer Seite:[10] Allerdings gehören die verschiedenen Gattungen von Vorstellungen, Urteilen, Schlüssen usw. als psychische Phänomene und Dispositionen a u c h in die Psychologie hinein; aber die Psychologie hat in Ansehung derselben eine verschiedene Aufgabe wie die Logik. Beide erforschen die Gesetze dieser Betätigungen; aber »Gesetz« bedeutet für beide etwas total Verschiedenes. Die Aufgabe der Psychologie ist es, den realen Zusammenhang der Bewußtseinsvorgänge untereinander, sowie mit den zugehörigen psychischen Dispositionen und den korrespondierenden Vorgängen im körperlichen Organismus gesetzlich zu erforschen. Gesetz bedeutet hier eine zusammenfassende Formel für notwendige und ausnahmslose Verknüpfung in Koexistenz und Sukzession. Der Zusammenhang ist ein kausaler. Ganz anders geartet ist die Aufgabe der Logik. Nicht nach kausalen Ursprüngen und Folgen der intellektuellen Betätigungen fragt sie, sondern nach ihrem Wahrheitsgehalt; sie fragt, wie solche Betätigungen beschaffen sein und verlaufen s o l l e n , damit die resultierenden [56] Urteile wahr seien. Richtige Urteile und falsche, einsichtige und blinde kommen und gehen nach Naturgesetzen, sie haben ihre kausalen Antezedenzien und Konsequenzen wie alle psychischen Phänomene; den Logiker aber interessieren nicht diese natürlichen Zusammenhänge, sondern er sucht ideale, die er nicht immer, ja nur ausnahmsweise im faktischen Verlaufe des Denkens verwirklicht findet. Nicht eine Physik, sondern eine Ethik des Denkens ist sein Ziel. Mit Recht betont daher SIGWART: In der psychologischen Betrachtung des Denkens hat »der Gegensatz von wahr und falsch ebensowenig eine Rolle . . . wie der Gegensatz von gut und böse im menschlichen Handeln ein psychologischer ist«.[11]

Mit solchen Halbheiten – so werden die Psychologisten antworten – können wir uns nicht zufrieden geben. Gewiß hat die Logik eine ganz andere Aufgabe als die Psychologie, wer wird dies auch leugnen? Sie ist eben Technologie der Erkenntnis; aber wie könnte sie dann von der Frage nach den kausalen Zusammenhängen absehen, wie könnte sie nach idealen Zusammenhängen suchen, ohne die natürlichen zu studieren? »Als ob nicht jedes Sollen auf ein Sein sich gründen, jede Ethik sich zugleich als Physik ausweisen müßte.«[12] »Die Frage, was man tun solle, ist immer zurückführbar auf die Frage, was man tun müsse, wenn ein bestimmtes Ziel erreicht werden solle; und diese Frage wiederum ist gleichbedeutend mit der Frage, wie das Ziel tatsächlich erreicht werde.«[13] Daß für die Psychologie im Unterschied zur Logik der Gegensatz von wahr und falsch nicht in Betracht komme, »kann nicht heißen, daß die Psychologie diese beiden voneinander verschiedenen psychischen Tatbestände als gleich ausgebe, sondern nur, daß sie beide in gleicher Weise ver[57]ständlich mache«.[14] In theoretischer Beziehung verhält sich also die Logik zur Psychologie wie der Teil zum Ganzen. Ihr Hauptziel ist es zumal, Sätze der Form herzustellen: Gerade so und nicht anders müssen sich – allgemein oder unter bestimmt charakterisierten Umständen – die intellektuellen Betätigungen formen, anordnen und zusammenschließen, damit die resultierenden Urteile den Charakter der Evidenz, der Erkenntnis im prägnanten Sinne des Wortes erlangen. Die kausale Beziehung ist hier greifbar. Der psychologische Charakter der Evidenz ist ein kausaler Erfolg gewisser Antezedenzien. Wie beschaffener? Dies zu erforschen ist eben die Aufgabe.[15]

Nicht besser glückt es dem folgenden und oft wiederholten Argument, die psychologistische Partei ins Schwanken zu bringen: Die Logik, sagt man, kann auf der Psychologie ebensowenig ruhen, wie auf irgendeiner anderen Wissenschaft; denn eine jede ist Wissenschaft nur durch Harmonie mit den Regeln der Logik, sie setzt die Gültigkeit dieser Regeln schon voraus. Es wäre darnach ein Zirkel, Logik allererst auf Psychologie gründen zu wollen.[16]

Man wird von der Gegenseite antworten: Daß diese Argumentation nicht richtig sein kann, erhellt schon daraus, daß aus ihr die Unmöglichkeit der Logik überhaupt folgen würde. Da die Logik als Wissenschaft selbst logisch verfahren muß, so verfiele sie ja demselben Zirkel; die Triftigkeit der Regeln, die sie voraussetzt, müßte sie zugleich begründen.

[58] Aber sehen wir näher zu, worin der Zirkel eigentlich bestehen soll. Darin, daß die Psychologie die logischen Gesetze als gültig voraussetze? Aber man achte auf die Äquivokation im Begriff der Voraussetzung. Eine Wissenschaft setzt die Gültigkeit gewisser Regeln voraus, das kann heißen: sie sind Prämissen für ihre Begründungen; es kann aber auch heißen: sie sind Regeln, denen gemäß die Wissenschaft verfahren muß, um überhaupt Wissenschaft zu sein. Beides wirft das Argument zusammen; n a c h logischen Regeln schließen und a u s ihnen schließen, gilt ihm als dasselbe; denn nur, wenn aus ihnen geschlossen würde, bestände der Zirkel. Aber wie so mancher Künstler schöne Werke schafft, ohne von Ästhetik das Geringste zu wissen, so kann ein Forscher Beweise aufbauen, ohne je auf die Logik zu rekurrieren; also können logische Gesetze nicht deren Prämissen gewesen sein. Und was von einzelnen Beweisen gilt, das gilt auch von ganzen Wissenschaften.

4. *Eine Lücke in der Beweisführung der Psychologisten*

Unleugbar erscheinen die Antipsychologisten mit diesen und verwandten Argumentationen im Nachteil. Nicht wenigen gilt der Streit für zweifellos entschieden, sie halten die Entgegnungen der psychologistischen Partei für durchaus schlagend. Immerhin möchte hier eines die philosophische Verwunderung reizen, nämlich der Umstand, daß überhaupt ein Streit bestand und noch fortbesteht, und daß dieselben Argumentationen immer wieder vorgebracht und deren Widerlegungen nicht als bindend anerkannt wurden. Läge wirklich alles plan und klar, wie die psychologistische Richtung versichert, dann wäre diese Sachlage nicht recht verständlich, zumal doch vorurteilslose, ernste und scharfsinnige Denker auch auf der Gegenseite stehen. Ob nicht die Wahrheit wieder einmal in der rechten Mitte liegt, ob nicht jede der Parteien ein gutes Stück der Wahrheit erkannt hat und sich nur unfähig zeigte, es in begrifflicher Schärfe abzugrenzen und eben als bloßes Stück der ganzen zu begreifen? [59] Ob nicht doch in den Argumenten der Antipsychologisten – bei manchen Unrichtigkeiten oder Unklarheiten im einzelnen, welche die Handhaben zu den Widerlegungen darboten – ein ungelöster Rest übrig bleibt, ob ihnen nicht doch eine wahre Kraft innewohnt, die sich bei vorurteilsloser Erwägung immer wieder aufdrängt? Ich für meinen Teil möchte diese Frage bejahen; es will mir sogar scheinen, daß der wichtigere Teil der Wahrheit auf antipsychologistischer Seite liegt, nur daß die entscheidenden Gedanken nicht gehörig herausgearbeitet und durch mancherlei Untriftigkeiten getrübt sind.

Kehren wir zu der oben aufgeworfenen Frage nach den wesentlichen theoretischen Fundamenten der normativen Logik zurück. Ist sie durch die Argumentation der Psychologisten wirklich erledigt? Hier bemerken wir sofort einen schwachen Punkt. Erwiesen ist durch das Argument nur das eine, daß die Psychologie an der Fundierung der Logik m i t -

beteiligt ist, nicht aber, daß sie an ihr allein oder auch nur vorzugsweise beteiligt ist, nicht, daß sie ihr das wesentliche Fundament in dem von uns[17] definierten Sinn beistellt. Die Möglichkeit bleibt offen, daß eine andere Wissenschaft und vielleicht in ungleich bedeutsamerer Weise zu ihrer Fundierung beitrüge. Und hier mag die Stelle sein für jene »reine Logik«, welche nach der anderen Partei ihr von aller Psychologie unabhängiges Dasein führen soll, als eine natürlich begrenzte, in sich geschlossene Wissenschaft. Wir gestehen gerne zu, es entspricht, was von den Kantianern und Herbartianern unter diesem Titel bearbeitet worden ist, nicht ganz dem Charakter, der ihr nach der angeregten Vermutung eignen müßte. Ist doch bei ihnen allerwege die Rede von normativen Gesetzen des Denkens, im besonderen der Begriffsbildung, der Urteilsbildung usw.; Beweis genug, möchte man sagen, daß der Stoff weder ein theoretischer, noch ein der Psychologie fremder ist. Aber dieses Bedenken verlöre seine Kraft, wenn sich bei näherer Untersuchung die Vermutung bestätigte, die sich uns oben[18] aufdrängte, nämlich, daß jene Schulen zwar in der Definition und im Aufbau [60] der intendierten Disziplin nicht glücklich waren, aber ihr doch insofern nahe kamen, als sie eine Fülle theoretisch zusammengehöriger Wahrheiten in der traditionellen Logik bemerkten, die sich weder in die Psychologie, noch in andere Einzelwissenschaften einreihen und somit ein eigenes Reich der Wahrheit ahnen ließen. Und waren es gerade diejenigen Wahrheiten, auf welche alle logische Regelung letztlich bezogen ist, und an welche man daher, wo von logischen Wahrheiten die Rede war, vorzugsweise denken mußte, dann konnte man leicht dazu kommen, in ihnen das Wesentliche der ganzen Logik zu sehen und ihre theoretische Einheit mit dem Namen »reine Logik« zu benennen. Daß hiermit die wahre Sachlage gekennzeichnet ist, hoffe ich in der Tat nachweisen zu können.[19]

[154] II. Die psychologistischen Vorurteile

Bisher haben wir den Psychologismus vorzugsweise aus seinen Konsequenzen bekämpft.[20] Wir wenden uns nun gegen seine Argumente selbst, indem wir die vermeintlichen Selbstverständlichkeiten, auf die er sich stützt, als täuschende Vorurteile nachzuweisen suchen.[21]

5. *Erstes Vorurteil*

Ein erstes Vorurteil lautet: »Vorschriften zur Regelung von Psychischem sind selbstverständlich psychologisch fundiert. Demgemäß ist es auch einleuchtend, daß die normativen Gesetze der Erkenntnis in der Psychologie der Erkenntnis gründen müssen.«

[155] Die Täuschung verschwindet, sowie man, statt im allgemeinen zu argumentieren, an die Sachen selbst herantritt.

Zunächst tut es not, einer schiefen Auffassung beider Parteien ein Ende zu machen. Wir weisen nämlich darauf hin, daß die logischen Gesetze, an und für sich betrachtet, keineswegs normative Sätze sind in dem Sinne von Vorschriften, d. i. Sätzen, zu deren *Inhalt* es gehört, auszusagen, wie geurteilt werden *solle*. Man muß durchaus unterscheiden: Gesetze, welche *zur Normierung* der Erkenntnistätigkeiten *dienen*, und Regeln, welche *den Gedanken dieser Normierung selbst enthalten* und sie als allgemein verpflichtend *aussagen*.

Betrachten wir ein Beispiel, etwa das bekannte Prinzip der Syllogistik, welches von altersher in die Worte gefaßt wird: Das Merkmal des Merkmals ist auch Merkmal der Sache selbst. Die Kürze dieser Fassung wäre empfehlenswert, wenn sie nicht einen sichtlich falschen Satz als Ausdruck des intendierten Gedankens böte.[22] Um ihn zu konkretem Ausdruck zu bringen, werden wir uns schon zu mehr Worten bequemen müssen. »Für jedes Merkmalpaar *AB* gilt der Satz: Hat jeder Gegenstand, welcher das Merkmal *A* hat, auch das Merkmal *B*, und hat irgendein bestimmter Gegenstand *S* das Merkmal *A*, so hat er auch das Merkmal *B*.« Daß nun dieser Satz den geringsten normativen Gedanken enthalte, müssen wir entschieden bestreiten. Wir können ihn freilich zur Normierung verwenden, aber darum ist er nicht selbst eine Norm. Wir können auf ihn auch eine ausdrückliche Vorschrift gründen, z. B. »Wer immer urteilt, daß jedes *A* auch *B* sei, und daß ein gewisses *S A* sei, der muß (soll) urteilen, daß dieses *S* auch *B* sei.« Aber jedermann sieht, daß dies nicht mehr der ursprüngliche logische Satz ist, sondern aus ihm durch Hineintragung des normativen Gedankens erst erwachsen ist.

[156] Und dasselbe gilt offenbar von allen syllogistischen Gesetzen, wie von allen »rein logischen« Sätzen überhaupt.[23] Aber nicht für sie allein. Die Fähigkeit zu normativer Wendung haben ebenso die Wahrheiten anderer theoretischer Disziplinen, vor allem die rein mathematischen, die man ja gewöhnlich von der Logik zu trennen pflegt.[24] Der bekannte Satz

$$(a+b)(a-b)=a^2-b^2$$

besagt z. B., daß das Produkt aus der Summe und Differenz zweier beliebiger Zahlen gleich ist der Differenz ihrer Quadrate. Hier ist keine Rede von unserem Urteilen und der Art, wie es verlaufen soll, wir haben ein theoretisches Gesetz und nicht eine praktische Regel vor uns. Betrachten wir hingegen den korrespondierenden Satz: »Um das Produkt aus Summe und Differenz zweier Zahlen zu bestimmen, bilde man die Differenz [157] ihrer Quadrate«, so haben wir umgekehrt eine praktische Regel und nicht ein theoretisches Gesetz ausgesprochen. Auch hier wandelt sich allererst durch die Einführung des normativen Gedankens das Gesetz in die Regel, die seine selbstverständliche apodiktische Folge, jedoch nach dem Gedankengehalt von ihm verschieden ist.

Wir können noch weiter gehen. Es ist ja klar, daß in gleicher

Weise jede allgemeine Wahrheit, welchem theoretischen Gebiete sie angehören mag, zur Begründung einer allgemeinen Norm richtigen Urteilens dienen kann. Die logischen Gesetze zeichnen sich in dieser Hinsicht in keiner Weise aus. Ihrer eigenen Natur nach sind sie nicht normative, sondern theoretische Wahrheiten und können als solche, so gut wie Wahrheiten irgendwelcher anderer Disziplinen, zur Normierung des Urteilens dienen.

Andererseits ist freilich auch dies unverkennbar: Die allgemeine Überzeugung, welche in den logischen Sätzen Normen des Denkens sieht, kann nicht ganz haltlos, die Selbstverständlichkeit, mit der sie uns sofort einleuchtet, nicht reiner Trug sein. Ein gewisser innerer Vorzug in Sachen der Denkregelung muß diese Sätze vor anderen auszeichnen. Aber muß die Idee der Regelung (des Sollens) darum im Inhalt der logischen Sätze selbst liegen? Kann sie nicht in diesem Inhalt mit einsichtiger Notwendigkeit gründen? Mit anderen Worten: Können nicht die logischen und rein mathematischen Gesetze einen ausgezeichneten Bedeutungsgehalt haben, der ihnen einen natürlichen Beruf zur Denkregelung verleiht?

Wir sehen aus dieser einfachen Betrachtung, wie in der Tat auf beiden Seiten hier Unrecht verteilt ist.

Die Antipsychologisten irrten darin, daß sie Regelung der Erkenntnis sozusagen als die Essenz der logischen Gesetze hinstellten. Darum kam der rein theoretische Charakter der formalen Logik und in weiterer Folge ihre Gleichstellung mit der formalen Mathematik nicht zu gebührender Geltung. Man sah richtig, daß die in der traditionellen Syllogistik abgehandelte [158] Gruppe von Sätzen der Psychologie fremd ist. Ebenso erkannte man ihren natürlichen Beruf zur Normierung der Erkenntnis, um dessentwillen sie notwendig den Kern jeder praktischen Logik bilden müssen. Aber man übersah den Unterschied zwischen dem eigenen Gehalt der Sätze und ihrer Funktion, ihrer praktischen Verwendung. Man übersah, daß die sog. logischen Grundsätze in sich selbst nicht Normen sind, sondern eben nur als Normen dienen. Mit Rücksicht auf die Normierung hatte man sich daran gewöhnt, von Denkgesetzen zu sprechen, und so schien es, als ob auch diese Gesetze einen psychologischen Gehalt hätten, und als ob der Unterschied von den gewöhnlich so genannten psychologischen Gesetzen nur darin läge, daß sie normieren, während die sonstigen psychologischen Gesetze dies nicht tun.

Auf der anderen Seite irrten die Psychologisten mit ihrem vermeintlichen Axiom, dessen Ungültigkeit wir nun mit wenigen Worten aufweisen können: Zeigt es sich als eine pure Selbstverständlichkeit, daß jede allgemeine Wahrheit, ob sie nun psychologischer Art ist oder nicht, eine Regel des richtigen Urteilens begründet, so ist hiermit nicht nur die sinnvolle Möglichkeit, sondern sogar die Existenz von Urteilsregeln, die nicht in der Psychologie gründen, gesichert.

Nun sind freilich nicht alle derartigen Urteilsregeln, obgleich sie die Richtigkeit des Urteilens normieren, darum schon logische Regeln; aber es ist einzusehen, daß von den im eigentlichen Sinne logischen Regeln, welche die ureigene Domäne einer Kunstlehre des wissenschaftlichen Denkens ausmachen, nur die eine Gruppe psychologische Begründung zuläßt und dann auch fordert: nämlich die der menschlichen Natur speziell angepaßten technischen Vorschriften zur Erzeugung wissenschaftlicher Erkenntnis und zur Kritik solcher Erkenntniserzeugungen. Die andere Gruppe hingegen, und die ungleich wichtigere, besteht aus normativen Wendungen von Gesetzen, die zur Wissenschaft nach ihrem objektiven oder idealen Gehalt gehören. Indem die psychologischen Logiker, darunter Forscher vom Range [159] eines Mill und Sigwart, die Wissenschaft mehr von ihrer subjektiven Seite (als methodologische Einheit der spezifisch-menschlichen Erkenntnisgewinnung) als von ihrer objektiven Seite (als Idee der theoretischen Einheit der Wahrheit) betrachten und demnach die methodologischen Aufgaben der

Logik einseitig betonen, übersehen sie den fundamentalen Unterschied zwischen den rein logischen Normen und den technischen Regeln einer spezifisch humanen Denkkunst. Beide aber sind nach Inhalt, Ursprung und Funktion von total verschiedenem Charakter. Beziehen sich die rein logischen Sätze, wenn wir auf ihren originären Inhalt sehen, nur auf Ideales, so jene methodologischen Sätze auf Reales. Haben die ersteren ihren Ursprung in unmittelbar einsichtigen Axiomen, so die letzteren in empirischen und hauptsächlich psychologischen Tatsachen. Dient die Aufstellung jener rein theoretischen und nur nebenbei praktischen Interessen, so verhält es sich bei diesen umgekehrt: ihr unmittelbares Interesse ist ein praktisches und nur mittelbar, sofern nämlich ihr Ziel die methodische Förderung wissenschaftlicher Erkenntnis überhaupt ist, werden auch theoretische Interessen durch sie gefördert.

6. *Erläuternde Ausführungen*

Jeder beliebige theoretische Satz läßt sich, wie wir oben sahen, normativ wenden. Aber die so erwachsenden Regeln für richtiges Urteilen sind im allgemeinen nicht diejenigen, welche eine logische Kunstlehre braucht, nur wenige unter ihnen sind zur logischen Normierung sozusagen prädestiniert. Will diese Kunstlehre unseren wissenschaftlichen Bestrebungen tatkräftige Hilfe bieten, so kann sie ja nicht die Erkenntnisfülle der fertigen Wissenschaften voraussetzen, die wir durch ihre Hilfe allererst zu gewinnen hoffen. Nicht die ziellose Umwendung aller gegebenen theoretischen Erkenntnisse ins Normative kann uns nützen, sondern was wir brauchen, sind allgemeine und in ihrer Allgemeinheit über alle bestimmten Wissenschaften hinausgreifende Normen zur wertenden Kritik theoretischer Erkennt[160]nisse und Erkenntnismethoden überhaupt und desgleichen praktische Regeln zu deren Förderung.

Eben das will die logische Kunstlehre leisten, und will sie es als wissenschaftliche Disziplin, so muß sie selbst gewisse theoretische Erkenntnisse voraussetzen. Da ist nun von vornherein klar, daß für sie von ausnehmendem Werte alle die Erkenntnisse sein müssen, welche rein in den Begriffen Wahrheit, Satz, Subjekt, Prädikat, Gegenstand, Beschaffenheit, Grund und Folge, Beziehungspunkt und Beziehung und dergleichen gründen. Denn alle Wissenschaft baut sich nach dem, was sie lehrt (also objektiv, theoretisch), aus Wahrheiten auf, alle Wahrheit liegt in Sätzen, alle Sätze enthalten Subjekte und Prädikate, beziehen sich durch sie auf Gegenstände oder Beschaffenheiten; Sätze als solche haben Verknüpfung nach Grund und Folge usw. Nun ist klar: Wahrheiten, die in solchen wesentlichen Konstituentien aller Wissenschaft als objektiver, theoretischer Einheit gründen, Wahrheiten, die also nicht als aufgehoben gedacht werden können, ohne daß, was aller Wissenschaft als solcher objektiven Halt und Sinn gibt, aufgehoben wäre, bilden selbstverständlich die fundamentalen Maßstäbe, an denen gemessen werden kann, ob gegebenenfalls, was den Anspruch erhebt, Wissenschaft zu sein, bzw. als Grundsatz oder Folgesatz, als Syllogismus oder Induktion, als Beweis oder Theorie usw. zur Wissenschaft zu gehören, solcher Intention wirklich entspricht, oder ob es nicht vielmehr *a priori* den idealen Bedingungen der Möglichkeit von Theorie und Wissenschaft überhaupt widerstreitet. Gesteht man uns dann zu, daß Wahrheiten, die rein im Inhalt (Sinn) derjenigen Begriffe gründen, welche die Idee der Wissenschaft als einer objektiven Einheit konstituieren, nicht nebenher zum Bereich irgendeiner Einzelwissenschaft gehören können; gesteht man im besonderen zu, daß solche Wahrheiten als ideale ihren Heimatsort nicht haben können in den Wissenschaften vom *matter of fact*, also auch nicht in der Psychologie – dann ist unsere Sache entschieden. Dann kann man auch nicht die ideale Existenz einer [161] eigenen Wissenschaft, der reinen Logik, bestreiten, welche in absoluter Selbständigkeit von allen anderen wissenschaftlichen Disziplinen jene Begriffe abgrenzt, die zur Idee einer systematischen oder theoretischen Einheit konstitutiv gehören, und in weiterer Folge die theoretischen Zusammenhänge erforscht, welche rein in diesen Begriffen gründen. Diese Wissenschaft wird dann die einzigartige Eigentümlichkeit haben, daß sie selbst ihrer »Form« nach dem Inhalt ihrer Gesetze untersteht, m. a. W. daß die Elemente und theoretischen Zusammenhänge, aus denen sie selbst als systematische Einheit von Wahrheiten besteht, durch die Gesetze beherrscht werden, die mit zu ihrem theoretischen Gehalt gehören.[25]

Diese reine Logik ist also das erste und wesentlichste Fundament der methodologischen Logik. Aber natürlich hat diese noch ganz andere Fundamente, die ihr die Psychologie beistellt. Denn jede Wissenschaft läßt sich, wie wir schon ausgeführt haben, in doppelter Hinsicht betrachten: In der einen ist sie ein Inbegriff menschlicher Veranstaltungen zur Erlangung, systematischen Abgrenzung und Darlegung der Erkenntnisse dieses oder jenes Wahrheitsgebietes. Diese Veranstaltungen nennen wir Methoden; z. B. das Rechnen mit Abakus und Kolumnen, mit Schriftzeichen auf ebener Tafelfläche, mittels der oder jener Rechenmaschine, mittels Logarithmen-, Sinus- oder Tangententafeln usw.; ferner astro-[162]nomische Methoden mittels Fadenkreuz und Fernrohr, physiologische Methoden mikroskopischer Technik, Färbungsmethoden usw. Alle diese Methoden, wie auch die Formen der Darstellung sind der menschlichen Konstitution in ihrem jetzigen normalen Bestande angepaßt, und sind zum Teil sogar Zufälligkeiten nationaler Eigenart. Sie wären offenbar ganz unbrauchbar für anders konstituierte Wesen. Selbst die physiologische Organisation spielt hier eine nicht unwesentliche Rolle. Was sollten beispielsweise unsere schönsten optischen Instrumente einem Wesen nützen, dessen Gesichtssinn an ein von dem unseren erheblich unterschiedenes Endorgan gebunden wäre? Und so überall.

Jede Wissenschaft läßt sich aber noch in anderer Hinsicht

betrachten, nämlich nach dem, *was* sie lehrt, nach ihrem theoretischen Gehalt. Was – im idealen Falle – jeder einzelne Satz aussagt, ist eine Wahrheit. Keine Wahrheit ist aber in der Wissenschaft isoliert, sie tritt mit anderen Wahrheiten zu theoretischen Verbänden zusammen, geeinigt durch Verhältnisse von Grund und Folge. Dieser objektive Gehalt der Wissenschaft ist, soweit sie ihrer Intention wirklich genügt, von der Subjektivität der Forschenden, von den Eigenheiten der menschlichen Natur überhaupt völlig unabhängig, er ist eben objektive Wahrheit.

Auf diese ideale Seite geht nun die reine Logik, nämlich der Form nach; das heißt, sie geht nicht auf das, was zur besonderen Materie der bestimmten Einzelwissenschaften, zu den jeweiligen Eigenheiten ihrer Wahrheiten und Verknüpfungsformen gehört, sondern auf das, was sich auf Wahrheiten und theoretische Verbände von Wahrheiten überhaupt bezieht. Daher muß ihren Gesetzen, die durchaus idealen Charakters sind, eine jede Wissenschaft in Ansehung ihrer objektiven theoretischen Seite angemessen sein.

Hierdurch gewinnen diese idealen Gesetze aber gleichfalls methodologische Bedeutung, und sie besitzen sie auch darum, weil mittelbare Evidenz in den Begründungszusammenhängen [163] erwächst, deren Normen eben nichts anderes sind als normative Wendungen jener idealen Gesetze, die rein in den logischen Kategorien gründen. Die charakteristischen Eigentümlichkeiten der Begründungen, welche im ersten Kapitel d. W.[26] hervorgehoben wurden, haben sämtlich darin ihre Quelle und finden dadurch ihre volle Erklärung, daß die Einsichtigkeit in der Begründung – im Schlusse, im Zusammenhang des apodiktischen Beweises, in der Einheit der noch so umfassenden rationalen Theorie, aber auch in der Einheit der Wahrscheinlichkeitsbegründung – nichts anderes ist als Bewußtsein einer idealen *Gesetzmäßigkeit*. Die rein logische Reflexion, historisch zum ersten Male erwacht im Genius des ARISTOTELES, hebt abstraktiv das jeweils zugrunde liegende Gesetz selbst heraus, führt die

Mannigfaltigkeit der so zu gewinnenden und zunächst bloß vereinzelten Gesetze auf die primitiven Grundgesetze zurück und schafft so ein wissenschaftliches System, welches in geordneter Folge und rein deduktiv alle überhaupt möglichen rein logischen Gesetze – alle möglichen »Formen« von Schlüssen, Beweisen usw. – abzuleiten gestattet. Dieser Leistung bemächtigt sich nun das praktisch-logische Interesse. Die rein logischen Formen wandeln sich ihm in Normen um, in Regeln, wie wir begründen sollen, und – mit Beziehung auf mögliche ungesetzliche Bildungen – in Regeln, wie wir nicht begründen dürfen.

Demnach zerfallen die Normen in zwei Klassen: Die einen, alles Begründen, allen apodiktischen Zusammenhang *a priori* regelnd, sind rein idealer Natur und nur durch evidente Übertragung auf menschliche Wissenschaft bezogen. Die anderen, die wir auch als bloße Hilfsverrichtungen oder Surrogate für Begründungen charakterisieren durften,[27] sind empirisch, sie beziehen sich wesentlich auf die spezifisch-menschliche Seite der Wissenschaften; sie gründen also in der allgemeinen Konstitution des Menschen und zwar nach dem einen (für die [164] Kunstlehre wichtigeren) Teile in der psychischen und nach dem anderen Teile sogar in der physischen Konstitution.[28]

7. *Rückblick auf die idealistischen Gegenargumente. Ihre Mängel und ihr richtiger Sinn*

In dem Streit um psychologische oder objektive Begründung der Logik nehme ich also eine Mittelstellung ein. Die Antipsychologisten blickten vorzugsweise auf die idealen Gesetze hin, die wir oben als rein logische, die Psychologisten auf die methodologischen Regeln, die wir als anthropologische charakterisierten. Daher konnten sich beide Parteien nicht verständigen. Daß sich die Psychologisten wenig geneigt zeigten, dem bedeutsamen Kern der gegnerischen Argumente gerecht zu werden, ist um so begreiflicher, als in diesen letzteren all die psychologischen Motive und Vermengungen selbst mitspielten, die doch vor allem vermieden werden mußten. Auch der tatsächliche Inhalt der Werke, die sich als Darstellungen der »formalen« oder »reinen« Logik ausgeben, mußte die Psychologisten in ihrer ablehnenden Haltung nur bestärken und den Eindruck in ihnen erwecken, es handle sich in der proponierten Disziplin doch nur um ein Stück verschämter und dabei eigensinnig beschränkter Erkenntnispsychologie, bzw. um eine darauf gegründete Erkenntnisregelung. Die Antipsychologisten durften in ihrem Argument[29] jedenfalls nicht betonen: die Psychologie habe es mit Naturgesetzen, die Logik hingegen mit Normalgesetzen zu tun. Der Gegensatz von Naturgesetz als empirisch begründeter Regel eines tatsächlichen Seins und Geschehens ist nicht das Normalgesetz als Vorschrift, sondern [165] das Idealgesetz im Sinne einer rein in den Begriffen (Ideen, reinen begrifflichen Wesen) gründenden und daher nicht empirischen Gesetzlichkeit. Insofern die formalistischen Logiker bei ihrer Rede von Normalgesetzen diesen rein begrifflichen und in diesem Sinne apriorischen Charakter im Auge hatten, bezogen sie sich mit ihrer Argumentation auf ein unzweifelhaft Richtiges. Aber sie übersahen den theoretischen Charakter der rein logischen Sätze, sie verkannten den Unterschied von theoretischen Gesetzen, die durch ihren Inhalt zur Regelung der Erkenntnis prädestiniert sind, und normativen Gesetzen, die selbst und wesentlich den Charakter von Vorschriften haben.

Auch das ist nicht ganz richtig, daß der Gegensatz von Wahr und Falsch in der Psychologie keine Stelle habe:[30] insofern nämlich, als die Wahrheit doch in der Erkenntnis »erfaßt« und das Ideale hierdurch zur Bestimmtheit des realen Erlebnisses wird. Andererseits sind freilich die Sätze, welche sich auf diese Bestimmtheit in ihrer begrifflichen Reinheit beziehen, nicht Gesetze des realen psychischen Geschehens; darin irrten die Psychologisten, sie verkannten, wie das Wesen des

Idealen überhaupt, so zumal die Idealität der Wahrheit. Dieser wichtige Punkt wird noch ausführlich zu erörtern sein. Endlich liegt auch dem letzten Argument der Antipsychologisten[31] neben Irrigem zugleich Richtiges zugrunde. Da keine Logik, nicht die formale und nicht die methodologische, Kriterien zu geben vermag, nach denen jede Wahrheit als solche erkennbar ist, so liegt in einer psychologischen Begründung der Logik sicherlich kein Zirkel. Aber ein anderes ist die psychologische Begründung der Logik (im gewöhnlichen Sinne der Kunstlehre) und wieder ein anderes die psychologische Begründung jener theoretisch geschlossenen Gruppe logischer Sätze, die wir »rein logische« nannten. Und in dieser Hinsicht ist es allerdings eine krasse Unzuträglichkeit, obschon nur in gewissen Fällen eine Art Zirkel, Sätze, welche in den [166] wesentlichen Konstituentien aller theoretischen Einheit und somit in der begrifflichen Form des systematischen Inhalts der Wissenschaft als solcher gründen, aus dem zufälligen Inhalt irgendeiner Einzelwissenschaft und nun gar einer Tatsachenwissenschaft abzuleiten. Man mache sich den Gedanken an dem Satze vom Widerspruch klar, man denke ihn durch irgendeine Einzelwissenschaft begründet; als eine Wahrheit, die im Sinne der Wahrheit als solcher liegt, begründet durch Wahrheiten über Anzahlen, Strecken u. dgl., oder gar durch Wahrheiten über physische oder psychische Tatsächlichkeiten. Jedenfalls schwebte diese Unzuträglichkeit den Vertretern der formalen Logik gleichfalls vor, nur daß sie, wieder durch ihre Vermengung der rein logischen Gesetze mit normativen Gesetzen oder Kriterien, den guten Gedanken in einer Weise trübten, die ihn seiner Wirksamkeit berauben mußte.

Die Unzuträglichkeit besteht, wenn wir auf den Grund gehen, darin, daß Sätze, welche sich auf die bloße Form beziehen (das ist auf die begrifflichen Elemente wissenschaftlicher Theorie als solcher) erschlossen werden sollen aus Sätzen eines ganz h e t e r o g e n e n Gehalts.[32] Es ist nun klar, daß die Unzuträglichkeit bei primitiven Grundsätzen, wie dem Satz vom Widerspruch, *modus ponens* u. dgl., insofern zum Zirkel wird, als die Ableitung dieser Sätze sie selbst in den einzelnen Herleitungsschritten voraussetzen würde – nicht in der Weise von Prämissen, aber in der von Ableitungsprinzipien, ohne deren Gültigkeit die Ableitung Sinn und Gültigkeit verlieren würde. In dieser Hinsicht könnte man von einem reflektiven Zirkel sprechen, im Gegensatz zum gewöhnlichen oder direkten *circulus in demonstrando*, wo Prämissen und Schlußsätze ineinanderlaufen.

Diesen Einwänden entgeht von allen Wissenschaften allein die reine Logik, weil ihre Prämissen nach dem, worauf sie sich gegenständlich beziehen, homogen sind den Schlußsätzen, die [167] sie begründen. Sie entgeht dem Zirkel ferner dadurch, daß sie die Sätze, welche die jeweilige Deduktion als Prinzipien voraussetzt, in dieser selbst eben nicht beweist, und daß sie Sätze, welche jede Deduktion voraussetzt, überhaupt nicht beweist, sondern an die Spitze aller Deduktionen als Axiome hinstellt. Die überaus schwierige Aufgabe der reinen Logik wird also darin bestehen, einerseits analytisch zu den Axiomen aufzusteigen, die als Ausgangspunkte unentbehrlich und aufeinander ohne direkten und reflektiven Zirkel nicht mehr reduktibel sind; des weiteren die Deduktionen für die logischen Lehrsätze (wovon die syllogistischen Sätze einen kleinen Teil ausmachen) so zu formen und anzuordnen, daß Schritt für Schritt nicht bloß die Prämissen, sondern auch die Prinzipien der Deduktionsschritte entweder zu den Axiomen oder zu den bereits erwiesenen Lehrsätzen gehören.

8. *Zweites Vorurteil*

Zur Bestätigung seines ersten Vorurteils, wonach es selbstverständlich sein soll, daß sich Regeln der Erkenntnis auf die Psychologie der Erkenntnis stützen müssen, beruft sich der Psychologist[33] auf den tatsächlichen Inhalt aller Logik.

Wovon ist in ihr die Rede? Allerwege doch von Vorstellungen und Urteilen, von Schlüssen und Beweisen, von Wahrheit und Wahrscheinlichkeit, von Notwendigkeit und Möglichkeit, von Grund und Folge, so wie anderen mit diesen nahe zusammenhängenden und verwandten Begriffen. Aber ist unter diesen Titeln an anderes zu denken als an psychische Phänomene und Gebilde? Bei Vorstellungen und Urteilen ist dies ohne weiteres klar. Schlüsse sind Begründungen von Urteilen mittels Urteile, und Begründen ist doch eine psychische Tätigkeit. Wieder beziehen sich die Reden von Wahrheit und Wahrscheinlichkeit, Notwendigkeit und Möglichkeit usw. auf Urteile; was sie meinen, kann jeweils nur an Urteilen auf[168]gewiesen, d. i. erlebt werden. Ist es also nicht sonderbar, daß man daran denken wollte, Sätze und Theorien, die sich auf psychische Phänomene beziehen, von der Psychologie auszuschließen? In dieser Hinsicht ist die Scheidung zwischen rein logischen und methodologischen Sätzen nutzlos, der Einwand trifft die einen so gut wie die anderen. Es müßte also jeder Versuch, auch nur einen Teil der Logik als vermeintlich »reine« Logik der Psychologie zu entfremden, als grundverkehrt gelten.

9. *Widerlegung: Auch die reine Mathematik würde zu einem Zweige der Psychologie*

Wie selbstverständlich dies alles auch erscheinen mag, es muß irrig sein. Dies lehren die widersinnigen Konsequenzen, die, wie wir wissen, für den Psychologismus unausweichlich sind. Aber auch noch anderes müßte hier bedenklich stimmen: die natürliche Verwandtschaft zwischen rein logischen und arithmetischen Doktrinen, welche öfters sogar zur Behauptung ihrer theoretischen Einheit geführt hat. Wie wir gelegentlich schon erwähnten, hat auch Lotze gelehrt, daß die Mathematik als »ein sich für sich selbst fortentwikkelnder Zweig der allgemeinen Logik« gelten müsse. »Nur eine praktisch begründete Spaltung des Unterrichts« läßt, meint er, »die vollkommene Heimatsberechtigung der Mathematik in dem allgemeinen Reich der Logik übersehen«.[34] Ja nach RIEHL »könnte man füglich sagen, daß die Logik mit dem allgemeinen Teil der rein formalen Mathematik (diesen Begriff im Sinne von H. HANKEL genommen) koinzidiert . . .«[35] Wie immer es sich damit verhalten mag, jedenfalls wird das Argument, das für die Logik recht war, auch der Arithmetik zugebilligt werden müssen. Sie stellt Gesetze auf für Zahlen, für deren Beziehungen und Verknüpfungen. Aber Zahlen erwachsen aus dem Kolligieren und Zählen, welches [169] psychische Tätigkeiten sind. Die Beziehungen erwachsen aus Akten des Beziehens, die Verknüpfungen aus Akten des Verknüpfens. Addieren und Multiplizieren, Subtrahieren und Dividieren – nichts als psychische Prozesse. Daß sie der sinnlichen Stützen bedürfen, tut nichts zur Sache, dasselbe gilt ja für alles und jedes Denken. Somit sind auch die Summen, Produkte, Differenzen und Quotienten, und was immer in den arithmetischen Sätzen als das Geregelte erscheint, nichts als psychische Produkte, sie unterliegen also der psychischen Gesetzmäßigkeit. Nun mag zwar der modernen Psychologie mit ihrem ernsten Streben nach Exaktheit jede Erweiterung um mathematische Theorien höchst erwünscht sein; aber schwerlich wäre sie sehr erbaut, wenn man ihr die Mathematik selbst als Teil einordnen wollte. Die Heterogeneität beider Wissenschaften ist eben unverkennbar. So würde auch auf der anderen Seite der Mathematiker nur lächeln, wollte man ihm psychologische Studien aufdrängen, in Absicht auf die vermeintlich bessere und tiefere Begründung seiner theoretischen Aufstellungen. Er würde mit Recht sagen, das Mathematische und das Psychologische sind so fremde Welten, daß schon der Gedanke ihrer Vermittlung absurd wäre; wenn irgendwo, so fände hier die Rede von einer μετάβασις εἰς ἄλλο γένος ihre Anwendung.[36]

10. *Das Forschungsgebiet der reinen Logik, analog dem der reinen Mathematik, ein ideales*

Mit diesen Einwänden sind wir allerdings wieder in Argumentationen aus den Konsequenzen geraten. Aber wenn wir [170] auf ihren Inhalt blicken, finden wir die Handhaben, um die Grundfehler der gegnerischen Auffassung bezeichnen zu können. Der Vergleich der reinen Logik mit der reinen Mathematik, als der reif entwickelten Schwesterdisziplin, die sich das Recht selbständiger Existenz nicht erst erkämpfen muß, dient uns als zuverlässiges Leitmotiv. Auf die Mathematik wollen wir also zunächst hinblicken. Niemand faßt die rein mathematischen Theorien und speziell z. B. die reine Anzahlenlehre als »Teile oder Zweige der Psychologie«, obgleich wir ohne Zählen keine Zahlen, ohne Summieren keine Summen, ohne Multiplizieren keine Produkte hätten usw. Alle arithmetischen Operationsgebilde weisen auf gewisse psychische Akte arithmetischen Operierens zurück, nur in Reflexion auf sie kann, was Anzahl, Summe, Produkt u. dgl. ist, »aufgewiesen« werden. Und trotz dieses »psychologischen Ursprungs« der arithmetischen Begriffe erkennt es jeder als eine fehlerhafte μετάβασις an, daß die mathematischen Gesetze psychologische sein sollen. Wie ist das zu erklären? Hier gibt es nur eine Antwort. Mit dem Zählen und dem arithmetischen Operieren als Tatsachen, als zeitlich verlaufenden psychischen Akten, hat es natürlich die Psychologie zu tun. Sie ist ja die empirische Wissenschaft von den psychischen Tatsachen überhaupt. Ganz anders die Arithmetik. Ihr Forschungsgebiet ist bekannt, es ist vollständig und unüberschreitbar bestimmt durch die uns wohlvertraute Reihe idealer Spezies 1, 2, 3 . . . Von individuellen Tatsachen, von zeitlicher Bestimmtheit ist in dieser Sphäre gar keine Rede. Zahlen, Summen und Produkte von Zahlen (und was dergleichen mehr) sind nicht die zufällig hier und dort vor sich gehenden Akte des Zählens, des Summierens und Multiplizierens usw. Selbstverständlich sind sie auch verschieden von den Vorstellungen, in denen sie jeweils vorgestellt werden. Die Zahl Fünf ist nicht meine oder irgend jemandes anderen Zählung der Fünf, sie ist auch nicht meine oder eines anderen Vorstellung der Fünf. In letzter Hinsicht ist sie möglicher Gegen [171] stand von Vorstellungsakten, in ersterer ist sie die ideale Spezies einer Form, die in gewissen Zählungsakten auf Seiten des in ihnen Objektiven, des konstituierten Kollektivum, ihre konkreten Einzelfälle hat. In jedem Falle ist sie ohne Widersinn nicht als Teil oder Seite des psychischen Erlebnisses, somit nicht als ein Reales zu fassen. Vergegenwärtigen wir uns klar, was die Zahl Fünf eigentlich ist, erzeugen wir also eine adäquate Vorstellung von der Fünf, so werden wir zunächst einen gegliederten Akt kollektiver Vorstellung von irgendwelchen fünf Objekten bilden. In ihm ist das Kollektivum in einer gewissen Gliederungsform und damit ein Einzelfall der genannten Zahlenspezies anschaulich gegeben. In Hinblick auf dieses anschaulich Einzelne vollführen wir nun eine »Abstraktion«, d. h. wir heben nicht nur das unselbständige Moment der Kollektionsform am Angeschauten als solchen heraus, sondern wir erfassen in ihm die Idee: Die Zahl Fünf als Spezies der Form tritt in das meinende Bewußtsein. Das jetzt Gemeinte ist nicht dieser Einzelfall, es ist nicht das Angeschaute als Ganzes, noch die ihm innewohnende, obschon für sich nicht lostrennbare Form; gemeint ist vielmehr die ideale Formspezies, die im Sinne der Arithmetik schlechthin Eine ist, in welchen Akten sie sich auch an anschaulich konstituierten Kollektiven vereinzelnen mag, und die somit ohne jeden Anteil ist an der Zufälligkeit der Akte mit ihrer Zeitlichkeit und Vergänglichkeit. Die Zählungsakte entstehen und vergehen; in Beziehung auf die Zahlen ist von dergleichen sinnvoll nicht zu sprechen.

Auf derartige ideale Einzelheiten (niederste Spezies in einem ausgezeichneten Sinne, der von empirischen Klassen scharf unterschieden ist) gehen nun die arithmetischen Sätze, die numerischen (d. i. die arithmetisch-singulären) wie die algebraischen (d. i. die arithmetisch-generellen) Sätze. Über Reales sagen sie schlechterdings nichts aus, weder über solches, das gezählt wird, noch über die realen Akte, in denen gezählt wird, bzw. in denen sich die oder jene indirekten Zahlencharakteristiken konstituieren. Konkrete Zahlen und Zahlensätze [172] gehören in die wissenschaftlichen Gebiete, zu welchen die bezüglichen konkreten Einheiten gehören; Sätze über die arithmetischen Denkvorgänge hingegen in die Psychologie. Streng und eigentlich sagen die arithmetischen Sätze daher auch nichts darüber, »was in unseren bloßen Vorstellungen von Zahlen liegt«; denn so wenig wie von sonstigen Vorstellungen sprechen sie von den unserigen. Sie handeln vielmehr von Zahlen und Zahlenverknüpfungen schlechthin, in abstrakter Reinheit und Idealität. Die Sätze der *arithmetica universalis* – der arithmetischen Nomologie, wie wir auch sagen könnten – sind die Gesetze, welche rein im idealen Wesen des Genus Anzahl gründen. Die letzten Einzelheiten, welche in den Umfang dieser Gesetze fallen, sind ideale, es sind die numerisch bestimmten Zahlen, d. i. die niedersten spezifischen Differenzen des Genus Anzahl. Auf sie beziehen sich daher die arithmetisch-singulären Sätze, die der *arithmetica numerosa*. Sie erwachsen durch Anwendung jener allgemein arithmetischen Gesetze auf numerisch gegebene Zahlen, sie drücken aus, was rein im idealen Wesen dieser gegebenen Zahlen beschlossen ist. Von allen diesen Sätzen ist keiner auf einen empirisch-allgemeinen Satz zu reduzieren, möge diese Allgemeinheit auch die größtmögliche sein, die empirische Ausnahmslosigkeit im ganzen Bereiche der realen Welt.

Was wir hier in betreff der reinen Arithmetik ausgeführt haben, überträgt sich durchaus auf die reine Logik. Auch für sie geben wir als selbstverständlich die Tatsache zu, daß die logischen Begriffe einen psychologischen Ursprung haben, aber wir leugnen auch hier die psychologistische Konsequenz, die darauf begründet wird. Bei dem Umfang, den wir der Logik, im Sinne der Kunstlehre wissenschaftlicher Erkenntnis, konzediert haben, ziehen wir es natürlich auch nicht in Zweifel, daß sie es in weitem Ausmaße mit psychischen Erlebnissen zu tun hat. Gewiß fordert die Methodologie des wissenschaftlichen Forschens und Beweisens eine ausgiebige Rücksicht auf die Natur der psychischen Vorgänge, in denen es verläuft. [173] Demgemäß werden logische Termini wie Vorstellung, Begriff, Urteil, Schluß, Beweis, Theorie, Notwendigkeit, Wahrheit u. dgl. auch als Klassennamen für psychische Erlebnisse und dispositionelle Gebilde auftreten können und auftreten müssen. Dagegen bestreiten wir, daß dergleichen jemals in den rein-logischen Partien der in Rede stehenden Kunstlehre zutrifft. Wir leugnen, daß die als selbständige theoretische Disziplin abzulösende reine Logik es je auf psychische Tatsachen abgesehen hat und auf Gesetze, die als psychologische zu charakterisieren wären. Wir erkannten ja schon, daß die rein-logischen Gesetze, wie z. B. die primitiven »Denkgesetze« oder die syllogistischen Formeln, ihren wesentlichen Sinn völlig einbüßen, sowie man sie als psychologische zu interpretieren versucht. Es ist also von vornherein klar, daß die Begriffe, aus welchen sich diese und ähnliche Gesetze aufbauen, keinen empirischen Umfang haben können. Mit anderen Worten: sie können nicht den Charakter bloß universeller Begriffe haben, deren Umfang tatsächliche Einzelheiten erfüllen, sondern sie müssen echt generelle Begriffe sein, deren Umfang sich ausschließlich zusammensetzt aus idealen Einzelheiten, aus echten Spezies. Des weiteren geht klar hervor, daß die genannten Termini und alle überhaupt, die in rein-logischen Zusammenhängen auftreten, insgesamt äquivok sein müssen, derart, daß sie auf der einen Seite eben Klassenbegriffe für seelische Gebilde bedeuten, wie solche in die Psychologie gehören, und auf der anderen Seite generelle Begriffe für ideale Einzelheiten, welche zu einer Sphäre reiner Gesetzlichkeit gehören.

11. *Bestätigende Nachweisungen an den logischen Grundbegriffen und an dem Sinn der logischen Sätze*

Dies bestätigt sich, wenn wir uns auch nur flüchtig in den historisch vorliegenden Bearbeitungen der Logik umblicken und dabei unsere besondere Aufmerksamkeit auf den fundamentalen Unterschied zwischen der subjektiv-anthropologi[174]schen Einheit der Erkenntnis und der objektiv-idealen Einheit des Erkenntnisinhaltes richten. Die Äquivokationen treten dann alsbald hervor, und sie erklären den trügerischen Schein, als ob die unter dem traditionellen Titel »Elementarlehre« abgehandelten Materien innerlich homogen und insgesamt psychologische wären.

Da wird vor allem von den Vorstellungen gehandelt und in weitem Maße auch psychologisch gehandelt; die apperzeptiven Vorgänge, in welchen Vorstellungen erwachsen, werden möglichst tief erforscht. So wie es aber an die Unterschiede der wesentlichen »Formen« der Vorstellungen geht, bereitet sich schon ein Bruch in der Betrachtungsweise vor, der sich fortsetzt in der Lehre von den Urteilsformen und am weitesten auseinanderklafft in der Lehre von den Schlußformen, sowie den zugehörigen Denkgesetzen. Der Terminus Vorstellung verliert plötzlich den Charakter eines psychologischen Klassenbegriffs. Dies tritt in Evidenz, sowie wir nach dem Einzelnen fragen, das unter den Begriff Vorstellung fallen soll. Wenn der Logiker Unterschiede fixiert, wie die zwischen singulären und allgemeinen Vorstellungen (Sokrates – der Mensch überhaupt; die Zahl Vier – die Zahl überhaupt), zwischen attributiven und nicht attributiven (Sokrates, Weiße – ein Mensch, eine Farbe) u. dgl.; oder wenn er die mannigfachen Verknüpfungsformen von Vorstellungen zu neuen Vorstellungen aufzählt, wie konjunktive, disjunktive, determinative Verknüpfung u. dgl.; oder wenn er wesentliche Vorstellungsverhältnisse, wie Inhalts- und Umfangsverhältnisse klassifiziert: so muß doch jedermann sehen, daß hier nicht von phänomenalen, sondern von spezifischen Einzelheiten die Rede ist. Nehmen wir an, es spreche jemand als logisches Exempel den Satz aus: Die Vorstellung Dreieck schließt die Vorstellung Figur ein, und der Umfang dieser umschließt den Umfang jener. Ist darin von den subjektiven Erlebnissen irgendeiner Person und vom realen Enthaltensein von Phänomenen in Phänomenen die Rede? Gehören in den Umfang dessen, was hier und in allen ähn[175]lichen Zusammenhängen Vorstellung heißt, als unterschiedene Glieder, die Dreieckvorstellung, die ich jetzt, und die, welche ich in einer Stunde habe; oder nicht vielmehr als einziges Glied die Vorstellung »Dreieck« und daneben, wieder als Einzelheiten, die Vorstellung »Sokrates«, die Vorstellung »Löwe« u. dgl.?

In aller Logik ist gar viel die Rede von Urteilen; aber auch hier besteht Äquivokation. In den psychologischen Partien der logischen Kunstlehre spricht man von Urteilen als Fürwahrhaltungen, man spricht also von bestimmt gearteten Bewußtseinserlebnissen. In den rein logischen Partien ist davon weiter keine Rede. Urteil heißt hier soviel wie Satz, und zwar verstanden nicht als eine grammatische, sondern als eine ideale Bedeutungseinheit. Dies trifft all die Unterscheidungen von Urteilsakten, bzw. Formen, welche für die rein-logischen Gesetze die nötigen Unterlagen bieten. Kategorisches, hypothetisches, disjunktives, existenziales Urteil, und wie die Titel noch lauten mögen, sind in der reinen Logik nicht Titel für Urteilsklassen, sondern Titel für ideale Satzformen. Dasselbe gilt für die Schlußformen: für Existenzialschluß, kategorischen Schluß usw. Die bezüglichen Analysen sind Bedeutungsanalysen, also nichts weniger als psychologische Analysen. Nicht individuelle Phänomene, sondern Formen intentionaler Einheiten werden analysiert, nicht Erlebnisse des Schließens, sondern Schlüsse. Wer in logisch-analytischer Absicht sagt: das kategorische Urteil »Gott ist gerecht« hat die Subjektvorstellung »Gott«, spricht sicherlich nicht von dem Urteil als psychischem

Erlebnis, das er oder ein anderes Individuum hat, und desgleichen nicht von dem psychischen Akt, der darin eingeschlossen und durch das Wort »Gott« erregt ist; sondern er spricht von *dem* Satze »Gott ist gerecht«, welcher *einer* ist, der Mannigfaltigkeit möglicher Erlebnisse zu Trotze, und von *der* Vorstellung »Gott«, die wiederum *eine* ist, wie es nicht anders sein kann bei dem einzelnen Teile *eines* Ganzen. Und demgemäß meint der [176] Logiker mit dem Ausdruck »jedes Urteil« nicht »jeder Urteilsakt«, sondern »jeder objektive Satz«. Im Umfang des logischen Begriffes Urteil steht nicht gleichberechtigt das Urteil »$2 \times 2 = 4$«, das ich soeben erlebe, und das Urteil »$2 \times 2 = 4$«, das gestern und sonst wann und in sonst welchen Personen Erlebnis war. Im Gegenteil, es figuriert kein einziger unter diesen Akten im fraglichen Umfang, wohl aber schlechthin »$2 \times 2 = 4$« und daneben etwa »die Erde ist ein Kubus«, der Lehrsatz des Pythagoras u. dgl., und zwar je als ein Glied. Genau ebenso verhält es sich natürlich, wenn man sagt: »*das* Urteil *S* folgt aus *dem* Urteil *P*«; und so in allen ähnlichen Fällen.
Dadurch bestimmt sich auch erst der wahre Sinn der logischen Grundsätze, und zwar als ein solcher, wie ihn unsere früheren Analysen gekennzeichnet haben. Das Prinzip vom Widerspruch ist, so lehrt man, ein Urteil über Urteile. Wofern man aber unter Urteilen psychische Erlebnisse, Akte des Fürwahrhaltens, Glaubens usw. versteht, kann diese Auffassung nicht Geltung haben. Wer das Prinzip aussagt, urteilt; aber weder das Prinzip, noch das, worüber es urteilt, sind Urteile. Wer aussagt: »Von zwei kontradiktorischen Urteilen ist eins wahr und eins falsch«, meint, wenn er sich nicht mißversteht (wie es bei nachträglicher Interpretation wohl kommen mag), nicht ein Gesetz für Urteilsakte, sondern ein Gesetz für *Urteilsinhalte* auszusagen, mit anderen Worten, für die *idealen Bedeutungen*, die wir kurzweg Sätze zu nennen pflegen. Also lautete der bessere Ausdruck: »Von zwei kontradiktorischen Sätzen ist einer wahr und einer falsch«.[37] Es ist auch klar, daß wir, um den

[177] Satz vom Widerspruch zu verstehen, nichts weiter nötig haben, als uns den Sinn entgegengesetzter Satzbedeutungen zu vergegenwärtigen. An Urteile als reale Akte haben wir nicht zu denken, und in keinem Falle wären sie die hierhergehörigen Objekte. Man braucht nur darauf hinzublicken, um einzusehen, daß zum Umfang dieser logischen Gesetzlichkeit nur Urteile in einem idealen Sinne gehören – wonach »das« Urteil »2×2=5« eines ist neben »dem« Urteil »Es gibt Drachen«, neben »dem« Satz von der Winkelsumme u. dgl. – hingegen kein einziger der wirklichen oder vorgestellten Urteilsakte, die in unendlicher Mannigfaltigkeit jeder dieser idealen Einheiten entsprechen. Ähnliches wie vom Satze des Widerspruchs gilt für alle rein logischen Sätze, z. B. die syllogistischen.

Der Unterschied der psychologischen Betrachtungsweise, welche die Termini als Klassentermini für psychische Erlebnisse verwendet, von der objektiven oder idealen Betrachtungsweise, in welcher eben dieselben Termini ideale Gattungen und Arten vertreten, ist kein nebensächlicher und bloß subjektiver; er bestimmt den Unterschied wesentlich verschiedener Wissenschaften. Reine Logik und Arithmetik, als Wissenschaften von den idealen Einzelheiten gewisser Gattungen (oder von dem, was *a priori* im idealen Wesen dieser Gattungen gründet), trennen sich von der Psychologie, als der Wissenschaft von den individuellen Einzelheiten gewisser empirischer Klassen.

12. *Die entscheidenden Differenzen*

Heben wir zum Schluß noch die entscheidenden Differenzen hervor, von deren Anerkennung, bzw. Verkennung die ganze Stellung zur psychologistischen Argumentation abhängt, so sind es folgende:

[178] 1. Es ist ein wesentlicher, schlechthin unüberbrückbarer Unterschied zwischen Idealwissenschaften und Realwissen-

schaften. Die ersteren sind apriorisch, die letzteren empirisch. Entwickeln jene die ideal-gesetzlichen Allgemeinheiten, welche mit einsichtiger Gewißheit in echt generellen Begriffen gründen, so stellen diese die realgesetzlichen Allgemeinheiten und zwar mit einsichtiger Wahrscheinlichkeit fest, welche sich auf eine Sphäre von Tatsachen beziehen. Der Umfang der Allgemeinbegriffe ist dort ein Umfang von niedersten spezifischen Differenzen, hier ein Umfang von individuellen, zeitlich bestimmten Einzelheiten; die letzten Gegenstände also dort ideale Spezies, hier empirische Tatsachen. Offenbar vorausgesetzt sind hierbei die wesentlichen Unterschiede zwischen Naturgesetz und idealem Gesetz, zwischen universellen Sätzen über Tatsachen (die sich vielleicht als generelle Sätze verkleiden: alle Raben sind schwarz – der Rabe ist schwarz) und echt generellen Sätzen (wie es die allgemeinen Sätze der reinen Mathematik sind), zwischen empirischem Klassenbegriff und idealem Genusbegriff u. dgl. Die richtige Schätzung dieser Unterschiede ist durchaus abhängig von dem endgültigen Aufgeben der empiristischen Abstraktionstheorie, welche, gegenwärtig vorherrschend, das Verständnis alles Logischen verbaut; worüber wir später ausführlich sprechen werden.[38]

2. Es ist in aller Erkenntnis und speziell in aller Wissenschaft der fundamentale Unterschied zwischen dreierlei Zusammenhängen zu beachten:

a) Der Zusammenhang der Erkenntniserlebnisse, in welchen sich Wissenschaft subjektiv realisiert, also der psychologische Zusammenhang der Vorstellungen, Urteile, Einsichten, Vermutungen, Fragen usw., in denen sich das Forschen vollzieht, oder in welchen die längst entdeckte Theorie einsichtig durchdacht wird.

b) Der Zusammenhang der in der Wissenschaft erforschten und theoretisch erkannten Sachen, die als solche das Gebiet dieser Wissenschaft ausmachen. Der Zusammenhang [179] des Forschens und Erkennens ist sichtlich ein anderer als der des Erforschten und Erkannten.

c) Der logische Zusammenhang, d. h. der spezifische Zusammenhang der theoretischen Ideen, welcher die Einheit der Wahrheiten einer wissenschaftlichen Disziplin, spezieller einer wissenschaftlichen Theorie, eines Beweises oder Schlusses konstituiert, bzw. auch die Einheit der Begriffe im wahren Satze, der einfachen Wahrheiten in Wahrheitszusammenhängen u. dgl.

Im Falle der Physik z. B. unterscheiden wir den Zusammenhang der psychischen Erlebnisse des physikalisch Denkenden von der physischen Natur, die von ihm erkannt wird, und beide wieder von dem idealen Zusammenhang der Wahrheiten in der physikalischen Theorie, also in der Einheit der analytischen Mechanik, der theoretischen Optik u. dgl. Auch die Form der Wahrscheinlichkeitsbegründung, welche den Zusammenhang von Tatsachen und Hypothesen beherrscht, gehört in die Linie des Logischen. Der logische Zusammenhang ist die ideale Form, um derentwillen *in specie* von derselben Wahrheit, von demselben Schlusse und Beweise, von derselben Theorie und rationalen Disziplin die Rede ist, von derselben und einen, wer immer »sie« denken mag. Die Einheit dieser Form ist gesetzliche Geltungseinheit. Die Gesetze, unter denen sie nebst allen ihresgleichen steht, sind die rein logischen Gesetze, welche somit alle Wissenschaft übergreifend befassen, und zwar befassen nicht nach ihrem psychologischen und gegenständlichen, sondern nach ihrem idealen Bedeutungsgehalt. Selbstverständlich sind die bestimmten Zusammenhänge von Begriffen, Sätzen, Wahrheiten, welche die ideale Einheit einer bestimmten Wissenschaft ausmachen, nur insofern logische zu nennen, als sie unter die Logik, in der Weise von Einzelfällen, gehören; nicht aber gehören sie selbst zur Logik als Bestandstücke.

Die drei unterschiedenen Zusammenhänge betreffen Logik und Arithmetik natürlich ebensogut wie alle anderen Disziplinen; nur sind bei beiden die erforschten Sachen nicht wie in der [180] Physik reale Tatsachen, sondern ideale Spezies. Bei der Logik ergibt sich aus der Besonderheit derselben die gelegentlich schon erwähnte Eigentümlichkeit, daß die idealen Zusammenhänge, welche ihre theoretische Einheit ausmachen, als Spezialfälle unter die Gesetze gehören, die sie selbst aufstellt. Die logischen Gesetze sind zugleich Teile und Regeln dieser Zusammenhänge, sie gehören zum theoretischen Verband und doch gleichzeitig zum Gebiet der logischen Wissenschaft.

13. *Drittes Vorurteil. Die Logik als Theorie der Evidenz*

Wir formulieren ein drittes Vorurteil[39] in folgenden Sätzen: Alle Wahrheit liegt im Urteil. Aber als wahr erkennen wir ein Urteil nur im Falle seiner Evidenz. Dieses Wort bezeichnet – so sagt man – einen eigentümlichen und jedem aus seiner inneren Erfahrung wohlbekannten psychischen Charakter, ein eigenartiges Gefühl, welches die Wahrheit des Urteils, dem es angeknüpft ist, verbürgt. Ist nun die Logik die Kunstlehre, welche uns in der Erkenntnis der Wahrheit fördern will, so sind die logischen Gesetze selbstverständlich Sätze der Psychologie. Es sind nämlich Sätze, die uns über die psychologischen Bedingungen aufklären, von denen das Dasein oder Fehlen jenes »Evidenzgefühls« abhängig ist. An diese Sätze schließen sich dann naturgemäß praktische Vorschriften an, welche uns bei der Realisierung von Urteilen, die dieses auszeichnenden Charakters teilhaftig sind, fördern sollen. Allenfalls mögen auch diese psychologisch fundierten Denkregeln gemeint sein, wo man von logischen Gesetzen oder Normen spricht.

An diese Auffassung streift schon MILL, wenn er in der Absicht, die Logik von der Psychologie abzugrenzen, lehrt: *»The properties of Thought which concern Logic, are some of its contingent properties; those, namely, on the presence of which depends good thinking, as dinstinguished from bad.«*[40] In seinen weiteren [181] Ausführungen bezeichnet er die Logik wiederholt als (psychologisch zu fassende) *»theorie«*

oder *»Philosophy of Evidence«*,[41] wobei er es unmittelbar allerdings nicht auf die rein logischen Sätze abgesehen hat. In Deutschland tritt dieser Gesichtspunkt gelegentlich bei SIGWART hervor. Nach ihm »kann keine Logik anders verfahren, als daß sie sich der Bedingungen bewußt wird, unter denen dieses subjektive Gefühl der Notwendigkeit (im vorhergehenden Absatz »das innere Gefühl der Evidenz«) eintritt, und dieselben auf ihren allgemeinen Ausdruck bringt«.[42] In dieselbe Richtung deuten auch manche Äußerungen WUNDTS. In seiner Logik lesen wir z. B.: »Die in bestimmten Verbindungen des Denkens enthaltenen Eigenschaften der Evidenz und Allgemeingültigkeit lassen . . . aus den psychologischen die logischen Denkgesetze hervorgehen.« Ihr »normativer Charakter ist lediglich darin begründet, daß gewisse unter den psychologischen Verbindungen des Denkens tatsächlich Evidenz und Allgemeingültigkeit besitzen. Denn nun wird es erst möglich, daß wir an das Denken überhaupt mit der Forderung herantreten, es solle den Bedingungen der Evidenz und Allgemeingültigkeit genügen«. – »Jene Bedingungen selbst, denen genügt werden muß, um Evidenz und Allgemeingültigkeit herbeizuführen, bezeichnen wir als logische Denkgesetze . . .« Ausdrücklich wird noch betont: »das psychologische Denken bleibt immer die umfassendere Form«.[43]

In der logischen Literatur gegen Ende des letzten Jahrhunderts gewinnt die Interpretation der Logik als praktisch gewendeter Psychologie der Evidenz unverkennbar an Schärfe und Ausbreitung. Besondere Erwähnung verdient hier die Logik von HÖFLER und MEINONG, weil sie als der erste wirklich durchgeführte Versuch anzusehen ist, den Gesichtspunkt der Psychologie der Evidenz in der ganzen Logik mit möglichster Konsequenz zur Geltung zu bringen. Als die Hauptauf[182]gabe der Logik bezeichnet HÖFLER die Untersuchung der »(zunächst psychologischen) Gesetze, nach welchen das Zustandekommen der Evidenz von bestimmten Eigenschaften unserer Vorstellungen und Urteile abhängt«.[44] »Unter allen wirklich vorkommenden oder doch als möglich vorstellbaren Erscheinungen des Denkens« habe die Logik »diejenigen Arten (›Formen‹) von Gedanken herauszuheben, welchen Evidenz entweder direkt zukommt, oder welche notwendige Bedingungen für das Zustandekommen von Evidenz sind«.[45] Wie ernstlich psychologisch dies gemeint ist, zeigen die sonstigen Ausführungen. So wird z. B. die Methode der Logik, soweit sie die theoretische Grundlegung der Lehre vom richtigen Denken betrifft, als die nämliche bezeichnet, welche die Psychologie gegenüber allen psychischen Erscheinungen anwende; sie habe die Erscheinungen speziell des richtigen Denkens zu beschreiben und dann soweit als möglich auf einfache Gesetze zurückzuführen, d. h. die verwickelteren aus den einfachen zu erklären (a. a. O. S. 18). In weiterer Folge wird der logischen Lehre vom Schlusse die Aufgabe zugewiesen, »die Gesetze aufzustellen . . ., von welchen Merkmalen der Prämissen es abhängt, ob ein bestimmtes Urteil aus ihnen mit Evidenz erschlossen werden kann«. Usw.

14. *Die äquivalente Umformung der logischen Sätze in Sätze über ideale Bedingungen der Urteilsevidenz. Die resultierenden Sätze nicht psychologische*

Wenden wir uns nun zur Kritik. Wir sind zwar davon weit entfernt, die Unbedenklichkeit des gegenwärtig als Gemeinplatz umlaufenden, aber sehr klärungsbedürftigen Satzes zuzugestehen, mit dem das Argument anhebt – nämlich, daß alle Wahrheit im Urteil liege; aber daran zweifeln wir natürlich nicht, daß Wahrheit erkennen und mit Rechtsanspruch behaupten, Wahrheit einsehen voraussetzt. Desgleichen auch nicht daran, daß die logische Kunstlehre nach den psychologischen Bedingungen zu forschen hat, unter welchen uns die Evidenz im Urteilen aufleuchtet. Wir kommen der bestrittenen Auffassung sogar [183] noch einen weiteren Schritt entgegen. Obwohl wir auch jetzt wieder den Unterschied zwischen rein logischen und methodologischen Sätzen geltend zu machen gedenken, gestehen wir bezüglich der ersteren ausdrücklich zu, daß sie eine gewisse Beziehung zum psychologischen Datum der Evidenz haben und in gewissem Sinne psychologische Bedingungen desselben hergeben.

Aber allerdings gilt uns diese Beziehung als eine rein ideale und indirekte. Wir leugnen es, daß die rein logischen Sätze selbst über die Evidenz und ihre Bedingungen das Geringste aussagen. Wir glauben zeigen zu können, daß sie jene Beziehung zu Evidenzerlebnissen nur auf dem Wege der Anwendung, resp. Umwendung erlangen können, nämlich auf gleiche Weise, wie jedes »rein in Begriffen gründende« Gesetz auf den allgemein vorgestellten Bereich empirischer Einzelfälle jener Begriffe übertragen werden kann. Die so erwachsenden Evidenzsätze behalten aber nach wie vor ihren apriorischen Charakter, und die Evidenzbedingungen, die sie nun aussagen, sind nichts weniger als psychologische, als reale Bedingungen. Die rein begrifflichen Sätze wandeln sich vielmehr, hier wie in jedem analogen Falle, in Aussagen über ideale Unverträglichkeiten, bzw. Möglichkeiten um.

Eine einfache Überlegung wird Klarheit schaffen. Aus jedem rein logischen Gesetz kann man, durch *a priori* mögliche (evidente) Umformung gewisse Evidenzsätze, wenn man will, Evidenzbedingungen ablesen. Das kombinierte Prinzip vom Widerspruch und ausgeschlossenen Dritten ist sicherlich äquivalent mit dem Satze: Evidenz kann bei Einem, aber auch nur bei Einem von einem Paar kontradiktorischer Urteile auftreten.[46] Wieder ist der *modus barbara* zweifellos äquivalent dem Satze: die Evidenz der notwendigen Wahrheit eines [184] Satzes der Form »alle *A* sind *C*« (oder genauer ausgedrückt: seiner Wahrheit als einer notwendig erfolgenden) kann auftreten in einem schließenden Akte, dessen Prämissen die Formen haben »alle *A* sind *B*« und »alle *B* sind *C*«. Und so ähnlich bei jedem rein logischen Satze. Völlig begreiflich, da evidentermaßen die allgemeine Äquivalenz besteht zwischen den Sätzen »*A* ist wahr« und »es ist möglich, daß irgend jemand mit Evidenz urteilt, es sei *A*«. Natürlich werden also die Sätze, zu deren Sinn es gehört auszusagen, was gesetzlich im Begriffe der Wahrheit liegt, und daß das Wahrsein von Sätzen gewisser Satzformen dasjenige von Sätzen korrelater Satzformen bedingt, äquivalente Umformungen zulassen, in denen das mögliche Auftreten von Evidenz zu den Satzformen der Urteile in Beziehung gesetzt wird.

Aber die Einsicht in diesen Zusammenhang bietet uns zugleich die Handhabe zur Widerlegung des Versuches, reine Logik in Psychologie der Evidenz aufgehen zu lassen. An sich besagt doch der Satz »*A* ist wahr« nicht dasselbe wie sein Äquivalent »es ist möglich, daß irgend jemand urteile, es sei *A*«. Der erstere spricht nicht von Urteilen irgend jemandes, auch nicht irgend jemandes ganz im allgemeinen. Es verhält sich hier ganz so wie bei den rein mathematischen Sätzen. Die Aussage, daß $a + b = b + a$ ist, besagt, daß der Zahlenwert der Summe zweier Zahlen von ihrer Stellung in der Verknüpfung unabhängig ist, aber sie sagt nichts vom Zählen und Summieren irgend jemandes. Dergleichen kommt erst [185] durch eine evidente und äquivalente Umformung hinein. *In concreto* ist ja (und dies steht *a priori* fest) keine Zahl ohne Zählen, keine Summe ohne Summieren gegeben.

Aber selbst wenn wir die originären Formen der rein logischen Sätze verlassen und sie in die äquivalent zugehörigen Evidenzsätze umwenden, so entsteht daraus nichts, was die Psychologie als ihr Eigentum in Anspruch nehmen könnte. Sie ist eine empirische Wissenschaft, die Wissenschaft von den psychischen Tatsachen. Psychologische Möglichkeit ist also ein Fall von realer Möglichkeit. Jene Evidenzmöglichkeiten sind aber ideale. Was psychologisch unmöglich ist, kann ideal gesprochen sehr wohl sein. Die Auflösung des verallgemeinerten »Problems der 3 Körper«, sagen wir das »Problem der *n* Körper«, mag jede menschliche Erkenntnisfähigkeit überschreiten. Aber das Problem hat eine Auflösung, und so ist eine darauf bezügliche Evidenz möglich. Es gibt dekadische Zahlen mit Trillionenstellen, und es gibt auf sie bezügliche Wahrheiten. Aber niemand kann solche Zahlen wirklich vorstellen und die auf sie bezüglichen Additionen, Multiplikationen usw. wirklich ausführen. Die Evidenz ist hier psychologisch unmöglich, und doch ist sie, ideal zu reden, ganz gewiß ein mögliches psychisches Erlebnis.[47]

Indem wir die Idealität der Möglichkeiten betonen, welche in betreff der Urteilsevidenz aus den logischen Gesetzen ent-[186]nommen werden können, und welche uns in apodiktischen Evidenzen als *a priori* geltende einleuchten, wollen wir keineswegs ihre psychologische Nutzbarkeit leugnen. Wenn wir aus dem Gesetze, daß von zwei kontradiktorischen Sätzen einer wahr und einer falsch ist, die Wahrheit ableiten, daß von einem Paar möglicher kontradiktorischer Urteile je eines, aber nur Eines den Charakter der Evidenz haben kann – und diese Ableitung ist eine evident zu Recht bestehende, wenn wir Evidenz als das Erlebnis definieren, in dem irgendein Urteilender der Richtigkeit seines Urteils, d. i. dessen Angemessenheit an die Wahrheit inne wird – so spricht ja der neue Satz eine Wahrheit aus über Verträglichkeiten, bzw. Unverträglichkeiten gewisser psychischer Erlebnisse. Aber in dieser Weise belehrt uns auch jeder rein mathematische Satz über mögliche und unmögliche Vorkommnisse im Gebiete des Psychischen. Keine empirische Zählung und Berechnung, kein psychischer Akt algebraischer Transformation oder geometrischer Konstruktion ist möglich, der den idealen Gesetzen der Mathematik widerspräche. So sind diese Gesetze psychologisch nutzbar zu machen. Wir können aus ihnen jederzeit apriorische Möglichkeiten und Unmöglichkeiten ablesen, die sich auf gewisse Arten psychischer Akte, auf Akte der Zählung, der additiven, multiplikativen ... Verknüpfung usw. beziehen. Aber darum sind diese Gesetze noch nicht selbst psychologische Sätze. Sache der Psychologie, als Naturwissenschaft von den psychischen Erlebnissen, ist es, die Naturbedingtheit dieser Erlebnisse zu erforschen. In ihr Gebiet gehören also speziell die empirisch-realen Verhältnisse der mathematischen und logischen Betätigungen. Ihre *idealen* Verhältnisse und Gesetze bilden aber ein Reich für sich. Dieses konstituiert sich in rein generellen Sätzen, aufgebaut aus »Begriffen«, welche nicht etwa Klassenbegriffe von psychischen Akten sind, sondern Idealbegriffe (Wesensbegriffe), die in solchen Akten, bzw. in ihren objektiven Korrelaten, ihre konkrete Grundlage haben. Die Zahl Drei, die Wahrheit, die nach Pythagoras benannt ist, u. dgl., das sind, wie wir erörtert haben, nicht em[187]pirische Einzelheiten oder Klassen von Einzelheiten, es sind ideale Gegenstände, die wir in Aktkorrelaten des Zählens, des evidenten Urteilens u. dgl. ideierend erfassen.

Und so ist denn in Ansehung der *Evidenz* die bloße Aufgabe der Psychologie, die *natürlichen* Bedingungen der unter diesem Titel befaßten Erlebnisse aufzusuchen, also die realen Zusammenhänge zu erforschen, in denen nach dem Zeugnis unserer Erfahrung Evidenz erwächst und verschwindet. Solche natürlichen Bedingungen sind Konzentration des Interesses, eine gewisse geistige Frische, Übung u. dgl. Ihre Erforschung führt nicht auf Erkenntnisse von exaktem Inhalt, nicht auf einsichtige Allgemeinheiten von echtem Gesetzescharakter, sondern auf vage empirische Allgemeinheiten. Aber die Urteilsevidenz steht nicht bloß unter solchen *psychologischen* Bedingungen, die wir auch als äußerliche und empirische bezeichnen können, sofern sie nicht rein in der spezifischen Form und Materie des Urteils, sondern in seinem empirischen Zusammenhang im Seelenleben gründen; vielmehr steht sie auch unter *idealen* Bedingungen. Jede Wahrheit ist eine ideale Einheit zu einer der Möglichkeit nach unendlichen und unbegrenzten Mannigfaltigkeit richtiger Aussagen derselben Form und Materie. Jedes aktuelle Urteil, das dieser ideellen Mannigfaltigkeit angehört, erfüllt, sei es durch seine bloße Form oder durch seine Materie, die idealen Bedingungen für die Möglichkeit seiner Evidenz. Die rein logischen Gesetze sind nun Wahrheiten, die rein im Begriff der Wahrheit und in den ihm wesentlich verwandten

Begriffen gründen. In Anwendung auf mögliche Urteilsakte sprechen sie dann, auf Grund der bloßen Urteilsform, ideale Bedingungen der Möglichkeit, bzw. Unmöglichkeit der Evidenz aus. Von diesen beiden Arten von Evidenzbedingungen haben die Einen Beziehung zur besonderen Konstitution der Arten psychischer Wesen, welche in den Rahmen der jeweiligen Psychologie fallen; denn nur so weit wie die Erfahrung reicht die psychologische Induktion; die Anderen aber, als idealgesetzliche, gelten überhaupt für jedes mögliche Bewußtsein.

[188] 15. *Die entscheidenden Punkte in diesem Streite*

Endlich und schließlich hängt die letzte Klärung auch in diesem Streite zunächst von der richtigen Erkenntnis des fundamentalsten erkenntnistheoretischen Unterschiedes, nämlich dem zwischen Realem und Idealem ab, bzw. von der richtigen Erkenntnis aller der Unterschiede, in die er sich auseinanderlegt. Es sind die wiederholt betonten Unterschiede zwischen realen und idealen Wahrheiten, Gesetzen, Wissenschaften, zwischen realen und idealen (individuellen und spezifischen) Allgemeinheiten und ebenso Einzelheiten u. dgl. Freilich in gewisser Weise kennt jedermann diese Unterschiede und selbst ein so weit ins Extreme gehender Empirist wie HUME vollzieht die fundamentale Sonderung der *»relations of ideas«* und *»matters of fact«*, dieselbe, die unter den Titeln *vérités de raison* und *vérités de fait* schon vor ihm der große Idealist LEIBNIZ gelehrt hatte. Aber eine erkenntnistheoretisch wichtige Sonderung vollziehen, heißt noch nicht ihr erkenntnistheoretisches Wesen richtig erfassen. Es muß zu klarem Verständnis kommen, was denn das Ideale in sich und in seinem Verhältnis zum Realen ist, wie das Ideale auf Reales bezogen, wie es ihm einwohnen und so zur Erkenntnis kommen kann. Die Grundfrage ist, ob wirklich ideale Denkobjekte – um es modern auszudrücken –

bloße Anzeigen sind für »denkökonomisch« verkürzte Redeweisen, die, auf ihren eigentlichen Gehalt reduziert, sich in lauter individuelle Einzelerlebnisse, in lauter Vorstellungen und Urteile über Einzeltatsachen auflösen; oder ob der Idealist Recht hat, wenn er sagt, daß sich jene empiristische Lehre in nebelhafter Allgemeinheit zwar aussagen, aber nicht ausdenken lasse; daß jede Aussage, z. B. auch jede zu dieser Lehre selbst gehörige, Sinn und Geltung beanspruche, und daß jeder Versuch, diese idealen Einheiten auf reale Einzelheiten zu reduzieren, in unabwendbare Absurditäten verwickle; daß die Zersplitterung des Begriffs in irgendeinen Umfang von Einzel[189]heiten, ohne irgendeinen Begriff, der diesem Umfang im Denken Einheit gäbe, undenkbar sei usw.

Andererseits setzt das Verständnis unserer Scheidung zwischen der realen und idealen »Theorie der Evidenz« richtige Begriffe von Evidenz und Wahrheit voraus. In der psychologistischen Literatur der letzten Jahrzehnte hören wir von Evidenz so sprechen, als wäre sie ein zufälliges Gefühl, das sich bei gewissen Urteilen einstellt, bei anderen fehlt, bestenfalls so, daß es allgemein menschlich – genauer gefaßt, bei jedem normalen und unter normalen Urteilsumständen befindlichen Menschen – an gewisse Urteile geknüpft erscheint, an andere nicht. Jeder Normale fühlt unter gewissen normalen Umständen die Evidenz bei dem Satze $2+1=1+2$, so wie er Schmerz fühlt, wenn er sich brennt. Freilich möchte man dann fragen, worauf sich die Autorität dieses besonderen Gefühls gründe, wie es das anstelle, Wahrheit des Urteils zu verbürgen, ihm den »Stempel der Wahrheit aufzuprägen«, seine Wahrheit »anzukündigen«, oder wie immer die bildliche Rede lauten mag. Man möchte auch fragen, was denn die vage Rede von normaler Veranlagung und normalen Umständen exakt charakterisiere, und vor allem darauf hinweisen, daß selbst der Rekurs auf das Normale den Umfang der evidenten Urteile mit dem der wahrheitsgemäßen nicht zur Deckung bringe. Niemand kann schließlich leugnen, daß auch für den normalen und unter normalen Umständen Urteilenden die ungeheure Mehrheit der möglichen richtigen Urteile der Evidenz ermangeln muß. Man wird doch den fraglichen Begriff der Normalität nicht so fassen wollen, daß kein wirklicher und in dieser endlichen Naturbedingtheit möglicher Mensch normal genannt werden könnte.

Wie der Empirismus überhaupt das Verhältnis zwischen Idealem und Realem im Denken verkennt, so auch das Verhältnis zwischen Wahrheit und Evidenz. Evidenz ist kein akzessorisches Gefühl, das sich zufällig oder naturgesetzlich an gewisse Urteile anschließt. Es ist überhaupt nicht ein psychischer [190] Charakter, der sich an jedes beliebige Urteil einer gewissen Klasse (sc. der sog. »wahren« Urteile) einfach anheften ließe; so daß der phänomenologische Gehalt des betreffenden, an und für sich betrachteten Urteils identisch derselbe bliebe, ob es mit diesem Charakter behaftet ist oder nicht. Die Sache liegt keineswegs etwa so, wie wir uns den Zusammenhang der Empfindungsinhalte und der darauf bezogenen Gefühle zu denken pflegen: Zwei Personen haben dieselben Empfindungen, aber sie werden von ihnen im Gefühl anders berührt. Evidenz ist vielmehr nichts anderes als das »Erlebnis« der Wahrheit. Erlebt ist die Wahrheit natürlich in keinem andern Sinne, als in welchem überhaupt ein Ideales im realen Akt Erlebnis sein kann. Mit anderen Worten: Wahrheit ist eine Idee, deren Einzelfall im evidenten Urteil aktuelles Erlebnis ist. Das evidente Urteil aber ist ein Bewußtsein originärer Gegebenheit. Zu ihm verhält sich das nicht-evidente Urteil analog, wie sich die beliebige vorstellende Setzung eines Gegenstandes zu seiner adäquaten Wahrnehmung verhält. Das adäquat Wahrgenommene ist nicht bloß ein irgendwie Gemeintes, sondern, als was es gemeint ist, auch im Akte originär gegeben, d. i. als selbst gegenwärtig und restlos erfaßt. So ähnlich ist das evident Geurteilte nicht bloß geurteilt (in urteilender, aussagender, behauptender Weise gemeint), sondern im Urteilserlebnis gegeben als selbst gegenwärtig – gegenwärtig in dem Sinne, wie ein Sachverhalt in dieser oder jener Bedeutungsfassung und je nach seiner Art, als einzelner oder allgemeiner, empirischer oder idealer u. dgl. »gegenwärtig« sein kann. Die Analogie, die alle originär gebenden Erlebnisse verbindet, führt dann zu analogen Reden: man nennt die Evidenz ein Sehen, Einsehen, Erfassen des selbst gegebenen (»wahren«) Sachverhalts, bzw. in naheliegender Äquivokation, der Wahrheit. Und wie im Gebiet der Wahrnehmung das Nichtsehen sich keineswegs deckt mit dem Nichtsein, so bedeutet auch Mangel der Evidenz nicht so viel wie Unwahrheit. Das Erlebnis der Zusammenstimmung zwischen der Meinung und dem selbst Gegenwärtigen, das sie meint, zwischen [191] dem aktuellen Sinn der Aussage und dem selbst gegebenen Sachverhalt ist die Evidenz, und die Idee dieser Zusammenstimmung die Wahrheit. Die Idealität der Wahrheit macht aber ihre Objektivität aus. Es ist nicht eine zufällige Tatsache, daß ein Satzgedanke, hier und jetzt, zum gegebenen Sachverhalt stimmt. Das Verhältnis betrifft vielmehr die identische Satzbedeutung und den identischen Sachverhalt. Die »Gültigkeit« oder »Gegenständlichkeit« (bzw. die »Ungültigkeit«, »Gegenstandslosigkeit«) kommt nicht der Aussage als diesem zeitlichen Erlebnis zu, sondern der Aussage *in spezie*, der (reinen und identischen) Aussage 2×2 ist 4 u. dgl.

Nur mit dieser Auffassung stimmt es, daß ein Urteil *U* (d. h. ein Urteil des Inhaltes, Bedeutungsgehaltes *U*) in der Weise eines einsichtigen vollziehen, und einsehen, daß die Wahrheit *U* besteht, auf dasselbe hinauskommt. Und dementsprechend haben wir auch die Einsicht, daß niemandes Einsicht mit der unsrigen – wofern die eine und andere wirklich Einsicht ist – streiten kann. Denn dies heißt ja nur, daß, was als wahr erlebt ist, auch schlechthin wahr ist, nicht falsch sein kann. Das aber ergibt sich aus dem generellen Wesenszusammenhang zwischen Wahrheitserlebnis und Wahrheit. Nur für unsere Auffassung ist also jener Zweifel ausgeschlossen, dem die Auffassung der Evidenz als eines zufällig angeknüpften Gefühls nicht entfliehen kann, und der offenbar dem vollen Skeptizismus gleichkommt: eben der Zweifel, ob denn nicht, wo wir die Einsicht haben, daß *U* sei, ein anderer die Einsicht haben könnte, daß ein mit *U* evident unverträgliches *U'* sei, ob nicht überhaupt Einsichten mit Einsichten unlöslich kollidieren könnten usw. Wieder verstehen wir so, warum das »Gefühl« der Evidenz keine andere wesentliche Vorbedingung haben kann als die Wahrheit des bezüglichen Urteilsinhalts. Denn wie es selbstverständlich ist, daß, wo nichts ist, auch nichts zu sehen ist, so ist es nicht minder selbstverständlich, daß es, wo keine Wahrheit ist, auch kein als wahr Einsehen geben kann, m. a. W. keine Evidenz.[48]

Tatsache und Wesen[1]

[7] ### 1. *Natürliche Erkenntnis und Erfahrung*

Natürliche Erkenntnis hebt an mit der Erfahrung und verbleibt in der Erfahrung. In der theoretischen Einstellung, die wir die »natürliche« nennen, ist also der Gesamthorizont möglicher Forschungen mit einem Worte bezeichnet: es ist die Welt. Die Wissenschaften dieser ursprünglichen[2] Einstellung sind demnach insgesamt Wissenschaften von der Welt, und solange sie die ausschließlich herrschende ist, dekken sich die Begriffe »wahrhaftes Sein«, »wirkliches Sein«, d. i. reales Sein, und – da alles Reale sich zur Einheit der Welt zusammenschließt – »Sein in der Welt«.

Jeder Wissenschaft entspricht ein Gegenstandsgebiet als Domäne ihrer Forschungen, und allen ihren Erkenntnissen, d. h. hier richtigen Aussagen, entsprechen als Urquellen der rechtausweisenden Begründung gewisse Anschauungen, in denen Gegenstände des Gebietes zur Selbstgegebenheit und mindestens partiell zu originärer Gegebenheit kommen. Die gebende Anschauung der ersten, »natürlichen« Erkenntnissphäre und aller ihrer Wissenschaften ist die natürliche Erfahrung, und die originär gebende Erfahrung ist die Wahrnehmung, das Wort in dem gewöhnlichen Sinne ver[8]standen. Ein Reales originär gegeben haben, es schlicht anschauend »gewahren« und »wahrnehmen« ist einerlei. Originäre Erfahrung haben wir von den physischen Dingen in der »äußeren Wahrnehmung«, aber nicht mehr in der Erinnerung oder vorblickenden Erwartung; originäre Erfahrung haben wir von uns selbst und unseren Bewußtseinszuständen in der sog. inneren oder Selbstwahrnehmung, nicht aber von Anderen und von deren Erlebnissen in der »Einfühlung«. Wir »sehen den anderen ihre Erlebnisse an« auf Grund der Wahrnehmung ihrer leiblichen Äußerungen. Dieses Ansehen der Einfühlung ist zwar ein anschauender, gebender, jedoch nicht mehr originär gebender Akt. Der andere und sein Seelenleben ist zwar bewußt als »selbst da« und in eins mit seinem Leibe da, aber nicht wie dieser bewußt als originär gegeben.

Die Welt ist der Gesamtinbegriff von Gegenständen möglicher Erfahrung und Erfahrungserkenntnis, von Gegenständen, die auf Grund aktueller Erfahrungen in richtigem theoretischen Denken erkennbar sind. Wie erfahrungswissenschaftliche Methode des näheren aussieht, wie sie ihr Recht begründet über den engen Rahmen direkter Erfahrungsgegebenheit hinauszugehen, das zu erörtern ist hier nicht der Ort. Wissenschaften von der Welt, also Wissenschaften der natürlichen Einstellung sind alle im engeren und weiteren Sinne sog. Naturwissenschaften, die Wissenschaften von der materiellen Natur, aber auch diejenigen von den animalischen Wesen mit ihrer psychophysischen Natur, also auch Physiologie, Psychologie usw. Ebenso gehören hierher alle sog. Geisteswissenschaften, die Geschichte, die Kulturwissenschaften, die soziologischen Disziplinen jeder Art, wobei wir es vorläufig offen lassen können, ob sie den Naturwissenschaften gleichzustellen oder ihnen gegenüberzustellen sind, ob sie selbst als Naturwissenschaften oder als Wissenschaften eines wesentlich neuen Typus zu gelten haben.

2. *Tatsache. Untrennbarkeit von Tatsache und Wesen*

Erfahrungswissenschaften sind »Tatsachen«wissenschaften. Die fundierenden Erkenntnisakte des Erfahrens setzen Reales individuell, sie setzen es als räumlich-zeitlich Daseiendes, als etwas, das an dieser Zeitstelle ist, diese seine Dauer hat und einen Realitätsgehalt, der seinem Wesen nach ebensogut an jeder anderen Zeitstelle hätte sein können; wiederum als etwas, das an diesem Orte in dieser physischen Gestalt ist (bzw. mit Leiblichem dieser Gestalt in eins gegeben ist), wo doch dasselbe Reale, seinem eigenen Wesen nach betrachtet, an jedem beliebigen Ort, mit jeder belie[9]bigen Gestalt ebensogut sein könnte, desgleichen sich ändern könnte, während es faktisch ungeändert ist, oder sich in anderer Weise ändern könnte, als wie es sich faktisch verändert. Individuelles Sein jeder Art ist, ganz allgemein gesprochen, »zufällig«. Es ist so, es könnte seinem Wesen nach anders sein. Mögen auch bestimmte Naturgesetze gelten, vermöge deren, wenn die und die realen Umstände faktisch sind, die und die bestimmten Folgen faktisch sein müssen: solche Gesetze drücken doch nur faktische Regelungen aus, die selbst ganz anders lauten könnten und die schon voraussetzen, als zum Wesen von Gegenständen möglicher Erfahrung von vornherein gehörig, daß dergleichen von ihnen geregelte Gegenstände an sich selbst betrachtet zufällig sind.

Aber der Sinn dieser Zufälligkeit, die da Tatsächlichkeit heißt, begrenzt sich darin, daß sie korrelativ bezogen ist auf eine Notwendigkeit, die nicht den bloßen faktischen Bestand einer geltenden Regel der Zusammenordnung räumlich-zeitlicher Tatsachen besagt, sondern den Charakter der Wesens-Notwendigkeit und damit Beziehung auf Wesens-Allgemeinheit hat. Sagten wir: jede Tatsache könnte »ihrem eigenen Wesen nach« anders sein, so drückten wir damit schon aus, daß es zum Sinn jedes Zufälligen gehört, eben ein Wesen, und somit ein rein zu fassendes Eidos zu haben, und dieses steht nun unter Wesens-Wahrheiten verschiedener Allgemeinheitsstufe. Ein individueller Gegenstand ist nicht bloß überhaupt ein individueller, ein Dies da!, ein einmaliger, er hat als »in sich selbst« so und so beschaffener seine Eigenart, seinen Bestand an wesentlichen Prädikabilien, die ihm zukommen müssen (als »Seiendem, wie er in sich selbst ist«), damit ihm andere, sekundäre, relative Bestimmungen zukommen können. So hat z. B. jeder Ton an und für sich ein Wesen und zu oberst das allgemeine Wesen

Ton überhaupt oder vielmehr Akustisches überhaupt – rein verstanden als das aus dem individuellen Ton (einzeln, oder durch Vergleichung mit anderen als »Gemeinsames«) herauszuschauende Moment. Ebenso hat jedes materielle Ding seine eigene Wesensartung und zu oberst die allgemeine Artung »materielles Ding überhaupt«, mit Zeitbestimmung-überhaupt, Dauer-, Figur-, Materialität-überhaupt. Alles zum Wesen des Individuum Gehörige kann auch ein anderes Individuum haben, und oberste Wesensallgemeinheiten der Art, wie wir sie eben an den Beispielen angedeutet haben, umgrenzen »Regionen« oder »Kategorien« von Individuen.

[10] 3. *Wesenserschauung und individuelle Anschauung*

Zunächst bezeichnete »Wesen« das im selbsteigenen Sein eines Individuum als sein Was Vorfindliche. Jedes solches Was kann aber »in Idee gesetzt« werden. Erfahrende oder individuelle Anschauung kann in Wesensschauung (Ideation) umgewandelt werden – eine Möglichkeit, die selbst nicht als empirische, sondern als Wesensmöglichkeit zu verstehen ist. Das Erschaute ist dann das entsprechende reine Wesen oder Eidos, sei es die oberste Kategorie, sei es eine Besonderung derselben, bis herab zur vollen Konkretion.

Diese das Wesen gebende, evtl. originär gebende Erschauung kann eine adäquate sein, wie wir sie uns z. B. vom Wesen Ton leicht verschaffen können; sie kann aber auch eine mehr oder minder unvollkommene, »inadäquate« sein, und das nicht nur in Hinsicht auf größere oder geringere Klarheit und Deutlichkeit. Es gehört zur eigenen Artung gewisser Wesenskategorien, daß ihnen zugehörige Wesen nur »einseitig«, im Nacheinander »mehrseitig« und doch nie »allseitig« gegeben sein können; korrelativ können also die ihnen entsprechenden individuellen

Vereinzelungen nur in inadäquaten »einseitigen«, empirischen Anschauungen erfahren und vorstellig werden. Das gilt für jedes auf Dingliches bezogene Wesen, und zwar nach allen Wesenskomponenten der Extension, bzw. Materialität; ja es gilt, näher besehen (die später folgenden Analysen werden es evident machen), für alle Realitäten überhaupt, wobei freilich die vagen Ausdrücke Einseitigkeit und Mehrseitigkeit bestimmte Bedeutungen annehmen und verschiedene Arten der Inadäquatheit sich trennen werden.
Vorläufig genügt der Hinweis darauf, daß schon die Raumgestalt des physischen Dinges prinzipiell nur in bloßen einseitigen Abschattungen zu geben ist; daß auch, abgesehen von dieser im beliebigen Fortgang kontinuierlicher Anschauungen immerfort und trotz allen Gewinnes verbleibenden Inadäquatheit, jede physische Eigenschaft uns in Unendlichkeiten der Erfahrung hineinzieht, daß jede noch so weitgespannte Erfahrungsmannigfaltigkeit noch nähere und neue Dingbestimmungen offen läßt; und so in infinitum.
Welcher Art immer die individuelle Anschauung ist, ob adäquat oder nicht, sie kann die Wendung in Wesensschauung nehmen, und letztere hat, mag sie nun in entsprechender Weise adäquat sein oder nicht, den Charakter eines gebenden Aktes. Darin liegt aber:
Das Wesen (Eidos) ist ein neuartiger Gegenstand. So wie das Gegebene der individuellen oder erfah[11]renden Anschauung ein individueller Gegenstand ist, so das Gegebene der Wesensanschauung ein reines Wesen.
Hier liegt nicht eine bloß äußerliche Analogie vor, sondern radikale Gemeinsamkeit. Auch Wesenserschauung ist eben Anschauung, wie eidetischer Gegenstand eben Gegenstand ist. Die Verallgemeinerung der korrelativ zusammengehörigen Begriffe »Anschauung« und »Gegenstand« ist nicht ein beliebiger Einfall, sondern durch die Natur der Sachen zwingend gefordert.[3] Empirische Anschauung, speziell Erfahrung, ist Bewußtsein von einem

individuellen Gegenstand, und als anschauendes »bringt sie ihn zur Gegebenheit«, als Wahrnehmung zu originärer Gegebenheit, zum Bewußtsein, den Gegenstand »originär«, in seiner »leibhaftigen« Selbstheit zu erfassen. Ganz ebenso ist die Wesensanschauung Bewußtsein von etwas, einem »Gegenstand«, einem Etwas, worauf ihr Blick sich richtet, und was in ihr »selbst gegeben« ist; was dann aber auch in anderen Akten »vorgestellt«, vage oder deutlich gedacht, zum Subjekt von wahren und falschen Prädikationen gemacht werden kann – wie eben jeder »Gegenstand« in dem notwendig weiten Sinne der formalen Logik. Jeder mögliche Gegenstand, logisch gesprochen: »jedes Subjekt möglicher wahrer Prädikationen« hat eben seine Weisen, vor allem prädikativen Denken, in einen vorstellenden, anschauenden, ihn evtl. in seiner »leibhaftigen Selbstheit« treffenden, ihn »erfassenden« Blick zu treten. Wesenserschauung ist also Anschauung, und ist sie Erschauung im prägnanten Sinn und nicht eine bloße und vielleicht vage Vergegenwärtigung, so ist sie eine originär gebende Anschauung, das Wesen in seiner »leibhaften« Selbstheit erfassend.[4] Andererseits ist sie aber eine Anschauung von prinzipiell eigener und neuer Art, näm[12]lich gegenüber den Anschauungsarten, die den Gegenständlichkeiten anderer Kategorien korrelativ zugehören und speziell gegenüber der Anschauung im gewöhnlichen engeren Sinne, d. i. der individuellen Anschauung.

Gewiß liegt es in der Eigenart der Wesensanschauung, daß ein Hauptstück individueller Anschauung, nämlich ein Erscheinen, ein Sichtigsein von Individuellem ihr zugrunde liegt, obschon freilich keine Erfassung desselben und keinerlei Setzung als Wirklichkeit; gewiß ist, daß infolge davon keine Wesensanschauung möglich ist ohne die freie Möglichkeit der Blickwendung auf ein »entsprechendes« Individuelle und der Bildung eines exemplarischen Bewußtseins – wie auch umgekehrt keine individuelle Anschauung möglich ist ohne die freie Möglichkeit des Vollzugs einer Ideation und in ihr der

Blickrichtung auf die entsprechenden, sich im individuell Sichtigen exemplifizierenden Wesen; aber das ändert nichts daran, daß beiderlei Anschauungsarten prinzipiell unterschieden sind, und in Sätzen, derart wie wir sie soeben ausgesprochen haben, bekunden sich nur ihre Wesensbeziehungen. Den Wesensunterschieden der Anschauungen korrespondieren die Wesensbeziehungen zwischen »Existenz« (hier offenbar im Sinne von individuell Daseiendem) und »Essenz«, zwischen Tatsache und Eidos. Solchen Zusammenhängen nachgehend, erfassen wir einsichtig die diesen Terminis zugehörigen und von nun an fest zugeordneten begrifflichen Wesen, und damit bleiben alle, sich zumal an die Begriffe Eidos (Idee), Wesen anheftenden, z. T. mystischen Gedanken reinlich ausgeschieden.[5]

4. *Wesenserschauung und Phantasie. Wesenserkenntnis unabhängig von aller Tatsachenerkenntnis*

Das Eidos, das reine Wesen, kann sich intuitiv in Erfahrungsgegebenheiten, in solchen der Wahrnehmung, Erinnerung usw., exemplifizieren, ebensogut aber auch in bloßen Phantasiegegebenheiten. Demgemäß können wir, ein Wesen selbst und originär zu erfassen, von entsprechenden erfahrenden Anschauungen ausgehen, ebensowohl aber auch von nicht-erfahrenden, nicht-daseinerfassenden, vielmehr »bloß einbildenden« Anschauungen.

Erzeugen wir in der freien Phantasie irgendwelche Raumgestaltungen, Melodien, soziale Vorgänge u. dgl., oder fingieren wir Akte [13] des Erfahrens, des Gefallens oder Mißfallens, des Wollens u. dgl., so können wir daran durch »Ideation« mannigfache reine Wesen originär erschauen und evtl. sogar adäquat: sei es die Wesen von räumlicher Gestalt, von Melodie, sozialem Vorgang usw. überhaupt, sei es von

Gestalt, Melodie usw. des betreffenden besonderen *Typus*. Es ist dabei gleichgültig, ob Derartiges je in aktueller Erfahrung gegeben war oder nicht. Würde die freie Fiktion, durch welche psychologische Wunder auch immer, zur Einbildung von prinzipiell neuartigen, z. B. sinnlichen Daten führen, die in keiner Erfahrung je vorkamen, noch je vorkommen werden, so würde das an der originären Gegebenheit der entsprechenden Wesen nichts ändern: obschon eingebildete Data nie und nimmer wirkliche Data sind.

Damit hängt wesentlich zusammen, *Setzung* und zunächst anschauende Erfassung *von Wesen impliziert nicht das mindeste von Setzung irgendeines individuellen Daseins; reine Wesenswahrheiten enthalten nicht die mindeste Behauptung über Tatsachen*, also ist auch aus ihnen *allein* nicht die geringfügigste Tatsachenwahrheit zu erschließen. So wie jedes Tatsachen-denken, -aussagen zu seiner Begründung der Erfahrung bedarf (sofern das *Wesen der Triftigkeit* solchen Denkens sie *notwendig* fordert), so bedarf das Denken über reine Wesen – das ungemischte, nicht Tatsachen und Wesen verknüpfende – als *begründende* Unterlagen der Wesenserschauung.

5. *Urteile über Wesen und Urteile von eidetischer Allgemeingültigkeit*

Doch nun ist folgendes zu beachten. Urteilen *über* Wesen und Wesensverhalte und eidetisches Urteilen überhaupt ist, bei der Weite, die wir dem letzten Begriff geben müssen, nicht dasselbe; *eidetische Erkenntnis hat nicht in allen ihren Sätzen Wesen zu »Gegenständen-worüber«*; und was damit nahe zusammenhängt: Wesensanschauung – genommen wie bisher – als ein der Erfahrung, der Daseinserfassung analoges Bewußtsein, in welchem ein Wesen *gegenständlich* erfaßt wird, so wie in der Erfahrung ein Individuelles, ist nicht das einzige Bewußtsein, das unter Ausschluß jeder Daseinssetzung Wesen in sich birgt. Wesen können intuitiv bewußt, in gewisser Weise auch erfaßt sein, ohne daß sie doch zu »Gegenständen-worüber« werden.

Gehen wir von den Urteilen aus. Genauer gesprochen handelt es sich um den Unterschied zwischen Urteilen über Wesen und [14] Urteilen, die in unbestimmt allgemeiner Weise und unvermischt mit Setzungen von Individuellem, doch über Individuelles, aber rein als Einzelheit der Wesen im Modus des Überhaupt urteilen. So urteilen wir in der reinen Geometrie in der Regel nicht über das Eidos Gerade, Winkel, Dreieck, Kegelschnitt u. dgl., sondern über Gerade und Winkel überhaupt oder »als solche«, über individuelle Dreiecke überhaupt, Kegelschnitte überhaupt. Solche universellen Urteile haben den Charakter der Wesensallgemeinheit, der »reinen«, oder wie man auch sagt, der »strengen«, schlechthin »unbedingten« Allgemeinheit.

Der Einfachheit halber nehmen wir an, daß es sich um »Axiome«, um unmittelbar evidente Urteile handelt, auf welche ja alle übrigen Urteile in mittelbarer Begründung zurückführen. Solche Urteile – wofern sie, wie hier vorausgesetzt, in der angegebenen Weise über individuelle Einzelheiten urteilen – bedürfen zu ihrer noetischen Begründung, d. i. ihrer Einsichtigmachung, einer gewissen Wesensschauung, die man (in modifiziertem Sinne) auch als Wesenserfassung bezeichnen könnte; und auch diese, sowie die gegenständlichmachende Wesensanschauung, beruht auf einem Sichtighaben individueller Einzelheiten der Wesen, aber nicht auf ihrer Erfahrung. Auch für sie genügen bloße Phantasievorstellungen oder vielmehr Phantasiesichtigkeiten; das Sichtige ist als solches bewußt, es »erscheint«, ist aber nicht als daseiend erfaßt. Wenn wir z. B. in Wesensallgemeinheit (»unbedingter«, »reiner« Allgemeinheit) urteilen »eine Farbe überhaupt ist verschieden von einem Ton überhaupt«, so ist das

soeben Gesagte daran zu bestätigen. Ein Einzelnes vom Wesen Farbe und ein Einzelnes vom Wesen Ton ist intuitiv »vorstellig«, und zwar als Einzelnes seines Wesens; es ist zugleich und in gewisser Art Phantasieanschauung (ohne Daseinssetzung) und Wesensanschauung vorhanden, letztere aber nicht als eine das Wesen zum Gegenstande machende Anschauung. Zum Wesen der Sachlage gehört es aber, daß uns die Wendung zur entsprechenden objektivierenden Einstellung jederzeit freisteht, daß sie eben eine Wesensmöglichkeit ist. Gemäß der geänderten Einstellung würde sich auch das Urteil ändern, es lautete dann: Das Wesen (die »Gattung«) Farbe ist ein anderes als das Wesen (die Gattung) Ton. Und so überall.
Umgekehrt kann jedes Urteil über Wesen äquivalent in ein unbedingt allgemeines Urteil über Einzelheiten dieser Wesen als solche umgewendet werden. In dieser Weise gehören reine Wesensurteile (rein eidetische Urteile), welcher logischen Form immer [15] sie sein mögen, zusammen. Ihr Gemeinsames ist, daß sie kein individuelles Sein setzen, auch wenn sie über Individuelles – eben in reiner Wesensallgemeinheit – urteilen.

6. *Einige Grundbegriffe. Allgemeinheit und Notwendigkeit*

In ersichtlicher Weise gehören nun zusammen die Ideen: eidetisches Urteilen, eidetisches Urteil oder eidetischer Satz, eidetische Wahrheit (oder wahrer Satz); als Korrelat der letzteren Idee: der eidetische Sachverhalt schlechthin (als das in eidetischer Wahrheit Bestehende); endlich als Korrelat der ersteren Ideen: der eidetische Sachverhalt in dem modifizierten Sinn der bloßen Vermeintheit, in dem Sinn des Geurteilten als solchen, das bestehend oder auch nicht bestehend sein kann.
Jede eidetische Besonderung und Vereinzelung eines eide-

tisch allgemeinen Sachverhalts heißt, sofern sie das ist, eine Wesensnotwendigkeit. Wesensallgemeinheit und Wesensnotwendigkeit sind also Korrelate. Doch schwankt die Rede von Notwendigkeit, den zusammengehörigen Korrelationen nachfolgend: auch die entsprechenden Urteile heißen notwendige. Es ist aber wichtig, die Sonderungen zu beachten, und vor allem nicht Wesensallgemeinheit (wie man es gewöhnlich tut) selbst als Notwendigkeit zu bezeichnen. Das Bewußtsein einer Notwendigkeit, näher, ein Urteilsbewußtsein, in dem ein Sachverhalt als Besonderung einer eidetischen Allgemeinheit bewußt ist, heißt ein apodiktisches, das Urteil selbst, der Satz, apodiktische (auch apodiktisch-»notwendige«) Folge des allgemeinen, auf den er bezogen ist. Die ausgesprochenen Sätze über die Verhältnisse zwischen Allgemeinheit, Notwendigkeit, Apodiktizität können auch allgemeiner gefaßt werden, so daß sie für beliebige und nicht nur für rein eidetische Sphären gelten. Offenbar gewinnen sie aber in der eidetischen Begrenzung einen ausgezeichneten und besonders wichtigen Sinn.

Sehr wichtig ist auch die Verbindung eidetischen Urteilens über Individuelles überhaupt mit Daseinssetzung von Individuellem. Die Wesensallgemeinheit wird auf ein als daseiend gesetztes Individuelles oder auf eine unbestimmt allgemeine Sphäre von Individuen (die ihre Thesis als daseiende erfährt) übertragen. Jede »Anwendung« von geometrischen Wahrheiten auf Fälle der (als wirklich gesetzten) Natur gehört hierher. Der als wirklich gesetzte Sachverhalt ist dann Tatsache, sofern er individueller Wirklichkeitsverhalt [16] ist, er ist aber eidetische Notwendigkeit, sofern er Vereinzelung einer Wesensallgemeinheit ist.

Nicht verwechseln darf man die unbeschränkte Allgemeinheit der Naturgesetze mit der Wesensallgemeinheit. Der Satz »alle Körper sind schwer« setzt freilich keine bestimmte Dinglichkeit innerhalb der Allnatur als daseiend. Trotzdem hat er nicht die unbedingte Allgemeinheit der eidetisch-allgemeinen Sätze, sofern er, seinem Sinne gemäß als Naturgesetz, immer noch eine Daseinssetzung mit sich führt, nämlich die der Natur selbst, der räumlich-zeitlichen Wirklichkeit: Alle Körper – in der Natur, alle »wirklichen« Körper – sind schwer. Demgegenüber hat der Satz »alle materiellen Dinge sind ausgedehnt« eidetische Gültigkeit und kann als rein eidetischer verstanden werden, wofern die auf Subjektseite vollzogene Daseinsthesis ausgeschaltet wird. Er sagt aus, was rein im Wesen eines materiellen Dinges und im Wesen der Ausdehnung gründet, und was wir uns als »unbedingte« Allgemeingültigkeit zur Einsicht bringen können. Das geschieht dadurch, daß wir uns das Wesen des materiellen Dinges (etwa auf Grund einer freien Fiktion von einem solchen Dinge) zur originären Gegebenheit bringen, um dann in diesem gebenden Bewußtsein die Denkschritte zu vollziehen, welche die »Einsicht«, die originäre Gegebenheit des Wesensverhaltes erfordert, den jener Satz ausdrücklich hinstellte. Daß ein Wirkliches im Raume derartigen Wahrheiten entspricht, ist nicht ein bloßes Faktum, sondern als Besonderung von Wesensgesetzen eine Wesensnotwendigkeit. Tatsache daran ist nur das Wirkliche selbst, auf das die Anwendung gemacht wird.

7. *Tatsachenwissenschaften und Wesenswissenschaften*

Der (selbst eidetische) Zusammenhang, welcher zwischen individuellem Gegenstand und Wesen statthat, wonach jedem individuellen Gegenstand ein Wesensbestand zugehört als sein Wesen, wie umgekehrt jedem Wesen mögliche Individuen entsprechen, die seine faktischen Vereinzelungen wären, begründet eine entsprechende Aufeinanderbeziehung von Tatsachenwissenschaften und Wesenswissenschaften. Es gibt reine Wesenswissenschaften, wie reine Logik, reine Mathematik, reine Zeitlehre, Raumlehre, Bewegungslehre usw. Sie sind durchaus, nach allen ihren Denkschritten, rein von Tatsachensetzungen; oder was gleichwertig ist, in ihnen kann keine Erfahrung als Erfahrung, d. i. als Wirklichkeit, als Dasein erfassendes, bzw. setzendes Bewußtsein, die Funktion der Begründung übernehmen. Wo Erfahrung in ihnen fungiert, [17] fungiert sie doch nicht als Erfahrung. Der Geometer, der seine Figuren auf die Tafel malt, erzeugt damit faktisch daseiende Striche auf der faktisch daseienden Tafel. Aber sowenig wie sein physisches Erzeugen ist sein Erfahren des Erzeugten, qua Erfahren, begründend für sein geometrisches Wesensschauen und Wesensdenken. Daher ist es gleich, ob er dabei halluziniert oder nicht, und ob er statt wirklich zu zeichnen, sich seine Linien und Konstruktionen in eine Phantasiewelt hineinbildet. Ganz anders der Naturforscher. Er beobachtet und experimentiert, d. i. er stellt erfahrungsmäßiges Dasein fest, das Erfahren ist für ihn begründender Akt, der nie durch ein bloßes Einbilden ersetzbar wäre. Eben darum sind ja Tatsachenwissenschaft und Erfahrungswissenschaft äquivalente Begriffe. Für den Geometer aber, der nicht Wirklichkeiten, sondern »ideale Möglichkeiten«, nicht Wirklichkeitsverhalte, sondern Wesensverhalte erforscht, ist statt der Erfahrung die Wesenserschauung der letztbegründende Akt.

So in allen eidetischen Wissenschaften. Auf die in unmittelbarer Einsicht zu erfassenden Wesensverhalte (bzw. eidetischen Axiome) gründen sich die mittelbaren, die im mittelbar einsichtigen Denken, und zwar nach Prinzipien, die durchaus unmittelbar einsichtige sind, zur Gegebenheit kommen. Jeder Schritt mittelbarer Begründung ist danach apodiktisch und eidetisch notwendig. Es macht also das Wesen rein eidetischer Wissenschaft aus, daß sie ausschließlich eidetisch verfährt, daß sie von Anfang an, und so in weiterer Folge, keine Sachverhalte zur Erkenntnis bringt als solche, die eidetische Gültigkeit haben, die also entweder unmittelbar zu originärer Gegebenheit gebracht werden können (als unmittelbar gründend in originär erschauten Wesen) oder aus solchen »axiomatischen« Sachverhalten durch reine Folgerung »erschlossen« werden können.

Damit hängt das praktische Ideal exakter eidetischer Wissenschaft zusammen, das eigentlich erst die neuere Mathematik zu verwirklichen gelehrt hat: Jeder eidetischen Wissenschaft dadurch die höchste Stufe der Rationalität zu verleihen, daß alle mittelbaren Denkschritte reduziert werden auf bloße Subsumptionen unter die ein für allemal systematisch zusammengestellten Axiome des jeweiligen eidetischen Gebiets, und, wofern es sich nicht von vornherein um die »formale« oder »reine« Logik selbst handelt (im weitesten Sinne der mathesis universalis[6]), unter Zuzug der sämtlichen Axiome dieser letzteren.

[18] Und damit wieder hängt das Ideal der »Mathematisierung« zusammen, das ebenso wie das eben charakterisierte Ideal von großer erkenntnispraktischer Bedeutung ist für alle »exakten« eidetischen Disziplinen, deren gesamter Erkenntnisbestand (wie z. B. in der Geometrie) in der Allgemeinheit einiger weniger Axiome in rein deduktiver Notwendigkeit beschlossen ist. Darauf einzugehen ist hier nicht der Ort.[7]

8. *Abhängigkeitsverhältnisse zwischen Tatsachenwissenschaft und Wesenswissenschaft*

Nach dem Vorstehenden ist es klar, daß der Sinn eidetischer Wissenschaft jede Einbeziehung von Erkenntnisergebnissen empirischer Wissenschaften prinzipiell ausschließt. Die Wirklichkeitsthesen, die in den unmittelbaren Feststellungen dieser Wissenschaften auftreten, gehen ja durch alle mittelbaren hindurch. Aus Tatsachen folgen immer nur Tatsachen.

Ist nun alle eidetische Wissenschaft prinzipiell von aller Tatsachenwissenschaft unabhängig, so gilt andererseits das Umgekehrte hinsichtlich der Tatsachenwissenschaft. Es gibt keine, die als Wissenschaft voll entwikkelt, rein sein könnte von eidetischen Erkenntnissen und somit unabhängig sein könnte von den, sei es formalen oder materialen eidetischen Wissenschaften. Denn fürs Erste ist es selbstverständlich, daß eine Erfahrungswissenschaft, wo immer sie mittelbare Begründungen von Urteilen vollzieht, den formalen Prinzipien gemäß verfahren muß, die die formale Logik behandelt. Überhaupt muß sie, da sie wie jede Wissenschaft auf Gegenstände gerichtet ist, an die Gesetze gebunden sein, die zum Wesen der Gegenständlichkeit überhaupt gehören. Damit tritt sie zu dem Komplex formal-ontologischer Disziplinen in Beziehung, die neben der formalen Logik im engeren Sinne die sonstigen Disziplinen der formalen »mathesis universalis« (also auch die Arithmetik, reine Analysis, Mannigfaltigkeitslehre) umspannt. Dazu kommt fürs Zweite, daß jede Tatsache einen materialen Wesensbestand einschließt und jede zu den darin beschlossenen reinen Wesen gehörige eidetische Wahrheit ein Gesetz abgeben muß, an das die gegebene faktische Einzelheit, wie jede mögliche überhaupt, gebunden ist.

[19] 9. *Region und regionale Eidetik*

Jede konkrete empirische Gegenständlichkeit ordnet sich mit ihrem materialen Wesen einer obersten materialen Gattung, einer »Region« von empirischen Gegenständen ein. Dem reinen regionalen Wesen entspricht dann eine regionale eidetische Wissenschaft oder, wie wir auch sagen können, eine regionale Ontologie. Wir nehmen dabei an, daß im regionalen Wesen, bzw. in den verschiedenen es komponierenden Gattungen so reichhaltige und vielverzweigte Erkenntnisse gründen, daß es sich hinsichtlich ihrer systematischen Entfaltung überhaupt lohnt, von einer Wissenschaft zu sprechen, bzw. von einem ganzen Komplex ontologischer Disziplinen, den einzelnen Gattungskomponenten der Region entsprechend. In wie großem Umfange diese Voraussetzung tatsächlich erfüllt ist, davon werden wir uns reichlich überzeugen können. Demnach wird also jede sich dem Umfange einer Region einordnende empirische Wissenschaft, wie auf die formalen, so auf die regionalen ontologischen Disziplinen wesentlich bezogen sein. Wir können das auch so ausdrücken: Jede Tatsachenwissenschaft (Erfahrungswissenschaft) hat wesentliche theoretische Fundamente in eidetischen Ontologien. Denn es ist (falls die gemachte Annahme zutrifft) ganz selbstverständlich, daß der reiche Bestand an Erkenntnissen, die sich in reiner, unbedingt gültiger Weise auf alle möglichen Gegenstände der Region beziehen – sofern sie teils zur leeren Form von Gegenständlichkeit überhaupt gehören, teils zum Eidos der Region, welches gleichsam eine notwendige materiale Form aller regionalen Gegenstände darstellt – für die Erforschung der empirischen Fakta nicht bedeutungslos sein kann.

In dieser Art entspricht z. B. allen naturwissenschaftlichen Disziplinen die eidetische Wissenschaft von der physischen Natur überhaupt (die Ontologie der Natur), sofern der faktischen Natur ein rein faßbares Eidos, das »Wesen« Natur überhaupt mit einer unendlichen Fülle darin beschlossener Wesensverhalte entspricht. Bilden wir die Idee einer vollkommenen rationalisierten Erfahrungswissenschaft von der Natur, d. i. einer solchen, die in der Theoretisierung soweit fortgeschritten ist, daß alles in dieselbe einbezogene Besondere auf seine allgemeinsten und prinzipiellsten Gründe zurückgeführt ist, dann ist es klar, daß die Realisierung dieser Idee wesentlich abhängig ist von der Ausbildung der entsprechenden eidetischen Wissenschaften; also neben der auf alle Wissenschaften überhaupt in

[20] gleicher Weise bezogenen formalen Mathesis insbesondere von der Ausbildung der material-ontologischen Disziplinen, die das Wesen der Natur, und somit auch alle Wesensartungen von Naturgegenständlichen als solchen, in rationaler Reinheit, d. i. eben eidetisch auseinanderlegen. Und das gilt selbstverständlich für jede beliebige Region.

Auch erkenntnispraktisch ist von vornherein zu erwarten, daß je mehr eine Erfahrungswissenschaft sich der »rationalen« Stufe nähert, der Stufe der »exakten«, nomologischen Wissenschaft, also in je höherem Grade sie über ausgebildete eidetische Disziplinen als Grundlagen verfügt und von ihnen für ihre Begründungen Nutzen zieht, sie auch desto mehr nach Umfang und Kraft erkenntnispraktischer Leistungen zunehmen werde.

Das bestätigt die Entwicklung der rationellen Naturwissenschaften, der physikalischen. Ihre große Epoche beginnt ja in der Neuzeit eben damit, daß die schon im Altertum (und im wesentlichen in der Platonischen Schule) als reine Eidetik hoch ausgebildete Geometrie mit einem Male und in großem Stile fruchtbar gemacht wird für die physikalische Methode. Man macht sich klar, daß es Wesen des materiellen Dinges sei, res extensa zu sein, daß somit die Geometrie die auf ein Wesensmoment solcher Dinglichkeit, die Raumform, bezogene ontologische Disziplin sei. Man macht sich aber auch ferner klar, daß das allgemeine (in unserer Redeweise regionale) Wesen des Dinges viel weiter reiche. Das zeigt sich darin, daß die Entwicklung zugleich die Richtung verfolgt, eine Reihe neuer, der Geometrie zu koordinierender und zu gleicher Funktion der Rationalisierung des Empirischen berufener Disziplinen auszubilden. Die herrliche Blüte der formalen und materialen mathematischen Wissenschaften entspringt aus dieser Tendenz. Mit leidenschaftlichem Eifer werden sie als rein »rationale« Wissenschaften (in unserem Sinne als eidetische Ontologien) ausgebildet, bzw.

neu gebildet, und zwar (in den Anfängen der Neuzeit und noch lange hin) nicht um ihrer selbst, sondern um der empirischen Wissenschaften willen. Sie trugen denn auch reichlich die erhofften Früchte in der parallelen Entwicklung der vielbewunderten rationellen Physik.

10. *Region und Kategorie. Die analytische Region und ihre Kategorien*

Versetzen wir uns in irgendeine eidetische Wissenschaft hinein, z. B. in die Ontologie der Natur, so finden wir uns (das ist ja das [21] Normale) nicht auf Wesen als Gegenstände gerichtet, sondern auf Gegenstände der Wesen, die in unserem Beispiel der Region Natur untergeordnet sind. Dabei beobachten wir aber, daß »Gegenstand« ein Titel ist für mancherlei, aber zusammengehörige Gestaltungen, z. B. »Ding«, »Eigenschaft«, »Relation«, »Sachverhalt«, »Menge«, »Ordnung« usw., die einander offenbar nicht gleichstehen, sondern jeweils auf eine Art Gegenständlichkeit, die sozusagen den Vorzug der Urgegenständlichkeit hat, zurückweisen, hinsichtlich welcher sich alle anderen gewissermaßen als bloße Abwandlungen ausgeben. In unserem Beispiel hat diesen Vorzug natürlich das Ding selbst, gegenüber der dinglichen Eigenschaft, Relation usw. Eben dies ist aber ein Stück jener formalen Verfassung, ohne dessen Klärung, wie die Rede von Gegenstand so die von Gegenstandsregion, in Verworrenheit bliebe. Aus dieser Klärung, der wir die folgenden Betrachtungen widmen, wird sich auch von selbst der wichtige auf den Begriff der Region bezogene Begriff der Kategorie ergeben.

Kategorie ist ein Wort, das einerseits in der Verbindung »Kategorie einer Region« eben auf die betreffende Region, z. B. die Region physische Natur zurückweist; andererseits aber die jeweilig bestimmte materiale Region in Beziehung setzt zur Form der Region überhaupt,

oder was gleichwertig ist, zum formalen Wesen Gegenstand überhaupt und den zu ihm gehörigen »formalen Kategorien«.
Vorerst eine nicht unwichtige Bemerkung. Die formale Ontologie scheint zunächst mit den materialen Ontologien in einer Reihe zu stehen, sofern das formale Wesen eines Gegenstandes überhaupt und die regionalen Wesen beiderseits die gleiche Rolle zu spielen scheinen. Man wird daher geneigt sein, statt wie bisher von Regionen schlechthin, vielmehr von materialen Regionen zu sprechen, und ihnen nun die »formale Region« anzureihen. Wenn wir diese Redeweise annehmen, so bedarf es doch einiger Vorsicht. Auf der einen Seite stehen materiale, und das sind in gewissem Sinne die »eigentlichen« Wesen. Auf der anderen Seite aber steht zwar ein Eidetisches, aber doch grundwesentlich Verschiedenes: eine bloße Wesensform, die zwar ein Wesen, aber ein völlig »leeres« ist, ein Wesen, das in der Weise einer Leerform auf alle möglichen Wesen paßt, das in seiner formalen Allgemeinheit alle, auch die höchsten materialen Allgemeinheiten unter sich hat und ihnen durch die ihr zugehörigen formalen Wahrheiten Gesetze vorschreibt. Die sog. »formale Region« ist also doch nicht etwas [22] den materialen Regionen (den Regionen schlechthin) Koordiniertes, sie ist eigentlich nicht Region, sondern leere Form von Region überhaupt, sie hat alle Regionen mit allen ihren sachhaltigen Wesensbesonderungen statt neben sich, vielmehr (wenn auch nur formaliter) unter sich. Diese Unterordnung des Materialen unter das Formale bekundet sich nun darin, daß die formale Ontologie zugleich die Formen aller möglichen Ontologien überhaupt (sc. aller »eigentlichen«, »materialen«) in sich birgt, daß sie den materialen Ontologien eine ihnen allen gemeinsame formale Verfassung vorschreibt – darin beschlossen auch diejenige, die wir jetzt hinsichtlich der Unterscheidung zwischen Region und Kategorie zu studieren haben.

Gehen wir von der formalen Ontologie (immer als der reinen Logik der vollen Extension bis zur *mathesis universalis*) aus, so ist sie, wie wir wissen, eidetische Wissenschaft vom Gegenstande überhaupt. Gegenstand ist in ihrem Sinne alles und jedes, und dafür können eben unendlich mannigfaltige, sich in die vielen Disziplinen der Mathesis verteilende Wahrheiten statuiert werden. Sie führen aber insgesamt zurück auf einen kleinen Bestand unmittelbarer oder »Grund«wahrheiten, welche in den rein logischen Disziplinen als »Axiome« fungieren. Wir definieren nun als logische Kategorien oder Kategorien der logischen Region Gegenstand-überhaupt die in diesen Axiomen auftretenden rein logischen Grundbegriffe – Begriffe, durch welche sich im Gesamtsystem der Axiome das logische Wesen von Gegenstand-überhaupt bestimmt, oder welche die unbedingt notwendigen und konstitutiven Bestimmungen eines Gegenstandes als solchen, eines irgend Etwas – sofern es überhaupt soll Etwas sein können – ausdrücken. Da das rein Logische in unserem absolut exakt umgrenzten Sinne den philosophisch allein wichtigen (und allerdings grundwichtigen) Begriff des »Analytischen«[8] gegenüber dem »Synthetischen« bestimmt, bezeichnen wir diese Kategorien wohl auch als analytische.

Beispiele logischer Kategorien sind also Begriffe wie Eigenschaft, relative Beschaffenheit, Sachverhalt, Relation, Identität, Gleichheit, Menge (Kollektion), Anzahl, Ganzes und Teil, Gattung und Art usw. Aber auch die »Bedeutungskategorien«, die zum Wesen des Satzes (Apophansis) gehörigen Grundbegriffe verschiedener Arten [23] von Sätzen, Satzgliedern und Satzformen gehören hierher, und das, gemäß unserer Definition, mit Rücksicht auf die Wesenswahrheiten, welche »Gegenstand-überhaupt« und »Bedeutung-überhaupt« miteinander verknüpfen, und zudem so verknüpfen, daß reine Bedeutungswahrheiten sich in reine Gegenstandswahrheiten umwenden lassen. Eben darum ist die »apophantische Logik«, auch wenn sie ausschließlich über Bedeutungen aussagt, doch mitgehörig zur formalen Ontologie im vollumfassenden Sinne. Immerhin muß man die Bedeutungskategorien als eine eigene Gruppe für sich absondern und ihnen die übrigen, als die formalen gegenständlichen Kategorien im prägnanten Sinne, gegenüberstellen.[9]

Wir merken hier noch an, daß wir unter Kategorien einerseits die Begriffe im Sinne von Bedeutungen verstehen können, andererseits aber auch und noch besser die formalen Wesen selbst, die in diesen Bedeutungen ihren Ausdruck finden. Z. B. »Kategorie« Sachverhalt, Vielheit u. dgl. besagt im letzteren Sinne das formale Eidos Sachverhalt überhaupt, Vielheit überhaupt u. dgl. Die Äquivokation ist nur so lange gefährlich, als man nicht reinlich zu scheiden gelernt hat, was hier überall geschieden werden muß: »Bedeutung« und das, was durch Bedeutung »Ausdruck« erfahren kann; und wiederum: Bedeutung und bedeutete Gegenständlichkeit. Terminologisch kann man ausdrücklich zwischen kategorialen Begriffen (als Bedeutungen) und kategorialen Wesen unterscheiden.

11. *Syntaktische Gegenständlichkeiten und letzte Substrate. Syntaktische Kategorien*

Es bedarf jetzt einer wichtigen Unterscheidung im Gebiete der Gegenständlichkeiten überhaupt, welche sich innerhalb der Formenlehre der Bedeutungen widerspiegelt in der (»rein-grammatischen«) Unterscheidung zwischen »syntaktischen Formen« und »syntaktischen Substraten« oder »Stoffen«. Damit zeigt sich eine Sonderung der formal-ontologischen Kategorien in syntaktische Kategorien [24] und Substratkategorien an, die jetzt des näheren erörtert werden soll.

Unter syntaktischen Gegenständlichkeiten verstehen wir solche, die aus anderen Gegenständlichkeiten durch »syntaktische Formen« abgeleitet sind. Die diesen Formen entsprechenden Kategorien nennen wir syntaktische Kategorien. Dahin gehören beispielsweise die Kategorien Sachverhalt, Relation, Beschaffenheit, Einheit, Vielheit, Anzahl, Ordnung, Ordinalzahl usw. Wir können die hier statthabende Wesenslage in folgender Weise beschreiben: Jeder Gegenstand, sofern er explizierbar, auf andere Gegenstände beziehbar, kurzum logisch bestimmbar ist, nimmt verschiedene syntaktische Formen an; es konstituieren sich als Korrelate des bestimmenden Denkens Gegenständlichkeiten höherer Stufe: Beschaffenheiten und beschaffenheitlich bestimmte Gegenstände, Relationen zwischen irgendwelchen Gegenständen, Vielheiten von Einheiten, Glieder von Ordnungen, Gegenstände als Träger von Ordinalzahlbestimmungen usw. Ist das Denken ein prädikatives, so erwachsen schrittweise Ausdrücke und zugehörige apophantische Bedeutungsgebilde, welche die syntaktischen Gegenständlichkeiten nach all ihren Gliederungen und Formen in genau entsprechenden Bedeutungssyntaxen spiegeln. Alle diese »kategorialen Gegenständlichkeiten«[10] können, wie Gegenständlichkeiten überhaupt, abermals als Substrate kategorialer Gebilde fungieren, diese wieder, usw. Umgekehrt weist jedes solche Gebilde evidenterweise auf letzte Substrate zurück, auf Gegenstände erster oder unterster Stufe; also auf Gegenstände, die nicht mehr syntaktisch-kategoriale Gebilde sind, die in sich selbst nichts mehr von jenen ontologischen Formen enthalten, welche bloße Korrelate der Denkfunktionen (Zusprechen, Absprechen, Beziehen, Verknüpfen, Zählen usw.) sind. Danach teilt sich die formale Region Gegenständlichkeit-überhaupt in letzte Substrate und syntaktische Gegenständlichkeiten. Die letzteren nennen wir syntaktische Ableitungen der entsprechenden Substrate, zu welchen auch, wie wir gleich hören werden, alle »Individuen« gehören. Sprechen wir von individueller Eigenschaft, individueller Relation usw., so heißen diese Ableitungsgegenstände natürlich so um der Substrate willen, von denen sie abgeleitet sind.

Es sei noch folgendes bemerkt. Zu den letzten, syntaktisch-formlosen Substraten gelangt man auch von seiten der Formenlehre der Bedeutungen: Jeder Satz und jedes mögliche Satzglied enthält [25] als Substrate seiner apophantischen Formen die sog. »Termini«. Diese können in bloß relativem Sinne Termini sein, nämlich selbst wieder Formen enthalten (z. B. die Pluralform, Attributionen u. dgl.). In jedem Falle kommen wir aber, und notwendig, auf letzte Termini, auf letzte Substrate zurück, die nichts mehr von syntaktischer Formung in sich enthalten.[11]

12. *Gattung und Art*

Es bedarf jetzt einer neuen zur Gesamtsphäre der Wesen gehörigen Gruppe kategorialer Unterscheidungen. Jedes Wesen, ob ein sachhaltiges oder leeres (also reinlogisches) Wesen, ordnet sich in eine Stufenreihe von Wesen, in eine Stufenreihe der Generalität und Spezialität ein. Zu ihr gehören notwendig zwei nie zusammenfallende Grenzen. Heruntersteigend gelangen wir zu den niedersten spezifischen Differenzen oder, wie wir auch sagen, den eidetischen Singularitäten; emporsteigend durch die Art- und Gattungswesen zu einer obersten Gattung. Eidetische Singularitäten sind Wesen, die zwar notwendig über sich »allgemeinere« Wesen haben als ihre Gattungen, aber nicht mehr unter sich Besonderungen, in Beziehung auf welche sie selbst Arten (nächste Arten oder mittelbare, höhere Gattungen) wären. Ebenso ist diejenige Gattung die oberste, welche über sich keine Gattung mehr hat.

In diesem Sinn ist im reinlogischen Gebiete der Bedeutungen »Bedeutung überhaupt« oberste Gattung, jede bestimmte Satzform, jede bestimmte Satzgliedform eine eidetische Singularität; Satz überhaupt eine vermittelnde Gattung. Ebenso ist Anzahl überhaupt eine oberste Gattung. Zwei, Drei usw. sind deren niederste Differenzen oder eidetische Singularitäten. In der sachhaltigen Sphäre sind z. B. Ding überhaupt, sinnliche Qualität, Raumgestalt, Erlebnis überhaupt oberste Gattungen; die zu den bestimmten Dingen, bestimmten sinnlichen Qualitäten, Raumgestalten, Erlebnissen als solchen gehörigen Wesensbestände eidetische und dabei sachhaltige Singularitäten.

Zu diesen durch Gattung und Art bezeichneten Wesensverhältnissen (nicht Klassen-, d. i. Mengenverhältnissen) gehört es, daß im [26] besonderen Wesen das allgemeinere »unmittelbar oder mittelbar enthalten« ist – in einem bestimmten, in der eidetischen Intuiton seiner Eigenart nach zu erfassenden Sinne. Eben darum führen manche Forscher das Verhältnis eidetischer Gattung und Art zur eidetischen Besonderung unter den Verhältnissen von »Teil« zum »Ganzen« auf. »Ganzes« und »Teil« haben dabei eben den weitesten Begriff von »Enthaltendem« und »Enthaltenem«, wovon das eidetische Artverhältnis eine Besonderheit ist. Das eidetisch Singulare impliziert also die sämtlichen über ihm liegenden Allgemeinheiten, die ihrerseits stufenweise »ineinander liegen«, das Höhere immer im Niederen.

13. *Generalisierung und Formalisierung*

Scharf unterscheiden muß man die Verhältnisse der Generalisierung und Spezialisierung von den wesentlich andersartigen der Verallgemeinerung von Sachhaltigem in das reinlogisch Formale, bzw. umgekehrt, der Versachlichung eines logisch Formalen. Mit anderen Worten: Generalisierung ist etwas total anderes als Formalisierung, wie sie z. B. in der mathematischen Analysis eine so große Rolle spielt; und Spezialisierung etwas total anderes als Entformalisierung, als »Ausfüllung« einer logisch-mathematischen Leerform, bzw. einer formalen Wahrheit.

Demgemäß darf nicht verwechselt werden das Unterstehen eines Wesens unter der formalen Allgemeinheit eines reinlogischen Wesens mit dem Unterstehen eines Wesens unter seine höheren Wesens gattungen. So ist z. B. das Wesen Dreieck untergeordnet unter die oberste Gattung Raumgestalt, das Wesen Rot unter die oberste Gattung sinnliche Qualität. Andererseits ist Rot, Dreieck und sind so alle homogenen, wie heterogenen Wesen untergeordnet dem kategorialen Titel »Wesen«, welcher für sie alle keineswegs den Charakter einer Wesensgattung hat, vielmehr ihn hinsichtlich keiner von ihnen hat. »Wesen« als Gattung sachhaltiger Wesen anzusehen, wäre ebenso verkehrt, wie Gegenstand überhaupt (das leere Etwas) als Gattung für jederlei Gegenstände und dann natürlich schlechthin als die eine und einzige oberste Gattung, als Gattung aller Gattungen zu mißdeuten. Man wird vielmehr alle formal-ontologischen Kategorien als eidetische Singularitäten bezeichnen müssen, die ihre oberste Gattung im Wesen »formal-ontologische Kategorie-überhaupt« haben.

Desgleichen ist es klar, daß jeder bestimmte Schluß, etwa ein der Physik dienender, Vereinzelung einer bestimmten reinlogischen [27] Schlußform ist, jeder bestimmte physikalische Satz Vereinzelung einer Satzform u. dgl. Die reinen Formen sind aber nicht Gattungen zu den sachhaltigen Sätzen oder Schlüssen, sondern selbst nur niederste Differenzen, nämlich der reinlogischen Gattungen Satz, Schluß, die, wie alle ähnlichen Gattungen, ihre schlechthin oberste Gattung »Bedeutung-überhaupt« haben. Die Ausfüllung von logischen Leerformen (und anderes als Leerformen gibt es in der *mathesis universalis* nicht) ist also eine total verschiedene »Operation« gegenüber der echten Spezialisierung bis zur letzten Differenzierung. Das ist überall zu konstatieren; so ist z. B. der Übergang vom Raume zur »Euklidischen Mannigfaltigkeit« keine Generalisierung, sondern eine »formale« Verallgemeinerung.

Es ist für die Bewährung dieser radikalen Sonderung wie in allen solchen Fällen auf die Wesensintuition zurückzugehen, die uns sofort lehrt, daß logische Formwesen (z. B. die Kategorien) nicht in den sachhaltigen Vereinzelungen so »liegen«, wie das allgemeine Rot in den verschiedenen Rotnuancen, oder wie »Farbe« in Rot oder Blau, und daß sie in ihnen überhaupt nicht in dem eigentlichen Sinne »darin« sind, der mit einem Teilverhältnis im gewöhnlichen engen Sinne genug Gemeinsamkeit hätte, um die Rede von einem Enthaltensein zu rechtfertigen.

Keiner ausführlichen Erörterung bedarf der Hinweis, daß auch die Subsumption eines Individuellen, überhaupt eines Dies-da, unter ein Wesen (die einen verschiedenen Charakter hat, je nachdem es sich um eine niederste Differenz oder eine Gattung handelt) nicht mit der Subordination eines Wesens unter seine höheren Spezies oder eine Gattung zu verwechseln ist.

Ebenso sei nur eben angedeutet die wechselnde und insbesondere auf die Funktion der Wesen im universellen Urteile bezogene Rede von Umfängen, die sich offenbar mit den erörterten Verschiedenheiten differenzieren muß. Jedes Wesen, das keine niederste Differenz ist, hat einen eidetischen Umfang, einen Umfang von Spezialitäten und zuletzt jedenfalls von eidetischen Singularitäten. Jedes formale Wesen hat andererseits seinen formalen oder »mathematischen« Umfang. Ferner hat jedes Wesen überhaupt seinen Umfang von individuellen Vereinzelungen, einen ideellen Gesamtbegriff von möglichen Diesheiten, auf die es im eidetisch-universellen Denken bezogen sein kann. Die Rede von empirischem Umfange besagt mehr: die Einschränkung auf eine Daseinssphäre vermöge einer mitverflochtenen, die reine Allgemeinheit aufhebenden Daseinssetzung. Das alles überträgt sich natürlich von den Wesen auf »Begriffe« als Bedeutungen.

[28] 14. *Substratkategorien. Das Substratwesen und das τόδε τι*

Wir beachten ferner die Unterscheidung zwischen »vollen«, »sachhaltigen« Substraten, mit den entsprechend »vollen«, »sachhaltigen« syntaktischen Gegenständlichkeiten und den Leersubstraten, mit den aus ihnen gebildeten syntaktischen Gegenständlichkeiten, den Abwandlungen des leeren Etwas. Die letztere Klasse ist keineswegs selbst eine leere oder armselige; sie bestimmt sich nämlich als die Gesamtheit der zum Bestande der reinen Logik als *mathesis universalis* gehörigen Sachverhalte mit all den kategorialen Gegenständlichkeiten, aus denen sich dieselben aufbauen. Also jeder Sachverhalt, den irgendein syllogistisches oder arithmetisches Axiom oder Theorem ausspricht, jede Schlußform, jede numerische Zahl, jedes Zahlengebilde, jede Funktion der reinen Analysis, jede in ihr wohldefinierte Euklidische oder Nichteuklidische Mannigfaltigkeit gehört hierher.

Bevorzugen wir nun die Klasse der sachhaltigen Gegenständlichkeiten, so kommen wir auf letzte sachhaltige Substrate als Kerne aller syntaktischen Bildungen. Zu diesen Kernen gehören die Substratkategorien, welche sich unter die beiden disjunkten Haupttitel ordnen: »Sachhaltiges letztes Wesen« und »Dies da!« oder pure, syntaktisch formlose individuelle Einzelheit. Der sich aufdrängende Terminus Individuum ist hier darum unpassend, weil gerade die wie immer zu bestimmende Unteilbarkeit, die das Wort mitausdrückt, in den Begriff nicht aufgenommen werden darf, vielmehr für den besonderen und ganz unentbehrlichen Begriff Individuum vorbehalten bleiben muß. Wir übernehmen daher den Aristotelischen Ausdruck τόδε τι, der mindestens dem Wortlaute nach diesen Sinn nicht mitbeschließt.

Wir haben das formlose letzte Wesen und das Dies-da gegenübergestellt; wir müssen nun den zwischen ihnen obwaltenden Wesenszusammenhang feststellen, darin bestehend, daß jedes Dies-da *seinen* sachhaltigen Wesensbestand hat, der den Charakter eines im angegebenen Sinne formlosen Substratwesens hat.

15. *Selbständige und unselbständige Gegenstände. Konkretum und Individuum*

Wir benötigen noch eine weitere Grundunterscheidung, diejenige zwischen *selbständigen* und *unselbständigen Gegenständen*. Unselbständig ist z. B. eine kategoriale Form, sofern sie notwendig zurückweist auf ein Substrat, dessen Form sie ist. Substrat und Form sind aufeinander angewiesen, »ohne einander« nicht [29] denkbare Wesen. In diesem weitesten Sinne ist also die reinlogische Form, z. B. die kategoriale Form Gegenstand hinsichtlich aller Gegenstandsmaterien, die Kategorie Wesen hinsichtlich aller bestimmten Wesen u. dgl. unselbständig. Sehen wir von diesen Unselbständigkeiten ab, und beziehen wir einen prägnanten Begriff von Unselbständigkeit, bzw. Selbständigkeit, auf eigentlich »inhaltliche« Zusammenhänge, auf Verhältnisse des »*Enthaltenseins*«, *Einsseins* und evtl. *Verknüpftseins* in einem eigentlicheren Sinne.

Speziell interessiert uns hier die Sachlage bei den letzten Substraten und, noch enger gefaßt, bei den sachhaltigen Substratwesen. Es bestehen für sie die beiden Möglichkeiten, daß ein solches Wesen mit einem anderen Einheit *eines* Wesens begründet, oder daß es das nicht tut. Im ersteren Falle ergeben sich näher zu beschreibende Verhältnisse ev. einseitiger oder wechselseitiger Unselbständigkeit, und hinsichtlich der unter die geeinigten Wesen fallenden eidetischen und individuellen Einzelheiten ergibt sich die apodiktisch notwendige Folge, daß Einzelheiten des einen Wesens nicht sein können, es sei denn als bestimmt durch Wesen, die mit dem anderen Wesen mindestens Gattungsgemeinschaft haben.[12]

Z. B. sinnliche Qualität weist notwendig auf irgendeine Differenz von Ausbreitung hin, Ausbreitung wieder ist notwendig Ausbreitung irgendeiner mit ihr einigen, sie »überdeckenden« Qualität. Ein Moment »Steigerung«, etwa der Kategorie Intensität, ist nur möglich als einem qualitativen Inhalt immanent, und ein Inhalt solcher Gattung wieder ist nicht denkbar ohne irgendeinen Steigerungsgrad. Ein Erscheinen als Erlebnis gewisser Gattungsbestimmtheit ist unmöglich, es sei denn als Erscheinen eines »Erscheinenden als solchen«, und ebenso umgekehrt. Usw.

Daraus ergeben sich nun wichtige Bestimmungen der formalkategorialen Begriffe Individuum, Konkretum und Abstraktum. Ein unselbständiges Wesen heißt ein *Abstraktum*, ein absolut selbständiges ein *Konkretum*. Ein Dies-da, dessen sachhaltiges Wesen ein Konkretum ist, heißt ein *Individuum*.

Fassen wir die »Operation« der Generalisierung unter den nun erweiterten Begriff der logischen »Abwandlung«, so können wir sagen: das Individuum ist der reinlogisch geforderte Urgegenstand, das logisch Absolute, auf das alle logischen Abwandlungen zurückweisen.

[30] Ein Konkretum ist selbstverständlich eine eidetische Singularität, da Artungen und Gattungen (Ausdrücke, die üblicherweise die niedersten Differenzen ausschließen) prinzipiell unselbständig sind. Die *eidetischen Singularitäten* zerfallen demnach in *abstrakte* und *konkrete*.

Disjunkt in einem Konkretum enthaltene eidetische Singularitäten sind notwendig »heterogen«, mit Rücksicht auf das formal-ontologische Gesetz, daß zwei eidetische Singularitäten einer und derselben Gattung nicht in der Einheit *eines* Wesens verbunden sein können, oder wie man auch sagt: Niederste Differenzen eines Genus sind miteinander »unverträglich«. Demnach führt jede einem Konkretum eingeordnete Singularität, als Differenz betrachtet, zu einem getrennten System von Arten und Gattungen, also auch zu getrenn-

ten obersten Gattungen. Z. B. in der Einheit eines phänomenalen Dinges führt die bestimmte Gestalt zur obersten Gattung Raumgestalt überhaupt, die bestimmte Farbe zu visueller Qualität überhaupt. Indessen können niederste Differenzen im Konkretum statt disjunkte auch übergreifende sein; wie z. B. physikalische Eigenschaften räumliche Bestimmungen voraussetzen und in sich beschließen. Dann sind auch die obersten Gattungen nicht disjunkt.
In weiterer Folge scheiden sich in charakteristischer und fundamentaler Weise die Gattungen in solche, die unter sich Konkreta, und in solche, die unter sich Abstrakta haben. Wir sprechen bequemerweise von konkreten und abstrakten Gattungen, trotz des Doppelsinnes, den nun die Adjektiva annehmen. Denn auf den Einfall kann niemand kommen, konkrete Gattungen selbst für Konkreta im ursprünglichen Sinne zu halten. Wo Genauigkeit es erfordert, muß aber der schwerfällige Ausdruck Gattungen von Konkretis beziehungsweise von Abstraktis gebraucht werden. Beispiele für konkrete Gattungen sind reales Ding, visuelles Phantom (sinnlich erfüllt erscheinende visuelle Gestalt), Erlebnis u. dgl. Demgegenüber sind Raumgestalt, visuelle Qualität u. dgl. Beispiele für abstrakte Gattungen.

16. *Region und Kategorie in der sachhaltigen Sphäre. Synthetische Erkenntnisse a priori*

Mit den Begriffen Individuum und Konkretum ist auch der wissenschaftstheoretische Fundamentalbegriff der Region streng »analytisch« definiert. Region ist nichts anderes als die gesamte zu einem Konkretum gehörige oberste Gattungseinheit, also die wesenseinheitliche Verknüpfung der obersten [31] Gattungen, die den niedersten Differenzen innerhalb des Konkretums zugehören. Der eidetische Umfang der Region befaßt die ideale Gesamtheit konkret vereinheitlichter Komplexe von Differenzen dieser Gattungen, der individuelle Umfang die ideale Gesamtheit möglicher Individuen solcher konkreter Wesen.

Jedes regionale Wesen bestimmt »synthetische« Wesenswahrheiten, d. h. solche, welche in ihm als diesem Gattungswesen gründen, nicht aber bloße Besonderungen formal-ontologischer Wahrheiten sind. Der regionale Begriff und seine regionalen Abartungen sind also in diesen synthetischen Wahrheiten nicht frei variierbar, die Ersetzung der bezüglichen bestimmten Termini durch Unbestimmte ergibt kein formallogisches Gesetz, wie dergleichen in charakteristischer Weise statthat bei allen »analytischen« Notwendigkeiten. Der Inbegriff der im regionalen Wesen gründenden synthetischen Wahrheiten macht den Inhalt der regionalen Ontologie aus. Der Gesamtinbegriff der Grundwahrheiten unter ihnen, der regionalen Axiome, umgrenzt – und definiert uns – den Inbegriff der regionalen Kategorien. Diese Begriffe drücken nicht bloß, wie Begriffe überhaupt, Besonderungen reinlogischer Kategorien aus, sondern sind dadurch ausgezeichnet, daß sie, vermöge der regionalen Axiome, dem regionalen Wesen eigentümlich Zugehöriges ausdrücken, bzw. in eidetischer Allgemeinheit ausdrücken, was einem individuellen Gegenstand der Region »a priori« und »synthetisch« zukommen muß. Die Anwendung solcher (nicht reinlogischer) Begriffe auf gegebene Individuen ist eine apodiktisch und unbedingt notwendige, und übrigens geregelt durch die regionalen (synthetischen) Axiome.

Will man die Anklänge an Kants Vernunftkritik (trotz erheblicher Differenzen in den Grundauffassungen, die aber eine innere Verwandtschaft nicht ausschließen) festhalten, so hätte man also unter synthetischen Erkenntnissen a priori zu verstehen die regionalen Axiome, und wir hätten soviel irreduktible Klassen solcher Erkenntnisse als Regionen. Die »synthetischen Grundbegriffe« oder Kategorien wären die regionalen Grundbegriffe

(wesentlich auf die bestimmte Region und ihre synthetischen Grundsätze bezogen), und wir hätten soviel unterschiedene Gruppen von Kategorien, als Regionen zu unterscheiden sind.
Dabei tritt äußerlich die formale Ontologie in eine Reihe mit den regionalen (den eigentlichen »materialen«, »synthetischen«) Ontologien. Ihr regionaler Begriff »Gegenstand« [32] bestimmt (vgl. oben § 10) das formale Axiomensystem und dadurch den Inbegriff formaler (»analytischer«) Kategorien. Darin liegt in der Tat eine Rechtfertigung der Parallelisierung, trotz all der hervorgehobenen wesentlichen Unterschiede.

17. *Schluß der logischen Betrachtungen*

Unsere ganze Betrachtung war eine rein logische, sie bewegte sich in keiner »materialen« Sphäre, oder, wie wir gleichwertig sagen, in keiner bestimmten Region, sie sprach allgemein von Regionen und Kategorien, und diese Allgemeinheit war, dem Sinne der aufeinander gebauten Definitionen gemäß, eine rein logische. Es war eben auf dem Boden der reinen Logik ein Schema zu zeichnen, als Stück der von ihr ausgehenden Grundverfassung aller möglichen Erkenntnis, bzw. Erkenntnisgegenständlichkeiten, welchem gemäß Individuen unter »synethetischen Prinzipien a priori«, nach Begriffen und Gesetzen, bestimmbar sein müssen, oder welchem gemäß alle empirischen Wissenschaften sich gründen müssen auf ihnen zugehörige regionale Ontologien und nicht bloß auf die allen Wissenschaften gemeinsame reine Logik.
Zugleich erwächst von hier aus die Idee einer Aufgabe: Im Umkreise unserer individuellen Anschauungen die obersten Gattungen von Konkretionen zu be-

stimmen, und auf diese Weise eine Austeilung alles anschaulichen individuellen Seins nach Seinsregionen zu vollziehen, deren jede eine prinzipiell, weil aus radikalsten Wesensgründen unterschiedene eidetische und empirische Wissenschaft (bzw. Wissenschaftsgruppe) bezeichnet. Die radikale Unterscheidung schließt übrigens keineswegs Verflechtung und partielle Überschiebung aus. So sind z. B. »materielles Ding« und »Seele« verschiedene Seinsregionen, und doch ist die letztere in der ersteren fundiert und daraus erwächst die Fundierung der Seelenlehre in der Leibeslehre.

Das Problem einer radikalen »Klassifikation« der Wissenschaften ist in der Hauptsache das Problem der Scheidung der Regionen, und dazu wieder bedarf es vorgängig rein logischer Untersuchungen der Art, wie sie hier in einigen Linien geführt wurden. Andererseits bedarf es freilich auch der Phänomenologie – von der wir bisher noch nichts wissen.

Die phänomenologische Fundamentalbetrachtung[1]

[48] I. Die Thesis der natürlichen Einstellung und ihre Ausschaltung

1. *Die Welt der natürlichen Einstellung: Ich und meine Umwelt*

Wir beginnen unsere Betrachtungen als Menschen des natürlichen Lebens, vorstellend, urteilend, fühlend, wollend »in natürlicher Einstellung«. Was das besagt, machen wir uns in einfachen Meditationen klar, die wir am besten in der Ichrede durchführen.

Ich bin mir einer Welt bewußt, endlos ausgebreitet im Raum, endlos werdend und geworden in der Zeit. Ich bin mir ihrer bewußt, das sagt vor allem: ich finde sie unmittelbar anschaulich vor, ich erfahre sie. Durch Sehen, Tasten, Hören usw., in den verschiedenen Weisen sinnlicher Wahrnehmung sind körperliche Dinge in irgendeiner räumlichen Verteilung für mich einfach da, im wörtlichen oder bildlichen Sinne »vorhanden«, ob ich auf sie besonders achtsam und mit ihnen betrachtend, denkend, fühlend, wollend beschäftigt bin oder nicht. Auch animalische Wesen, etwa Menschen, sind unmittelbar für mich da; ich blicke auf, ich sehe sie, ich höre ihr Herankommen, ich fasse sie bei der Hand, mit ihnen sprechend, verstehe ich unmittelbar, was sie vorstellen und denken, was für Gefühle sich in ihnen regen, was sie wünschen oder wollen. Auch sie sind in meinem Anschauungsfeld als Wirklichkeiten vorhanden, selbst wenn ich nicht auf sie achte. Es ist aber nicht nötig, daß sie, und ebenso sonstige Gegenstände, sich gerade in meinem Wahrnehmungsfelde befinden. Für mich da sind wirkliche Objekte, als bestimmte, mehr oder minder bekannte, in eins mit den aktuell wahrgenommenen, ohne daß sie selbst wahrgenommen, ja selbst anschaulich gegenwärtig sind. Ich kann meine Aufmerk[49]samkeit wandern lassen von dem eben gesehenen und beachteten Schreibtisch aus durch die ungesehenen Teile des Zimmers hinter meinem Rücken zur Veranda, in den Garten, zu den Kindern in der Laube usw., zu all den Objekten, von denen ich gerade »weiß«, als da und dort in meiner unmittelbar mitbewußten Umgebung seiend – ein Wissen, das nichts vom begrifflichen Denken hat und sich erst mit der Zuwendung der Aufmerksamkeit und auch da nur partiell und meist sehr unvollkommen in ein klares Anschauen verwandelt.

Aber auch nicht mit dem Bereiche dieses anschaulich klar oder dunkel, deutlich oder undeutlich Mitgegenwärtigen, das einen beständigen Umring des aktuellen Wahrnehmungsfeldes ausmacht, erschöpft sich die Welt, die für mich in jedem wachen Moment bewußtseinsmäßig »vorhanden« ist. Sie reicht vielmehr in einer festen Seinsordnung ins Unbegrenzte. Das aktuell Wahrgenommene, das mehr oder minder klar Mitgegenwärtige und Bestimmte (oder mindestens einigermaßen Bestimmte) ist teils durchsetzt, teils umgeben von einem dunkel bewußten Horizont unbestimmter Wirklichkeit. Ich kann Strahlen des aufhellenden Blickes der Aufmerksamkeit in ihn hineinsenden, mit wechselndem Erfolge. Bestimmende, erst dunkle und dann sich verlebendigende Vergegenwärtigungen holen mir etwas heraus, eine Kette von solchen Erinnerungen schließt sich zusammen, der Kreis der Bestimmtheit erweitert sich immer mehr und ev. so weit, daß der Zusammenhang mit dem aktuellen Wahrnehmungsfelde, als der zentralen Umgebung, hergestellt ist. Im allgemeinen ist der Erfolg aber ein anderer: ein leerer Nebel der dunkeln Unbestimmtheit bevölkert sich mit anschaulichen Möglichkeiten oder Vermutlichkeiten, und nur die »Form« der Welt, eben als »Welt«, ist vorgezeichnet. Die unbestimmte Umgebung ist im übrigen unendlich, d. h.[2] der nebelhafte und nie voll zu bestimmende Horizont ist notwendig da.

Ebenso wie mit der Welt in ihrer Seinsordnung räumlicher Gegenwart, der ich bisher nachgegangen bin, verhält es sich mit ihr hinsichtlich der Seinsordnung in der Folge der Zeit. Diese jetzt, und offenbar in jedem wachen Jetzt, für mich vorhandene Welt hat ihren zweiseitig unendlichen zeitlichen Horizont, ihre bekannte und unbekannte, unmittelbar lebendige und unlebendige Vergangenheit und Zukunft. In freier Betätigung des Erfahrens, das mir das Vorhandene zur Anschauung bringt, kann ich diesen Zusammenhängen der mich unmittelbar umgebenden Wirklichkeit nachgehen. Ich kann meinen Standpunkt in Raum und Zeit wechseln, die Blicke dahin und [50] dorthin, zeitlich vorwärts und rückwärts richten, ich kann mir immer neue, mehr oder minder klare und inhaltreiche Wahrnehmungen und Vergegenwärtigungen verschaffen, oder auch mehr und minder klare Bilder, in denen ich mir das in den festen Formen räumlicher und zeitlicher Welt Mögliche und Vermutliche veranschauliche.

In dieser Weise finde ich mich im wachen Bewußtsein allzeit, und ohne es je ändern zu können, in Beziehung auf die eine und selbe, obschon dem inhaltlichen Bestande nach wechselnde Welt. Sie ist immerfort für mich »vorhanden«, und ich selbst bin ihr Mitglied. Dabei ist diese Welt für mich nicht da als eine bloße Sachenwelt, sondern in derselben Unmittelbarkeit als Wertewelt, Güterwelt, praktische Welt. Ohne weiteres finde ich die Dinge vor mir ausgestattet, wie mit Sachbeschaffenheiten, so mit Wertcharakteren, als schön und häßlich, als gefällig und mißfällig, als angenehm und unangenehm u. dgl. Unmittelbar stehen Dinge als Gebrauchsobjekte da, der »Tisch« mit seinen »Büchern«, das »Trinkglas«, die »Vase«, das »Klavier« usw. Auch diese Wertcharaktere und praktischen Charaktere gehören konstitutiv zu den »vorhandenen« Objekten als solchen, ob ich mich ihnen und den Objekten überhaupt zuwende oder nicht. Dasselbe gilt natürlich ebensowohl wie für die »bloßen Dinge« auch für

Menschen und Tiere meiner Umgebung. Sie sind meine »Freunde« oder »Feinde«, meine »Diener« oder »Vorgesetzte«, »Fremde« oder »Verwandte« usw.

2. *Das cogito.* *Meine natürliche Umwelt und die idealen Umwelten*

Auf diese Welt, *die Welt, in der ich mich finde und die zugleich meine Umwelt ist*, beziehen sich denn die Komplexe meiner mannigfach wechselnden *Spontaneitäten* des Bewußtseins: des forschenden Betrachtens, des Explizierens und Auf-Begriffe-bringens in der Beschreibung, des Vergleichens und Unterscheidens, des Kolligierens und Zählens, des Voraussetzens und Folgerns, kurzum des theoretisierenden Bewußtseins in seinen verschiedenen Formen und Stufen. Ebenso die vielgestaltigen Akte und Zustände des Gemüts und des Wollens: Gefallen und Mißfallen, Sich-freuen und Betrübtsein, Begehren und Fliehen, Hoffen und Fürchten, Sich-entschließen und Handeln. Sie alle, mit Zurechnung der schlichten Ichakte, in denen die Welt mir in spontaner Zuwendung und Erfassung bewußt ist als *unmittelbar* vorhandene, umspannt der eine Cartesianische Ausdruck *cogito*. Im natürlichen Dahinleben lebe ich immerfort in dieser *Grundform alles »aktuellen« Lebens*, mag ich das cogito dabei aussagen oder nicht, mag [51] ich »reflektiv« auf das Ich und das cogitare gerichtet sein oder nicht. Bin ich das, so ist ein neues cogito lebendig, das seinerseits unreflektiert, also nicht für mich gegenständlich ist.

Immerfort bin ich mir vorfindlich als jemand, der wahrnimmt, vorstellt, denkt, fühlt, begehrt usw.; und darin finde ich mich *zumeist* aktuell bezogen auf die mich beständig umgebende Wirklichkeit. Denn nicht immer bin ich so bezogen, nicht jedes cogito, in dem ich lebe, hat Dinge, Menschen, irgendwelche Gegenstände oder Sachverhalte meiner Umwelt zum cogitatum. Ich beschäftige mich etwa mit reinen

Zahlen und ihren Gesetzen: dergleichen ist nichts in der Umwelt, dieser Welt »realer Wirklichkeit« Vorhandenes. Für mich da, eben als Objektfeld arithmetischer Beschäftigung, ist die Zahlenwelt ebenfalls; während solcher Beschäftigung werden einzelne Zahlen oder Zahlengebilde in meinem Blickpunkte sein, umgeben von einem teils bestimmten, teils unbestimmten arithmetischen Horizont; aber offenbar ist dieses Für-mich-da-sein, wie das Daseiende selbst, von anderer Art. Die arithmetische Welt ist für mich nur da, wenn und solange ich arithmetisch eingestellt bin. Die natürliche Welt aber, die Welt im gewöhnlichen Wortsinn, ist immerfort für mich da, solange ich natürlich dahinlebe. Solange das der Fall ist, bin ich »natürlich eingestellt«, ja beides besagt geradezu dasselbe. Daran braucht sich gar nichts zu ändern, wenn ich mir einmal die arithmetische Welt und ähnliche andere »Welten« durch Vollzug der entsprechenden Einstellungen zueigne. Die natürliche Welt bleibt dann »vorhandene«, ich bin nach wie vor in der natürlichen Einstellung, darin ungestört durch die neuen Einstellungen. Bewegt sich mein cogito nur in den Welten dieser neuen Einstellungen, so bleibt die natürliche Welt außer Betracht, sie ist für mein Aktbewußtsein Hintergrund, aber sie ist kein Horizont, in den sich eine arithmetische Welt einordnet. Die beiden zugleich vorhandenen Welten sind außer Zusammenhang, abgesehen von ihrer Ichbeziehung, der gemäß ich frei meinen Blick und meine Akte in die eine und andere hineinlenken kann.

3. *Die »anderen« Ichsubjekte und die intersubjektive natürliche Umwelt*

All das, was von mir selbst gilt, gilt auch, wie ich weiß, für alle anderen Menschen, die ich in meiner Umwelt vorhanden finde. [52] Sie als Menschen erfahrend, verstehe und nehme ich sie hin als Ichsubjekte, wie ich selbst eins bin, und als bezogen auf ihre natürliche Umwelt. Das aber so, daß ich ihre und meine Umwelt objektiv als eine und dieselbe Welt auffasse, die nur für uns alle in verschiedener Weise zum Bewußtsein kommt. Jeder hat seinen Ort, von wo aus er die vorhandenen Dinge sieht, und demgemäß hat jeder verschiedene Dingerscheinungen. Auch sind für jeden die aktuellen Wahrnehmungs-, Erinnerungsfelder usw. verschiedene, abgesehen davon, daß selbst das intersubjektiv darin gemeinsam Bewußte in verschiedenen Weisen, in verschiedenen Auffassungsweisen, Klarheitsgraden usw. bewußt ist. Bei all dem verständigen wir uns mit den Nebenmenschen und setzen gemeinsam eine objektive räumlich-zeitliche Wirklichkeit, als unser aller daseiende Umwelt, der wir selbst doch angehören.

4. *Die Generalthesis der natürlichen Einstellung*

Was wir zur Charakteristik der Gegebenheit der natürlichen Einstellung und dadurch zu ihrer eigenen Charakteristik vorgelegt haben, war ein Stück reiner Beschreibung vor aller »Theorie«. Theorien, das sagt hier Vormeinungen jeder Art, halten wir uns in diesen Untersuchungen streng vom Leibe. Nur als Fakta unserer Umwelt, nicht als wirkliche oder vermeinte Geltungseinheiten, gehören Theorien in unsere Sphäre. Wir stellen uns jetzt aber nicht die Aufgabe, die reine Beschreibung fortzusetzen und sie zu einer systematisch umfassenden, die Weiten und Tiefen ausschöpfenden Charakteristik der Vorfindlichkeiten der natürlichen Einstellung (und gar aller mit ihr einstimmig zu verflechtenden Einstellungen) zu steigern. Eine solche Aufgabe kann und muß – als wissenschaftliche – fixiert werden, und sie ist eine außerordentlich wichtige, obschon bisher kaum gesehene. Hier ist sie nicht die unsere. Für uns, die wir der Eingangspforte der Phänomenologie zustreben, ist nach dieser Richtung hin alles

Nötige schon geleistet, wir bedürfen nur einiger ganz allgemeiner Charaktere der natürlichen Einstellung, die in unseren Beschreibungen bereits und mit hinreichender Klarheitsfülle hervorgetreten sind. Eben auf diese Klarheitsfülle kam es uns besonders an.

Wir heben ein Wichtigstes noch einmal heraus in folgenden Sätzen: Ich finde beständig vorhanden als mein Gegenüber die eine räumlich-zeitliche Wirklichkeit, der ich selbst zugehöre, wie alle anderen in ihr vorfindlichen und auf sie in gleicher Weise bezogenen Menschen. Die »Wirklichkeit«, das sagt schon das Wort, finde ich [53] als daseiende vor und nehme sie, wie sie sich mir gibt, auch als daseiende hin. Alle Bezweiflung und Verwerfung von Gegebenheiten der natürlichen Welt ändert nichts an der Generalthesis der natürlichen Einstellung. »Die« Welt ist als Wirklichkeit immer da, sie ist höchstens hier oder dort »anders« als ich vermeinte, das oder jenes ist aus ihr unter den Titeln »Schein«, »Halluzination« u. dgl. sozusagen herauszustreichen, aus ihr, die – im Sinne der Generalthesis – immer daseiende Welt ist. Sie umfassender, zuverlässiger, in jeder Hinsicht vollkommener zu erkennen, als es die naive Erfahrungskunde zu leisten vermag, alle auf ihrem Boden sich darbietenden Aufgaben wissenschaftlicher Erkenntnis zu lösen, das ist das Ziel der Wissenschaften der natürlichen Einstellung. Es sind die gewöhnlich so genannten »positiven« Wissenschaften, Wissenschaften der natürlichen Positivität.[3]

5. *Radikale Änderung der natürlichen Thesis. Die »Ausschaltung«, »Einklammerung«*

Anstatt nun in dieser Einstellung zu verbleiben, wollen wir sie radikal ändern. Es gilt jetzt, sich von der prinzipiellen Möglichkeit dieser Änderung zu überzeugen.

Die Generalthesis, vermöge deren die reale Umwelt beständig nicht bloß überhaupt auffassungsmäßig bewußt, sondern als daseiende »Wirklichkeit« bewußt ist, besteht natürlich nicht in einem eigenen Akte, in einem artikulierten Urteil über Existenz. Sie ist ja etwas während der ganzen Dauer der Einstellung, d. i. während des natürlichen wachen Dahinlebens dauernd Bestehendes. Das jeweils Wahrgenommene, klar oder dunkel Vergegenwärtigte, kurz alles aus der natürlichen Welt erfahrungsmäßig und vor jedem Denken Bewußte, trägt in seiner Gesamteinheit und nach allen artikulierten Abgehobenheiten den Charakter »da«, »vorhanden«; ein Charakter, auf den sich wesensmäßig gründen läßt ein ausdrückliches (prädikatives) mit ihm einiges Existenzurteil. Sprechen wir dasselbe aus, so wissen wir doch, daß wir in ihm nur zum Thema gemacht und prädikativ gefaßt haben, was unthematisch, ungedacht, unprädiziert schon im ursprünglichen Erfahren irgendwie lag, bzw. im Erfahrenen lag als Charakter des »Vorhanden«.
Mit der potentiellen und nicht ausdrücklichen Thesis können wir nun genau so verfahren wie mit der ausdrücklichen Urteilsthesis. Ein solches allzeit mögliches Verfahren ist z. B. der allgemeine Zweifelsversuch, den Descartes zu ganz anderem Zwecke, in Absicht auf die Herausstellung einer absolut zweifellosen Seinssphäre durchzuführen unternahm. Wir knüpfen hier an, betonen [54] aber sogleich, daß der universelle Zweifelsversuch uns nur als methodischer Behelf dienen soll, um gewisse Punkte herauszuheben, die durch ihn, als in seinem Wesen beschlossen, evident zutage zu fördern sind.
Der universelle Zweifelsversuch gehört in das Reich unserer vollkommenen Freiheit: Alles und jedes, wir mögen noch so fest davon überzeugt, ja seiner in adäquater Evidenz versichert sein, können wir zu bezweifeln versuchen.
Überlegen wir, was im Wesen eines solchen Aktes liegt. Wer zu zweifeln versucht, versucht irgendein

»Sein«, prädikativ expliziert ein »Das ist!«, »Es verhält sich so!« u. dgl. zu bezweifeln. Auf die Seinsart kommt es dabei nicht an. Wer z. B. zweifelt, ob ein Gegenstand, dessen Sein er nicht bezweifelt, so und so beschaffen ist, bezweifelt eben das So-beschaffen-sein. Das überträgt sich offenbar vom Bezweifeln auf den Versuch zu bezweifeln. Es ist ferner klar, daß wir nicht ein Sein bezweifeln und in demselben Bewußtsein (in der Einheitsform des Zugleich) dem Substrat dieses Seins die Thesis erteilen, es also im Charakter des »vorhanden« bewußt haben können. Äquivalent ausgedrückt: Wir können dieselbe Seinsmaterie nicht zugleich bezweifeln und für gewiß halten. Ebenso ist es klar, daß der Versuch, irgendein als vorhanden Bewußtes zu bezweifeln, eine gewisse Aufhebung der Thesis notwendig bedingt; und gerade das interessiert uns. Es ist nicht eine Umwandlung der Thesis in die Antithesis, der Position in die Negation; es ist auch nicht eine Umwandlung in Vermutung, Anmutung, in Unentschiedenheit, in einen Zweifel (in welchem Sinne des Wortes immer): dergleichen gehört ja auch nicht in das Reich unserer freien Willkür. Es ist vielmehr etwas ganz Eigenes. Die Thesis, die wir vollzogen haben, geben wir nicht preis, wir ändern nichts an unserer Überzeugung, die in sich selbst bleibt, wie sie ist, solange wir nicht neue Urteilsmotive einführen: was wir eben nicht tun. Und doch erfährt sie eine Modifikation – während sie in sich verbleibt, was sie ist, setzen wir sie gleichsam »außer Aktion«, wir »schalten sie aus«, wir »klammern sie ein«. Sie ist weiter noch da, wie das Eingeklammerte in der Klammer, wie das Ausgeschaltete außerhalb des Zusammenhanges der Schaltung. Wir können auch sagen: Die Thesis ist Erlebnis, wir machen von ihr aber »keinen Gebrauch«, und das natürlich nicht als Privation verstanden (wie wenn wir vom Bewußtlosen sagen, er mache von einer Thesis keinen Ge[55]brauch); vielmehr handelt es sich bei diesem, wie bei allen parallelen Ausdrücken, um andeutende Bezeichnungen einer bestimmten eigenartigen Bewußtseinsweise, die zur ursprünglichen schlichten Thesis (sei sie aktuelle und gar prädikative Existenzsetzung oder nicht) hinzutritt und sie in einer eben eigenartigen Weise umwertet. Diese Umwertung ist Sache unserer vollkommenen Freiheit und steht gegenüber allen der Thesis zu koordinierenden und in der Einheit des »Zugleich« mit ihr unverträglichen Denkstellungnahmen, wie überhaupt allen Stellungnahmen im eigentlichen Wortsinne.

Im Zweifelsversuch, der sich an eine Thesis, und wie wir voraussetzen, an eine gewisse und durchgehaltene anschließt, vollzieht sich die »Ausschaltung« in und mit einer Modifikation der Antithesis, nämlich mit der »Ansetzung« des Nichtseins, die also die Mitunterlage des Zweifelsversuches bildet. Bei Descartes prävaliert diese so sehr, daß man sagen kann, sein universeller Zweifelsversuch sei eigentlich ein Versuch universeller Negation. Davon sehen wir hier ab, uns interessiert nicht jede analytische Komponente des Zweifelsversuchs, daher auch nicht seine exakte und vollzureichende Analyse. Wir greifen nur das Phänomen der »Einklammerung« oder »Ausschaltung« heraus, das offenbar nicht an das Phänomen des Zweifelsversuches gebunden, obschon aus ihm besonders leicht herauszulösen ist, vielmehr auch in sonstigen Verflechtungen und nicht minder für sich allein auftreten kann. In Beziehung auf jede Thesis können wir und in voller Freiheit diese eigentümliche ἐποχή üben, eine gewisse Urteilsenthaltung, die sich mit der unerschütterten und ev. unerschütterlichen, weil evidenten Überzeugung von der Wahrheit verträgt. Die Thesis wird »außer Aktion gesetzt«, eingeklammert, sie verwandelt sich in die Modifikation »eingeklammerte Thesis«, das Urteil schlechthin in das »eingeklammerte Urteil«.

Natürlich darf man dieses Bewußtsein nicht einfach identifizieren mit dem des »sich bloß denkens«, etwa daß Nixen einen Reigentanz aufführen; wobei ja keine Ausschaltung einer lebendigen und lebendig verbleibenden Überzeugung statthat: obschon andererseits die nahe Verwandtschaft des einen und anderen Bewußtseins zutage liegt. Erst recht handelt es sich nicht um das Sichdenken im Sinne des »Annehmens« oder Voraussetzens, welches in der üblichen äquivoken Rede gleichfalls mit den Worten zum Ausdruck kommen kann: »Ich denken mir (ich mache die Annahme), es sei so und so«.

[56] Es ist ferner anzumerken, daß nichts im Wege steht, korrelativ auch in Ansehung einer zu setzenden Gegenständlichkeit, welcher Region und Kategorie auch immer, von Einklammerung zu sprechen. In diesem Falle ist gemeint, daß jede auf diese Gegenständlichkeit bezogene Thesis auszuschalten und in ihre Einklammerungsmodifikation zu verwandeln sei. Genau besehen, paßt übrigens das Bild von der Einklammerung von vornherein besser auf die Gegenstandssphäre, ebenso wie die Rede vom Außer-Aktion-setzen besser auf die Akt- bzw. Bewußtseinssphäre paßt.

6. *Die phänomenologische* ἐποχή

An Stelle des Cartesianischen Versuchs eines universellen Zweifels könnten wir nun die universelle »ἐποχή« in unserem scharf bestimmten und neuen Sinne treten lassen. Aber mit gutem Grunde begrenzen wir die Universalität dieser ἐποχή. Denn wäre sie eine so umfassende, wie sie überhaupt sein kann, so bliebe, da jede Thesis, bzw. jedes Urteil in voller Freiheit modifiziert, jede beurteilbare Gegenständlichkeit eingeklammert werden kann, kein Gebiet mehr für unmodifizierte Urteile übrig, geschweige denn für eine Wissenschaft. Unser Absehen geht aber gerade auf die Entdeckung einer neuen wissenschaftichen Domäne, und einer solchen, die eben durch die Methode der Einklammerung, aber dann nur einer bestimmt eingeschränkten, gewonnen werden soll.

Mit einem Worte ist die Einschränkung zu bezeichnen.

Die zum Wesen der natürlichen Einstellung gehörige Generalthesis setzen wir außer Aktion, alles und jedes, was sie in ontischer Hinsicht umspannt, setzen wir in Klammern: also diese ganze natürliche Welt, die beständig »für uns da«, »vorhanden« ist, und die immerfort dableiben wird als bewußtseinsmäßige »Wirklichkeit«, wenn es uns auch beliebt, sie einzuklammern.

Tue ich so, wie es meine volle Freiheit ist, dann negiere ich diese »Welt« also nicht, als wäre ich Sophist, ich bezweifle ihr Dasein nicht, als wäre ich Skeptiker; aber ich übe die »phänomenologische« ἐποχή, die mir jedes Urteil über räumlich-zeitliches Dasein völlig verschließt.[4]

Also alle auf diese natürliche Welt bezüglichen Wissenschaften, so fest sie mir stehen, so sehr ich sie bewundere, so wenig ich daran denke, das mindeste gegen sie einzuwenden, schalte ich aus, ich mache von ihren Geltungen [57] absolut keinen Gebrauch. Keinen einzigen, der in sie hineingehörigen Sätze, und seien sie von vollkommener Evidenz, mache ich mir zu eigen, keiner wird von mir hingenommen, keiner gibt mir eine Grundlage – wohlgemerkt, solange er verstanden ist, so wie er sich in diesen Wissenschaften gibt, als eine Wahrheit über Wirklichkeiten dieser Welt. Ich darf ihn nur annehmen, nachdem ich ihm die Klammer erteilt habe. Das heißt: nur im modifizierenden Bewußtsein der Urteilsausschaltung, also gerade nicht so, wie er Satz in der Wissenschaft ist, ein Satz, der Geltung beansprucht, und dessen Geltung ich anerkenne und benutze.

Man wird die hier fragliche ἐποχή nicht verwechseln mit derjenigen, die der Comtesche[5] Positivismus fordert, und gegen die er freilich selbst, wie wir uns überzeugen mußten, verstößt. Es handelt sich jetzt nicht um Ausschaltung aller die reine Sachlichkeit der Forschung trübenden Vorurteile, nicht um die Konstitution einer »theorienfreien«, »metaphysikfreien« Wissenschaft durch Rückgang aller Begründung auf die unmittelbaren Vorfindlichkeiten, und auch nicht um Mittel, dergleichen Ziele, über deren Wert ja keine Frage ist, zu erreichen. Was wir fordern, liegt in einer anderen Linie. Die ganze, in der natürlichen Einstellung gesetzte, in der Erfahrung wirklich vorgefundene Welt, vollkommen »theorienfrei« genommen, wie sie wirklich erfahrene, sich im Zusammenhange der Erfahrungen klar ausweisende ist, gilt uns jetzt nichts, sie soll ungeprüft, aber auch unbestritten eingeklammert werden. In gleicher Weise sollen alle noch so guten, positivistisch oder andersbegründeten Theorien und Wissenschaften, die sich auf diese Welt beziehen, demselben Schicksal verfallen.

II. Bewußtsein und natürliche Wirklichkeit

7. Vordeutung auf das »reine« oder »transzendentale Bewußtsein« als das phänomenologische Residuum

Den Sinn der phänomenologischen ἐποχή haben wir verstehen gelernt, keineswegs aber ihre mögliche Leistung. Es ist vor allem nicht klar, inwiefern mit der im Vorstehenden gegebenen Begrenzung der Gesamtsphäre der ἐποχή wirklich eine Einschränkung ihrer Universalität gegeben sei. Was kann denn übrig bleiben, wenn die ganze Welt, eingerechnet uns selbst mit allem cogitare, ausgeschaltet ist?[6]

[58] Da der Leser schon weiß, daß das diese Meditationen beherrschende Interesse einer neuen Eidetik gilt, so wird er zunächst erwarten, daß zwar die Welt als Tatsache der Ausschaltung verfalle, nicht aber die Welt als Eidos, und ebenso nicht irgendeine sonstige Wesenssphäre. Die Ausschaltung der Welt bedeutet ja wirklich nicht die Ausschaltung z. B. der Zahlenreihe und der auf sie bezüglichen Arithmetik.

Indessen diesen Weg gehen wir nicht, auch in seiner Linie liegt unser Ziel nicht, das wir auch bezeichnen können als die Gewinnung einer neuen, in ihrer Eigenheit bisher nicht abgegrenzten Seinsregion, die, wie jede echte Region, eine solche individuellen Seins ist. Was das des näheren besagt, werden die nachkommenden Feststellungen lehren.

Wir gehen zunächst direkt aufweisend vor und, da das aufzuweisende Sein nichts anderes ist, als was wir aus wesentlichen Gründen als »reine Erlebnisse«, »reines Bewußtsein« mit seinen reinen »Bewußtseinskorrelaten« und andererseits seinem »reinen Ich« bezeichnen werden, von dem Ich, von dem Bewußtsein, den Erlebnissen aus, die uns in der natürlichen Einstellung gegeben sind.

Ich bin – ich, der wirkliche Mensch, ein reales Objekt wie andere in der natürlichen Welt. Ich vollziehe cogitationes, »Bewußtseinsakte« in weiterem und engerem Sinne, und diese Akte sind, als zu diesem menschlichen Subjekte gehörig, Vorkommnisse derselben natürlichen Wirklichkeit. Und ebenso alle meine übrigen Erlebnisse, aus deren veränderlichem Strom die spezifischen Ichakte so eigenartig aufleuchten, ineinander übergehen, sich zu Synthesen verknüpfen, sich unaufhörlich modifizieren. In einem weitesten Sinne befaßt der Ausdruck Bewußtsein (dann freilich weniger passend) alle Erlebnisse mit. »Natürlich eingestellt«, wie wir nach den festesten, weil nie beirrten Gewohnheiten auch im wissenschaftlichen Denken sind, nehmen wir diese sämtlichen Vorfindlichkeiten der psychologischen

Reflexion als reale Weltvorkommnisse, eben als Erlebnisse animalischer Wesen. So natürlich ist es uns, sie nur als solche zu sehen, daß wir, nun schon bekannt mit der Möglichkeit geänderter Einstellung und auf Suche nach dem neuen Objektgebiet, gar nicht merken, daß es diese Erlebnissphären selbst sind, aus denen durch die neue Einstellung das neue Gebiet entspringt. Damit hängt es ja zusammen, daß wir, statt unseren Blick diesen Sphären zugewendet zu erhalten, ihn abwendeten und die neuen Objekte in den ontologischen Reichen der Arithmetik, Geometrie u. dgl. suchten – womit freilich nichts eigentlich Neues zu gewinnen wäre.

[59] Wir halten also den Blick festgerichtet auf die Bewußtseinssphäre und studieren, was wir in ihr immanent finden. Zunächst, noch ohne die phänomenologischen Urteilsausschaltungen zu vollziehen, unterwerfen wir sie einer systematischen Wesensanalyse, wenn auch keineswegs einer erschöpfenden. Was uns durchaus nottut, ist eine gewisse allgemeine Einsicht in das Wesen des Bewußtseins überhaupt und ganz besonders auch des Bewußtseins, sofern in ihm selbst, seinem Wesen nach, die »natürliche« Wirklichkeit bewußt wird. Wir gehen in diesen Studien soweit, als es nötig ist, die Einsicht zu vollziehen, auf die wir es abgesehen haben, nämlich die Einsicht, daß Bewußtsein in sich selbst ein Eigensein hat, das in seinem absoluten Eigenwesen durch die phänomenologische Ausschaltung nicht betroffen wird. Somit bleibt es als »phänomenologisches Residuum« zurück, als eine prinzipiell eigenartige Seinsregion, die in der Tat das Feld einer neuen Wissenschaft werden kann – der Phänomenologie.[7]

Erst durch diese Einsicht wird sich die »phänomenologische« ἐποχή ihren Namen verdienen, ihr vollbewußter Vollzug wird sich als die notwendige Operation herausstellen, welche uns das »reine« Bewußtsein und in weiterer Folge die ganze phänomenologische Region zugänglich macht. Eben damit wird es verständlich werden, warum diese Region und die ihr zugeordnete neue Wissenschaft unbekannt bleiben mußte. In der natürlichen Einstellung kann eben nichts anderes als die natürliche Welt gesehen werden. Solange die Möglichkeit der phänomenologischen Einstellung nicht erkannt und die Methode, die mit ihr entspringenden Gegenständlichkeiten zur originären Erfassung zu bringen, nicht ausgebildet war, mußte die phänomenologische Welt eine unbekannte, ja kaum geahnte bleiben.

Zu unserer Terminologie sei noch folgendes beigefügt. Wichtige in der erkenntnistheoretischen Problematik der Neuzeit[8] gründende Motive rechtfertigen es, wenn wir das »reine« Bewußtsein, von dem soviel die Rede sein wird, auch als transzendentales Bewußtsein bezeichnen, wie auch die Operation, durch welche es gewonnen wird, als transzendentale ἐποχή. Methodisch wird diese Operation sich in verschiedene Schritte der »Ausschaltung«, »Einklammerung« zerlegen, und so wird unsere Methode den Charakter einer schrittweisen Reduktion annehmen. Um dessentwillen werden wir und sogar vorwiegend von phänomenologischen Reduktionen (bzw. auch einheitlich hinsichtlich ihrer Gesamteinheit von [60] der phänomenologischen Reduktion) sprechen, also unter erkenntnistheoretischem Gesichtspunkte auch von transzendentalen Reduktionen. Im übrigen müssen diese und alle unsere Termini ausschließlich gemäß dem Sinne verstanden werden, den ihnen unsere Darstellungen vorzeichnen, nicht aber in irgend einem anderen, den die Geschichte oder die terminologischen Gewohnheiten des Lesers nahelegen.

8. *Das Wesen des Bewußtseins als Thema*

Wir beginnen mit einer Reihe von Betrachtungen, innerhalb deren wir uns mit keiner phänomenologischen ἐποχή mühen. Wir sind in natürlicher Weise auf die »Außenwelt« gerichtet und vollziehen, ohne die natürliche Einstellung zu verlassen, eine psychologische Reflexion auf unser Ich und sein Erleben. Wir vertiefen uns, ganz so wie wir es tun würden, wenn wir von der neuen Einstellungsart nichts gehört hätten, in das Wesen des »Bewußtseins von Etwas«, in dem wir z. B. des Daseins materieller Dinge, Leiber, Menschen, des Daseins von technischen und literarischen Werken usw. bewußt sind. Wir folgen unserem allgemeinen Prinzip, daß jedes individuelle Vorkommnis sein Wesen hat, das in eidetischer Reinheit faßbar ist und in dieser Reinheit zu einem Felde möglicher eidetischer Forschung gehören muß. Demnach hat auch das allgemeine natürliche Faktum des »Ich bin«, »Ich denke«, »Ich habe mir gegenüber die Welt« u. dgl. seinen Wesensgehalt, und mit diesem ausschließlich wollen wir uns jetzt beschäftigen. Wir vollziehen also exemplarisch irgendwelche singuläre Bewußtseinserlebnisse, genommen, wie sie sich in der natürlichen Einstellung geben, als reale menschliche Fakta, oder wir vergegenwärtigen uns solche in der Erinnerung oder in der frei fingierenden Phantasie. Auf solchem exemplarischen Grunde, der als vollkommen klarer vorausgesetzt sei, erfassen und fixieren wir[9] in adäquater Ideation die reinen Wesen, die uns interessieren. Die singulären Fakta, die Faktizität der natürlichen Welt überhaupt entschwindet dabei unserem theoretischen Blicke – wie überall, wo wir rein eidetische Forschung vollziehen.

Wir begrenzen noch unser Thema. Sein Titel lautete: Bewußtsein oder deutlicher, Bewußtseinserlebnis überhaupt, in einem außerordentlich weiten Sinne, auf dessen exakte Begrenzung es zum Glück nicht ankommt. Dergleichen liegt nicht am Anfang von Analysen der Art, die wir hier vollziehen, sondern ist ein später Erfolg großer Mühen. Als Ausgang nehmen wir das Be[61]wußtsein in einem prägnanten und sich zunächst darbietenden Sinne, den wir am einfachsten bezeichnen durch das Cartesianische cogito, das »Ich denke«. Bekanntlich wurde es von Descartes so weit verstanden, daß es mitumfaßt jedes »Ich nehme wahr, Ich erinnere mich, Ich phantasiere, Ich urteile, fühle, begehre, will« und so alle irgend ähnlichen Icherlebnisse in den unzähligen fließenden Sondergestaltungen. Das Ich selbst, auf das sie alle bezogen sind, oder das »in« ihnen in sehr verschiedener Weise »lebt«, tätig, leidend, spontan ist, rezeptiv und sonstwie sich »verhält«, lassen wir zunächst außer Betracht, und zwar das Ich in jedem Sinne. Späterhin wird es uns noch gründlich beschäftigen. Für jetzt bleibt genug übrig, was der Analyse und Wesensfassung Halt gibt. Dabei werden wir uns alsbald auf die umfassenden Erlebniszusammenhänge verwiesen sehen, die zu einer Erweiterung des Begriffs Bewußtseinserlebnis über diesen Kreis der spezifischen cogitationes zwingen.

Die Bewußtseinserlebnisse betrachten wir in der ganzen Fülle der Konkretion, mit der sie in ihrem konkreten Zusammenhange – dem Erlebnisstrom – auftreten, und zu dem sie sich durch ihr eigenes Wesen zusammenschließen. Es wird dann evident, daß jedes Erlebnis des Stromes, das der reflektive Blick zu treffen vermag, ein eigenes, intuitiv zu erfassendes Wesen hat, einen »Inhalt«, der sich in seiner Eigenheit für sich betrachten läßt. Es kommt uns darauf an, diesen Eigengehalt der cogitatio in seiner reinen Eigenheit zu erfassen und allgemein zu charakterisieren, also unter Ausschluß von allem, was nicht in der cogitatio nach dem, was sie in sich selbst ist, liegt. Ebenso gilt es, die Bewußtseinseinheit zu charakterisieren, die rein durch das Eigene der cogitationes gefordert und so notwendig gefordert ist, daß sie ohne diese Einheit nicht sein können.

9. *Das cogito als »Akt«. Inaktualitätsmodifikation*

Knüpfen wir an Beispiele an. Vor mir liegt im Halbdunkel dieses weiße Papier. Ich sehe es, betaste es. Dieses wahrnehmende Sehen und Betasten des Papieres, als das volle konkrete Erlebnis von dem hier liegenden Papier, und zwar von dem genau in diesen Qualitäten gegebenen, genau in dieser relativen Unklarheit, in dieser unvollkommenen Bestimmtheit, in dieser Orientierung zu mir erscheinenden – ist eine cogitatio, ein Bewußtseinserlebnis. Das Papier selbst mit seinen objektiven Beschaffenheiten, seiner Ausdehnung im Raume, seiner objektiven Lage zu dem Raumdinge, das mein [62] Leib heißt, ist nicht cogitatio, sondern cogitatum, nicht Wahrnehmungserlebnis, sondern Wahrgenommenes. Nun kann ein Wahrgenommenes selbst sehr wohl Bewußtseinserlebnis sein; aber es ist evident, daß so etwas wie ein materielles Ding, z. B. dieses im Wahrnehmungserlebnis gegebene Papier, prinzipiell kein Erlebnis ist, sondern ein Sein von total verschiedener Seinsart.

Ehe wir dem weiter nachgehen, vervielfältigen wir die Beispiele. Im eigentlichen Wahrnehmen, als einem Gewahren, bin ich dem Gegenstande, z. B. dem Papier zugewendet, ich erfasse es als dieses hier und jetzt Seiende. Das Erfassen ist ein Herausfassen, jedes Wahrgenommene hat einen Erfahrungshintergrund. Rings um das Papier liegen Bücher, Stifte, Tintenfaß usw., in gewisser Weise auch »wahrgenommen«, perzeptiv da, im »Anschauungsfelde«, aber während der Zuwendung zum Papier entbehrten sie jeder, auch nur sekundären Zuwendung und Erfassung. Sie erschienen und waren doch nicht herausgegriffen, für sich gesetzt. Jede Dingwahrnehmung hat so einen Hof von Hintergrundsanschauungen (oder Hintergrundschauungen, falls man in das Anschauen schon das Zugewendetsein aufnimmt), und auch das ist ein »Bewußtseinserlebnis«, oder kürzer, »Bewußtsein«, und zwar »von« all dem, was in der Tat in dem mitgeschauten gegenständlichen »Hintergrund« liegt. Selbstverständlich ist dabei aber nicht die Rede von dem, was »objektiv« in dem objektiven Raume, der dem geschauten Hintergrunde zugehören mag, zu finden ist, von all den Dingen und dinglichen Vorkommnissen, die gültige und fortschreitende Erfahrung dort feststellen mag. Die Rede ist ausschließlich von dem Bewußtseinshofe, der zum Wesen einer im Modus der »Zuwendung zum Objekt« vollzogenen Wahrnehmung gehört, und weiter von dem, was in dem eigenen Wesen dieses Hofes selbst liegt. Es liegt aber darin, daß gewisse Modifikationen des ursprünglichen Erlebnisses möglich sind, die wir bezeichnen als freie Wendung des »Blickes« – nicht gerade und bloß des physischen, sondern des »geistigen Blickes« – von dem zuerst erblickten Papier auf die schon vordem erscheinenden, also »implizite« bewußten Gegenstände, die nach der Blickwendung zu explizite bewußten, »aufmerksam« wahrgenommenen oder »nebenbei beachteten« werden.

Dinge sind wie in der Wahrnehmung, so auch bewußt in Erinnerungen und in erinnerungsähnlichen Vergegenwärtigungen, auch bewußt in freien Phantasien. All das bald in »klarer Anschauung«, bald ohne merkliche Anschaulichkeit in der Weise »dunkler« Vorstellungen; sie schweben uns dabei in verschiedenen »Charakterisie[63]rungen« vor, als wirkliche, mögliche, fingierte usw. Von diesen wesensverschiedenen Erlebnissen gilt offenbar all das, was wir von Wahrnehmungserlebnissen ausgeführt haben. Wir werden nicht daran denken, zu vermengen die in diesen Bewußtseinsarten bewußten Gegenstände (z. B. die phantasierten Nixen) mit den Bewußtseinserlebnissen selbst, die von ihnen Bewußtsein sind. Wir erkennen dann wieder, daß zum Wesen all solcher Erlebnisse – dieselben immer in voller Konkretion genommen – jene merkwürdige Modifikation gehört, die Bewußtsein im Modus aktueller Zuwendung in Bewußtsein im Modus der Inaktualität überführt, und umgekehrt. Einmal ist das Erlebnis sozusagen »explizites« Bewußtsein von seinem Gegenständlichen, das andere Mal implizites, bloß potentielles. Das Gegenständliche kann uns wie in der Wahrnehmung, so in der Erinnerung oder Phantasie bereits erscheinen, wir sind aber mit dem geistigen Blicke auf dasselbe noch nicht »gerichtet«, auch nicht sekundär, geschweige denn, daß wir damit in besonderem Sinne »beschäftigt« wären.

Ähnliches konstatieren wir an beliebigen cogitationes im Sinne der Cartesianischen Beispielssphäre, für alle Erlebnisse des Denkens, des Fühlens und Wollens, nur daß, wie sich (im nächsten Paragraphen) herausstellen wird, das »Gerichtetsein auf«, das »Zugewendetsein zu«, das die Aktualität auszeichnet, nicht wie in den bevorzugten, weil einfachsten Beispielen sinnlicher Vorstellungen sich deckt mit dem heraus f a s s e n d e n Achten auf die Bewußtseinsobjekte. Auch von allen solchen Erlebnissen gilt offenbar, daß die aktuellen von einem »Hof« von inaktuellen umgeben sind; der E r l e b n i s s t r o m k a n n n i e a u s l a u t e r A k t u a l i t ä t e n b e s t e h e n. Eben die letzteren bestimmen in der weitesten Verallgemeinerung, die über den Kreis unserer Beispiele hinauszuführen ist, und in der vollzogenen Kontrastierung mit den Inaktualitäten den p r ä g n a n t e n Sinn des Ausdrucks »c o g i t o«, »ich habe B e w u ß t s e i n von etwas«, »ich vollziehe einen Bewußtseins a k t«. Diesen festen Begriff scharf geschieden zu erhalten, werden wir ausschließlich für ihn die Cartesianischen Reden cogito und cogitationes vorbehalten, es sei denn, daß wir ausdrücklich durch einen Beisatz, wie »inaktuell« u. dgl., die Modifikation anzeigen.

Ein »w a c h e s« Ich können wir als ein solches definieren, das innerhalb seines Erlebnisstromes kontinuierlich Bewußtsein in der spezifischen Form des cogito vollzieht; was natürlich nicht meint, daß es diese Erlebnisse beständig, oder überhaupt, zu prädikativem Ausdruck bringt und zu bringen vermag. Es gibt ja auch tierische Ich[64]subjekte. Zum Wesen des Erlebnisstromes eines wachen Ich gehört es aber nach dem oben Gesagten, daß die kontinuierlich fortlaufende Kette von cogitationes beständig von einem Medium der Inaktualität umgeben ist, diese immer bereit, in den Modus der Aktualität überzugehen, wie umgekehrt die Aktualität in die Inaktualität.

10. *Intentionales Erlebnis. Erlebnis überhaupt*

So durchgreifend die Änderung ist, welche die Erlebnisse aktuellen Bewußtseins durch Übergang in die Inaktualität erfahren, es haben die modifizierten Erlebnisse doch noch eine bedeutsame Wesensgemeinschaft mit den ursprünglichen. Allgemein gehört es zum Wesen jedes aktuellen cogito, Bewußtsein von etwas zu sein. In ihrer Weise ist aber, nach dem vorhin Ausgeführten, die modifizierte cogitatio ebenfalls Bewußtsein, und von demselben wie die entsprechende unmodifizierte. Die allgemeine Wesenseigenschaft des Bewußtseins bleibt also in der Modifikation erhalten. Alle Erlebnisse, die diese Wesenseigenschaften gemein haben, heißen auch »intentionale Erlebnisse« (Akte in dem weitesten Sinne der »Logischen Untersuchungen«); sofern sie Bewußtsein von etwas sind, heißen sie auf dieses Etwas »intentional bezogen«. Wohl zu beachten ist dabei, daß hier nicht die Rede ist von einer Beziehung zwischen irgendeinem psychologischen Vorkommnis – genannt Erlebnis – und einem anderen realen Dasein – genannt Gegenstand – oder von einer psychophysischen und sonstwie realen[10] Verknüpfung, die in objektiver Wirklichkeit zwischen dem einen und anderen statthätte. Vielmehr ist von Erlebnissen rein ihrem Wesen nach, bzw. von reinen Wesen die Rede und von dem, was in den Wesen, »a priori«, in unbedingter Notwendigkeit beschlossen ist.

Daß ein Erlebnis Bewußtsein von etwas ist, z. B. eine Fiktion Fiktion des bestimmten Kentauren, aber auch eine Wahrnehmung Wahrnehmung ihres »wirklichen« Gegenstandes, ein Urteil Urteil seines Sachverhaltes usw., das geht nicht das Erlebnisfaktum in der Welt, speziell im faktischen psychologischen Zusammenhange an, sondern das reine und in der Ideation als pure Idee erfaßte Wesen. Im Wesen des Erlebnisses selbst liegt nicht nur, daß es, sondern auch wovon es

Bewußtsein ist, und in welchem bestimmten oder unbestimmten Sinne es das ist. Somit liegt es auch im Wesen des inaktuellen Bewußtseins beschlossen, in wie geartete aktuelle cogitationes es durch [65] die oben besprochene Modifikation überzuführen ist, die wir als »Hinwendung des achtenden Blickes auf das vordem Unbeachtete« bezeichnen.

Unter Erlebnissen im weitesten Sinne verstehen wir alles und jedes im Erlebnisstrom Vorfindliche; also nicht nur die intentionalen Erlebnisse, die aktuellen und potentiellen cogitationes, dieselben in ihrer vollen Konkretion genommen; sondern was irgend an reellen Momenten in diesem Strom und seinen konkreten Teilen vorfindlich ist.

Man sieht nämlich leicht, daß nicht jedes reelle Moment in der konkreten Einheit eines intentionalen Erlebnisses selbst den Grundcharakter der Intentionalität hat, also die Eigenschaft, »Bewußtsein von etwas« zu sein. Das betrifft z. B. alle Empfindungsdaten, die in den perzeptiven Dinganschauungen eine so große Rolle spielen. Im Erlebnis der Wahrnehmung dieses weißen Papieres, näher in ihrer auf die Qualität Weiße des Papieres bezogenen Komponente, finden wir durch passende Blickwendung das Empfindungsdatum Weiß vor. Dieses Weiß ist etwas dem Wesen der konkreten Wahrnehmung unabtrennbar Zugehöriges, und zugehörig als reelles konkretes Bestandstück. Als darstellender Inhalt für das erscheinende Weiß des Papieres ist es Träger einer Intentionalität, aber nicht selbst ein Bewußtsein von etwas. Eben dasselbe gilt von anderen Erlebnisdaten, z. B. den sog. sinnlichen Gefühlen. Wir werden darüber später noch ausführlicher sprechen.

11. *Das »Gerichtetsein-auf« des reinen Ich im cogito und das erfassende Beachten*

Ohne hier tiefer in eine beschreibende Wesensanalyse der intentionalen Erlebnisse eingehen zu können, heben wir einige für die weiteren Ausführungen zu beachtende Momente hervor. Ist ein intentionales Erlebnis aktuell, also in der Weise des cogito vollzogen, so »richtet« sich in ihm das Subjekt auf das intentionale Objekt. Zum cogito selbst gehört ein ihm immanenter »Blick-auf« das Objekt, der andererseits aus dem »Ich« hervorquillt, das also nie fehlen kann. Dieser Ichblick auf etwas ist, je nach dem Akte, in der Wahrnehmung wahrnehmender, in der Fiktion fingierender, im Gefallen gefallender, im Wollen wollender Blick-auf usw. Das sagt also, daß dieses zum Wesen des cogito, des Aktes als solchen gehörige im Blick, im geistigen Auge Haben, nicht selbst wieder ein eigener Akt ist und insbesondere nicht mit einem Wahrnehmen (in einem noch so weiten Sinne) verwechselt werden darf und mit allen anderen, [66] den Wahrnehmungen verwandten Aktarten. Es ist zu beachten, daß intentionales Objekt eines Bewußtseins (so genommen, wie es dessen volles Korrelat ist) keineswegs dasselbe sagt wie erfaßtes Objekt. Wir pflegen das Erfaßtsein ohne weiteres in den Begriff des Objektes (des Gegenstandes überhaupt) aufzunehmen, da wir ihn, sowie wir an ihn denken, über ihn etwas sagen, zum Gegenstand im Sinne des Erfaßten gemacht haben. Im weitesten Sinne deckt sich das Erfassen mit dem Auf-etwas-achten, es bemerken, sei es speziell aufmerksam sein oder nebenbei beachten: mindestens so wie diese Reden gewöhnlich verstanden werden. Es handelt sich nun mit diesem Achten oder Erfassen nicht um den Modus des cogito überhaupt, um den der Aktualität, sondern, genauer besehen, um einen besonderen Aktmodus, den jedes Bewußtsein, bzw. jeder Akt, der ihn noch nicht hat, annehmen kann. Tut er das, so ist sein intentionales Objekt nicht nur überhaupt bewußt und im Blick des geistigen Gerichtetseins, sondern es ist erfaßtes, bemerktes Objekt. Einem Dinge freilich können wir nicht anders als in der erfassenden Weise zugewendet sein, und so allen »schlicht vorstellbaren« Gegenständlichkeiten: Zuwendung (sei es auch in der Fiktion) ist da eo ipso »Erfassung«, »Beachtung«. Im Akte des Wertens aber sind wir dem Werte, im Akte der Freude dem Erfreulichen, im Akte der Liebe dem Geliebten, im Handeln der Handlung zugewendet, ohne all das zu erfassen. Das intentionale Objekt, das Werte, Erfreuliche, Geliebte, Erhoffte als solches, die Handlung als Handlung wird vielmehr erst in einer eigenen »vergegenständlichenden« Wendung zum erfaßten Gegenstand. Wertend einer Sache zugewendet sein, darin liegt zwar mitbeschlossen die Erfassung der Sache; aber nicht die bloße Sache, sondern die werte Sache oder der Wert ist (worüber wir noch ausführlicher sprechen werden) das volle intentionale Korrelat des wertenden Aktes. Also heißt »wertend einer Sache zugewendet sein« nicht schon den Wert »zum Gegenstande haben«, in dem besonderen Sinn des erfaßten Gegenstandes, wie wir ihn haben müssen, um über ihn zu prädizieren; und so in allen logischen Akten, die sich auf ihn beziehen.

In Akten der Art, wie es die wertenden sind, haben wir also ein intentionales Objekt in doppeltem Sinne: wir müssen zwischen der bloßen »Sache« und dem vollen intentionalen Objekt unterscheiden, und entsprechend eine doppelte intentio, ein zwiefaches Zugewendetsein. Sind wir in [67] einem Akte des Wertens auf eine Sache gerichtet, so ist die Richtung auf die Sache ein Achten auf sie, ein sie Erfassen; aber »gerichtet« sind wir – nur nicht in erfassender Weise – auch auf den Wert. Nicht bloß das Sachvorstellen, sondern auch das es umschließende Sachwerten hat den Modus Aktualität.

Wir müssen aber sogleich hinzufügen, daß die Sachlage so einfach eben nur in den einfachen Akten des Wertens ist. Im allgemeinen sind die Gemüts- und Willensakte in höherer Stufe fundierte, und demgemäß vervielfältigt sich auch die intentionale Objektivität und vervielfältigen sich die Weisen, wie die in der einheitlichen Gesamtobjektivität beschlossenen Objekte Zuwendung erfahren. Jedenfalls gilt aber, was der folgende Hauptsatz besagt:

In jedem Akt waltet ein Modus der Achtsamkeit. Wo immer er aber kein schlichtes Sachbewußtsein ist, wo immer in einem solchen Bewußtsein ein weiteres zu Sache »stellungnehmendes« fundiert ist: da treten Sache und volles intentionales Objekt (z. B. »Sache« und »Wert«), ebenso Achten und Im-geistigen-Blick-haben auseinander. Zugleich gehört aber zum Wesen dieser fundierten Akte die Möglichkeit einer Modifikation, durch welche ihre vollen intentionalen Objekte zu beachten und in diesem Sinne zu »vorgestellten« Gegenständen werden, die nun ihrerseits fähig sind, als Substrate für Explikationen, Beziehungen, begriffliche Fassungen und Prädikationen zu dienen. Dank dieser Objektivation stehen uns in der natürlichen Einstellung, und somit als Glieder der natürlichen Welt, nicht bloße Natursachen gegenüber, sondern Werte und praktische Objekte jeder Art, Städte, Straßen mit Beleuchtungsanlagen, Wohnungen, Möbel, Kunstwerke, Bücher, Werkzeuge usw.

12. *Reflexionen auf Akte. Immanente und transzendente Wahrnehmungen*

Wir fügen ferner bei: Im cogito lebend, haben wir die cogitatio selbst nicht bewußt als intentionales Objekt; aber jederzeit kann sie dazu werden, zu ihrem Wesen gehört die prinzipielle Möglichkeit einer »reflektiven« Blickwendung und natürlich in Form einer neuen cogitatio, die sich in der Weise einer schlichterfassenden auf sie richtet. Mit anderen Worten, jede kann zum Gegenstande einer sog. »inneren Wahrnehmung« werden, in weiterer Folge dann zum Objekte einer reflektiven Wertung, einer Billigung oder Mißbilligung usw. Dasselbe gilt, in entsprechend modifizierter Weise, wie von wirklichen Akten im Sinne von Aktimpres[68]sionen, so auch von Akten, die wir »in« der Phantasie, »in« der Erinnerung, oder die wir »in« der Einfüh-

sich nun aus, und kann sich aussondern, das Bewußtsein selbst als ein konkretes Sein in sich und das in ihm bewußte, das wahrgenommene Sein als dem Bewußtsein »gegenüber« und als »an und für sich«?
Ich meditiere zunächst als »naiver« Mensch. Ich sehe und fasse das Ding selbst in seiner Leibhaftigkeit. Freilich täusche ich mich mitunter und nicht nur hinsichtlich der wahrgenommenen Beschaffenheiten, sondern auch hinsichtlich des Daseins selbst. Ich unterliege einer Illusion oder Halluzination. Die Wahrnehmung ist dann nicht »echte« Wahrnehmung. Ist sie es aber, und das sagt: läßt sie sich im aktuellen Erfahrungszusammenhange, ev. unter Mithilfe korrekten Erfahrungsdenkens »bestätigen«, dann ist das wahrgenommene Ding wirklich und in der Wahrnehmung wirklich selbst, und zwar leibhaftig gegeben. Das Wahrnehmen erscheint dabei, bloß als Bewußtsein betrachtet und abgesehen vom Leibe und den Leibesorganen, wie etwas in sich Wesenloses, ein leeres Hinsehen eines leeren »Ich« auf das Objekt selbst, das mit diesem sich merkwürdig berührt.

14. *»Primäre« und »sekundäre« Qualitäten. Das leibhaftig gegebene Ding »bloße Erscheinung« des »physikalisch Wahren«*

Habe ich als »naiver Mensch« der Neigung nachgegeben, »von der Sinnlichkeit betrogen« solche Reflexionen auszuspinnen, so erinnere ich mich nun als »wissenschaftlicher Mensch« der bekannten Unterscheidung zwischen sekundären und primären Qualitäten, wonach die spezifischen Sinnesqualitäten »bloß subjektiv« und nur die geometrisch-physikalischen Qualitäten »objektiv« sein sollen. Dingliche Farbe, dinglicher Ton, Geruch und Geschmack des Dinges u. dgl., wie sehr es »leibhaft« am Dinge, als zu seinem Wesen ge[72]hörig erscheint, sei nicht selbst und, als was es da erscheint, wirklich, sondern bloßes »Zeichen« für gewisse primäre Qualitäten. Gedenke ich aber bekannter Lehren der Physik, so ersehe ich sogleich, daß die Meinung solcher vielbeliebter Sätze nicht etwa die wörtliche sein kann: als ob wirklich vom wahrgenommenen Dinge nur die »spezifisch« sinnlichen Qualitäten bloße Erscheinung seien; womit gesagt wäre, daß die nach Abzug derselben verbleibenden »primären« Qualitäten zu dem in objektiver Wahrheit seienden Dinge gehörten, neben anderen solchen Qualitäten, die nicht zur Erscheinung kämen. So verstanden hätte ja der alte Berkeleysche Einwand recht, daß die Ausdehnung, dieser Wesenskern der Körperlichkeit und aller primären Qualitäten, undenkbar sei ohne sekundäre. Vielmehr der ganze Wesensgehalt des wahrgenommenen Dinges, also das ganze in Leibhaftigkeit dastehende mit allen seinen Qualitäten und allen je wahrnehmbaren, ist »bloße Erscheinung«, und das »wahre Ding« ist das der physikalischen Wissenschaft. Wenn diese das gegebene Ding ausschließlich durch Begriffe wie Atome, Ionen, Energien usw. bestimmt und jedenfalls als raumfüllende Vorgänge, deren einzige Charakteristika mathematische Ausdrücke sind, so meint sie also ein dem gesamten in Leibhaftigkeit dastehenden Dinginhalt Transzendentes. Sie kann das Ding dann nicht einmal als im natürlichen Sinnenraum liegendes meinen; mit anderen Worten, ihr physikalischer Raum kann nicht der Raum der leibhaften Wahrnehmungswelt sein: sie verfiele ja sonst ebenfalls dem Berkeleyschen Einwande.

Das »wahre Sein« wäre also durchaus und prinzipiell ein anders Bestimmtes als das in der Wahrnehmung als leibhafte Wirklichkeit gegebene, das gegeben ist ausschließlich mit sinnlichen Bestimmtheiten, zu denen die sinnenräumlichen mitgehören. Das eigentlich erfahrene Ding gibt das bloße »dies«, ein leeres x, das zum Träger mathematischer Bestimmungen und zugehöriger mathematischer Formeln wird, und das nicht im Wahrnehmungsraum, sondern in einem »objektiven Raum«, dessen bloßes »Zeichen« jener ist, existiert, einer nur symbolisch vorstellbaren Euklidischen Mannigfaltigkeit von drei Dimensionen.

Nehmen wir das also hin. Es sei, wie da gelehrt wird, das leibhaftig Gegebene aller Wahrnehmung »bloße Erscheinung«, prinzipiell »bloß subjektiv« und doch kein leerer Schein. Dient doch das in der Wahrnehmung Gegebene in der strengen Methode der Natur[73]wissenschaft zur gültigen, von jedermann vollziehbaren und einsichtig nachzuprüfenden Bestimmung jenes transzendenten Seins, dessen »Zeichen« es ist. Immerfort gilt zwar der sinnliche Gehalt des Wahrnehmungsgegebenen selbst als anderes denn das an sich seiende wahre Ding, aber immerfort gilt doch das Substrat, der Träger (das leere x) der wahrgenommenen Bestimmtheiten als das, was durch die exakte Methode in physikalischen Prädikaten bestimmt wird. In umgekehrter Richtung dient demnach jede physikalische Erkenntnis als Index für den Lauf möglicher Erfahrungen mit den in ihnen vorfindlichen Sinnendingen und sinnendinglichen Vorkommnissen. Sie dient also zur Orientierung in der Welt der aktuellen Erfahrung, in der wir alle leben und handeln.

15. *Der reelle Bestand der Wahrnehmung und ihr transzendentes Objekt*

Was gehört nun, dies alles vorausgesetzt, zum konkreten reellen Bestande der Wahrnehmung selbst, als der cogitatio? Nicht das physikalische Ding, wie selbstverständlich, dies durchaus transzendente – transzendent gegenüber der gesamten »Erscheinungswelt«. Wie sehr diese aber »bloß subjektive« heißt, auch sie gehört, nach allen ihren Einzeldingen und Vorkommnissen, nicht zum reellen Bestande der Wahrnehmung, sie ist ihr

gegenüber »transzendent«. Überlegen wir das näher. Wir haben eben schon, aber nur flüchtig, von der Transzendenz des Dinges gesprochen. Es gilt jetzt tiefere Einblicke zu gewinnen in die Art, wie das Transzendente zum Bewußtsein steht, dem es bewußt ist, wie diese Aufeinanderbeziehung, die ihre Rätsel hat, zu verstehen ist.
Schließen wir also die ganze Physik und die ganze Domäne des theoretischen Denkens aus. Halten wir uns an den Rahmen der schlichten Anschauung und der zu ihr gehörigen Synthesen, in den die Wahrnehmung hineingehört. Es ist dann evident, daß Anschauung und Angeschautes, Wahrnehmung und Wahrnehmungsding zwar in ihrem Wesen aufeinander bezogen, aber in prinzipieller Notwendigkeit nicht reell und dem Wesen nach eins und verbunden sind.
Gehen wir von einem Beispiel aus. Immerfort diesen Tisch sehend, dabei um ihn herumgehend, meine Stellung im Raume wie immer verändernd, habe ich kontinuierlich das Bewußtsein vom leibhaftigen Dasein dieses einen und selben Tisches, und zwar des[74]selben, in sich durchaus unverändert bleibenden. Die Tischwahrnehmung ist aber eine sich beständig verändernde, sie ist eine Kontinuität wechselnder Wahrnehmungen. Ich schließe die Augen. Meine übrigen Sinne sind außer Beziehung zum Tische. Nun habe ich von ihm keine Wahrnehmung. Ich öffne die Augen, und ich habe die Wahrnehmung wieder. Die Wahrnehmung? Seien wir genauer. Wiederkehrend ist sie unter keinen Umständen individuell dieselbe. Nur der Tisch ist derselbe, als identischer bewußt im synthetischen Bewußtsein, das die neue Wahrnehmung mit der Erinnerung verknüpft. Das wahrgenommene Ding kann sein, ohne wahrgenommen, ohne auch nur potentiell bewußt zu sein (in der Weise der früher[12] beschriebenen Inaktualität); und es kann sein, ohne sich zu verändern. Die Wahrnehmung selbst ist aber, was sie ist, im beständigen Fluß des Bewußtseins und selbst ein beständiger Fluß: immerfort wandelt sich das Wahrnehmungs-Jetzt in das sich

anschließende Bewußtsein des Soeben-Vergangenen, und zugleich leuchtet ein neues Jetzt auf usw. Wie das wahrgenommene Ding überhaupt, so ist auch alles und jedes, was diesem an Teilen, Seiten, Momenten zukommt, aus überall gleichen Gründen der Wahrnehmung notwendig transzendent, heiße es nun primäre oder sekundäre Qualität. Die Farbe des gesehenen Dinges ist prinzipiell kein reelles Moment des Bewußtseins von Farbe, sie erscheint, aber während sie erscheint, kann und muß bei ausweisender Erfahrung die Erscheinung sich kontinuierlich verändern. Dieselbe Farbe erscheint »in« kontinuierlichen Mannigfaltigkeiten von Farbenabschattungen. Ähnliches gilt für sinnliche Qualität und ebenso für jede räumliche Gestalt. Die eine und selbe Gestalt (als dieselbe leibhaft gegeben) erscheint kontinuierlich immer wieder »in anderer Weise«, in immer anderen Gestaltabschattungen. Das ist eine notwendige Sachlage und offenbar von allgemeinerer Geltung. Denn nur der Einfachheit halber haben wir am Falle eines in der Wahrnehmung unverändert erscheinenden Dinges exemplifiziert. Die Übertragung auf beliebige Veränderungen liegt auf der Hand.

In Wesensnotwendigkeit gehört zu einem »allseitigen«, kontinuierlich einheitlich sich in sich selbst bestätigenden Erfahrungsbewußtsein vom selben Ding ein vielfältiges System von kontinuierlichen Erscheinungs- und Abschattungsmannigfaltigkeiten, in denen alle in die Wahrnehmung mit dem Cha[75]rakter der leibhaften Selbstgegebenheit fallenden gegenständlichen Momente sich in bestimmten Kontinuitäten abschatten. Jede Bestimmtheit hat ihr Abschattungssystem, und für jede gilt, wie für das ganze Ding, daß sie für das erfassende, Erinnerung und neue Wahrnehmung synthetisch vereinende Bewußtsein als dieselbe dasteht trotz einer Unterbrechung im Ablauf der Kontinuität aktueller Wahrnehmung.

Wir sehen nun zugleich, was zum reellen Bestande der konkreten intentionalen Erlebnisse, die da Dingwahrnehmungen heißen, wirklich und zweifellos gehört. Während das Ding die intentionale Einheit ist, das identisch-einheitlich Bewußte im kontinuierlich geregelten Abfluß der ineinander übergehenden Wahrnehmungsmannigfaltigkeiten, haben diese selbst immerfort ihren bestimmten deskriptiven Bestand, der wesensmäßig zugeordnet ist jener Einheit. Zu jeder Wahrnehmungsphase gehört z. B. notwendig ein bestimmter Gehalt an Farbenabschattungen, Gestaltabschattungen usw. Sie rechnen zu den »Empfindungsdaten«, Daten einer eigenen Region mit bestimmten Gattungen, die sich innerhalb je einer solchen Gattung zu konkreten Erlebniseinheiten sui generis (den Empfindungs-»Feldern«) zusammenschließen; die ferner, in hier nicht näher zu beschreibender Weise, in der konkreten Einheit der Wahrnehmung durch »Auffassungen« beseelt sind, und in dieser Beseelung die »darstellende Funktion« üben, bzw. in eins mit ihr das ausmachen, was wir »Erscheinen von« Farbe, Gestalt usw. nennen. Das macht, noch mit weiteren Charakteren sich verflechtend, den reellen Bestand der Wahrnehmung aus, die Bewußtsein von dem einen und selben Dinge ist, vermöge des im Wesen jener Auffassungen begründeten Zusammenschlusses zu einer Auffassungseinheit, und wieder vermöge der im Wesen verschiedener solcher Einheiten gründenden Möglichkeit zu Synthesen der Identifikation.

Scharf ist im Auge zu behalten, daß die Empfindungsdaten, die die Funktion der Farbenabschattung, Glätteabschattung, Gestaltabschattung usw. üben (die Funktion der »Darstellung«), ganz prinzipiell unterschieden sind von Farbe schlechthin, Glätte schlechthin, Gestalt schlechthin, kurzum von allen Arten dinglicher Momente. Die Abschattung, obschon gleich benannt, ist prinzipiell nicht von derselben Gattung wie Abgeschattetes. Abschattung ist Erlebnis. Erlebnis aber ist nur als Erlebnis möglich und nicht als Räumliches. Das Abgeschattete ist aber prinzipiell nur möglich als Räumliches (es ist eben im Wesen räumlich), [76] aber nicht möglich als Erlebnis. Es ist speziell auch ein Widersinn, die Gestaltabschattung (z. B. die eines Dreieckes) für etwas Räumliches und im Raume Mögliches zu halten, und wer das tut,[13] verwechselt sie mit der abgeschatteten, d. i. erscheinenden Gestalt. Wie nun weiter die verschiedenen reellen Momente der Wahrnehmung als cogitatio (gegenüber den Momenten des ihr transzendenten cogitatum) in systematischer Vollständigkeit zu scheiden und nach ihren zum Teil sehr schwierigen Sonderungen zu charakterisieren sind, das ist ein Thema für große Untersuchungen.

16. *Sein als Bewußtsein und Sein als Realität. Prinzipieller Unterschied der Anschauungsweisen*

Aus den durchgeführten Überlegungen ergab sich die Transzendenz des Dinges gegenüber seiner Wahrnehmung und in weiterer Folge gegenüber jedem auf dasselbe bezüglichen Bewußtsein überhaupt; nicht bloß in dem Sinne, daß das Ding faktisch als reelles Bestandstück des Bewußtseins nicht zu finden ist, vielmehr ist die ganze Sachlage eine eidetisch einsichtige: in schlechthin unbedingter Allgemeinheit, bzw. Notwendigkeit kann ein Ding in keiner möglichen Wahrnehmung, in keinem möglichen Bewußtsein überhaupt, als reell immanentes gegeben sein. Ein grundwesentlicher Unterschied tritt also hervor zwischen Sein als Erlebnis und Sein als Ding. Prinzipiell gehört es zum regionalen Wesen Erlebnis (speziell zur regionalen Besonderung cogitatio), daß es in immanenter Wahrnehmung wahrnehmbar ist, zum Wesen eines Raumdinglichen aber, daß es das nicht ist. Wenn es, wie eine tiefere Analyse lehrt, zum Wesen jeder dinggebenden Anschauung gehört, daß in eins mit dem Dinggegebenen andere dinganaloge Gegebenheiten bei entsprechender Blickwendung zu erfassen sind, in der Weise ev.

ablösbarer Schichten und Unterstufen in der Konstitution des dinglich Erscheinenden – als wie z. B. die »Sehdinge« in ihren verschiedenen Besonderungen – so gilt von ihnen genau dasselbe: sie sind prinzipielle Transzendenzen.

Ehe wir diesem Gegensatz von Immanenz und Transzendenz etwas weiter nachgehen, sei folgende Bemerkung eingefügt. Sehen wir von der Wahrnehmung ab, so finden wir vielerlei intentionale Erlebnisse, die ihrem Wesen nach die reelle Immanenz ihrer intentionalen Objekte ausschließen, was für Objekte immer es im übrigen sein mögen. Das gilt z. B. von jeder Vergegenwärtigung: von jeder Erinnerung, vom einfühlenden Erfassen fremden Bewußtseins usw. Wir dürfen diese Transzendenz natürlich nicht vermengen [77] mit derjenigen, die uns hier beschäftigt. Zum Dinge als solchem, zu jeder Realität in dem echten, von uns noch aufzuklärenden und zu fixierenden Sinn, gehört wesensmäßig und ganz »prinzipiell«[14] die Unfähigkeit, immanent wahrnehmbar und somit überhaupt im Erlebniszusammenhang vorfindlich zu sein. So heißt das Ding selbst und schlechthin transzendent. Darin bekundet sich eben die prinzipielle Unterschiedenheit der Seinsweisen, die kardinalste, die es überhaupt gibt, die zwischen Bewußtsein und Realität.

Zu diesem Gegensatz zwischen Immanenz und Transzendenz gehört, wie in unserer Darstellung ferner hervorgetreten ist, ein prinzipieller Unterschied der Gegebenheitsart. Immanente und transzendente Wahrnehmung unterscheiden sich nicht nur überhaupt darin, daß der intentionale Gegenstand, der im Charakter des leibhaftigen Selbst dastehende, einmal dem Wahrnehmen reell immanent ist, das andere Mal nicht: vielmehr durch eine Gegebenheitsweise, die in ihrer wesenhaften Unterschiedenheit in alle Vergegenwärtigungsmodifikationen der Wahrnehmung, in die parallelen Erinnerungsanschauungen und Phantasieanschauungen mutatis mutandis übergeht. Das Ding nehmen wir dadurch wahr, daß es sich »abschattet« nach allen gegebenenfalls »wirklich« und eigentlich in die Wahrnehmung »fallenden«

Bestimmtheiten. Ein Erlebnis schattet sich nicht ab. Es ist nicht ein zufälliger Eigensinn des Dinges oder eine Zufälligkeit »unserer menschlichen Konstitution«, daß »unsere« Wahrnehmung an die Dinge selbst nur herankommen kann durch bloße Abschattungen derselben. Vielmehr ist es evident und aus dem Wesen der Raumdinglichkeit zu entnehmen (sogar im weitesten, die »Sehdinge« umspannenden Sinne), daß so geartetes Sein prinzipiell in Wahrnehmungen nur durch Abschattung zu geben ist; ebenso aus dem Wesen der cogitationes, der Erlebnisse überhaupt, daß sie dergleichen ausschließen. Für Seiendes ihrer Region gibt mit anderen Worten so etwas wie »Erscheinen«, wie sich Darstellen durch Abschattung gar keinen Sinn. Wo kein räumliches Sein, da hat eben die Rede von einem Sehen von verschiedenen Standpunkten aus, in einer wechselnden Orientierung, nach verschiedenen, sich dabei darbietenden Seiten, nach verschiedenen Perspektiven, Erscheinungen, Abschattungen keinen Sinn. Andererseits ist es eine Wesensnotwendigkeit, als solche in apodiktischer Einsicht zu erfassen, daß räumliches Sein überhaupt für ein Ich (für jedes mögliche [78] Ich) nur in der bezeichneten Gegebenheitsart wahrnehmbar ist. Es kann nur »erscheinen« in einer gewissen »Orientierung«, mit welcher notwendig vorgezeichnet sind systematische Möglichkeiten für immer neue Orientierungen, deren jeder wiederum entspricht eine gewisse »Erscheinungsweise«, die wir etwa ausdrücken als Gegebenheit von der und der »Seite« usw. Verstehen wir die Rede von Erscheinungsweisen im Sinne von Erlebnisweisen (sie kann auch, wie aus der eben vollzogenen Beschreibung ersichtlich ist, einen korrelativen ontischen Sinn haben), so besagt das: Zum Wesen eigentümlich gebauter Erlebnisarten, näher, eigentümlich gebauter konkreter Wahrnehmungen gehört es, daß das in ihnen Intentionale bewußt ist als Raumding; zu ihrem Wesen gehört die ideale Möglichkeit, in bestimmt geordnete kontinuierliche Wahrnehmungsmannigfaltigkeiten überzugehen, die immer wieder fortsetzbar, also nie abgeschlossen sind. Im Wesensbau dieser Mannigfaltigkeiten liegt es dann, daß sie Einheit eines einstimmig gebenden Bewußtseins herstellen, und zwar von dem einen, immer vollkommener, von immer neuen Seiten, nach immer reicheren Bestimmungen erscheinenden Wahrnehmungsdinge. Andererseits ist Raumding nichts anderes als eine intentionale Einheit, die prinzipiell nur als Einheit solcher Erscheinungsweisen gegeben sein kann.

17. *Aufklärung eines prinzipiellen Irrtums*

Es ist also ein prinzipieller Irrtum zu meinen, es komme die Wahrnehmung (und in ihrer Weise jede andersartige Dinganschauung) an das Ding selbst nicht heran. Dieses sei an sich und in seinem Ansich-sein uns nicht gegeben. Es gehöre zu jedem Seienden die prinzipielle Möglichkeit, es, als was es ist, schlicht anzuschauen und speziell es wahrzunehmen in einer adäquaten, das leibhaftige Selbst ohne jede Vermittlung durch »Erscheinungen« gebenden Wahrnehmung. Gott, das Subjekt absolut vollkommener Erkenntnis und somit auch aller möglichen adäquaten Wahrnehmung, besitze natürlich die uns endlichen Wesen versagte vom Dinge an sich selbst.
Diese Ansicht ist aber widersinnig. In ihr liegt ja, daß zwischen Transzendentem und Immanentem kein Wesensunterschied bestehe, daß in der postulierten göttlichen Anschauung ein Raumding reelles Konstituens, also selbst ein Erlebnis wäre, mitgehörig zum göttlichen Bewußtseins- und Erlebnisstrom. Man läßt sich von dem Gedanken irreleiten, die Transzendenz des Dinges sei die eines Bildes oder Zeichens. Öfters wird die Bildertheorie eifrig be[79]kämpft und dafür eine Zeichentheorie substituiert. Aber die eine wie die andere ist nicht nur unrichtig, sondern widersinnig. Das Raumding, das wir sehen, ist bei all seiner Transzendenz Wahrgenommenes, in seiner Leib-

haftigkeit bewußtseinsmäßig Gegebenes. Es ist nicht statt seiner ein Bild oder ein Zeichen gegeben. Man unterschiebe nicht dem Wahrnehmen ein Zeichen- oder Bildbewußtsein.
Zwischen Wahrnehmung einerseits und bildlich-symbolischer oder signitiv-symbolischer Vorstellung andererseits ist ein unüberbrückbarer Wesensunterschied. Bei diesen Vorstellungsarten schauen wir etwas an im Bewußtsein, daß es ein anderes abbilde oder signitiv andeute; das eine im Anschauungsfeld habend, sind wir nicht darauf, sondern durch das Medium eines fundierten Auffassens auf das andere, das Abgebildete, Bezeichnete gerichtet. In der Wahrnehmung ist von dergleichen keine Rede, ebensowenig wie in der schlichten Erinnerung oder schlichten Phantasie.
In den unmittelbar anschauenden Akten schauen wir ein »Selbst« an; es bauen sich auf ihren Auffassungen nicht Auffassungen höherer Stufe, es ist also nichts bewußt, wofür das Angeschaute als »Zeichen« oder »Bild« fungieren könnte. Und eben darum heißt es unmittelbar angeschaut als »selbst«. In der Wahrnehmung ist dasselbe noch eigentümlich charakterisiert als »leibhaftiges« gegenüber dem modifizierten Charakter »vorschwebendes«, »vergegenwärtigtes« in der Erinnerung oder freien Phantasie.[15] Man gerät in Widersinn, wenn man diese wesentlich verschieden gebauten Vorstellungsweisen und demgemäß korrelativ die ihnen entsprechenden Gegebenheiten in der üblichen Weise durcheinanderwirft: also schlichte Vergegenwärtigung mit Symbolisierung (ob nun mit verbildlichender oder signifikativer) und erst recht schlichte Wahrnehmung mit allen beiden. Die Dingwahrnehmung vergegenwärtigt nicht ein Nichtgegenwärtiges, als wäre sie eine Erinnerung oder Phantasie; sie gegenwärtigt, sie erfaßt ein Selbst in seiner leibhaftigen Gegenwart. Das tut sie ihrem [80] eigenen Sinne gemäß, und ihr anderes zumuten, das heißt eben wider ihren Sinn verstoßen. Handelt es sich zudem, wie hier, um die Ding-

wahrnehmung, dann gehört es zu ihrem Wesen, abschattende Wahrnehmung zu sein; und korrelativ, gehört es zum Sinne ihres intentionalen Gegenstandes, des Dinges als in ihr gegebenen, prinzipiell nur durch so geartete, also durch abschattende Wahrnehmungen wahrnehmbar zu sein.

18. *Bloß phänomenales Sein des Transzendenten, absolutes Sein des Immanenten*

Zur Dingwahrnehmung gehört ferner, und auch das ist eine Wesensnotwendigkeit, eine gewisse Inadäquatheit. Ein Ding kann prinzipiell nur »einseitig« gegeben sein, und das sagt nicht nur unvollständig nur unvollkommen in einem beliebigen Sinne, sondern eben das, was die Darstellung durch Abschattung vorschreibt. Ein Ding ist notwendig in bloßen »Erscheinungsweisen« gegeben, notwendig ist dabei ein Kern von »wirklich Dargestelltem« auffassungsmäßig umgeben von einem Horizont uneigentlicher »Mitgegebenheit« und mehr oder minder vager Unbestimmtheit. Und der Sinn dieser Unbestimmtheit ist abermals vorgezeichnet durch den allgemeinen Sinn des Dingwahrgenommenen überhaupt und als solchen, bzw. durch das allgemeine Wesen dieses Wahrnehmungstypus, den wir Dingwahrnehmung nennen. Die Unbestimmtheit bedeutet ja notwendig Bestimmbarkeit eines fest vorgeschriebenen Stils. Sie deutet vor auf mögliche Wahrnehmungsmannigfaltigkeiten, die, kontinuierlich ineinander übergehend, sich zur Einheit einer Wahrnehmung zusammenschließen, in welcher das kontinuierlich dauernde Ding in immer neuen Abschattungsreihen immer wieder neue (oder rückkehrend die alten) »Seiten« zeigt. Dabei kommen allmählich die uneigentlich miterfaßten dinglichen Momente zu wirklicher Darstellung, also wirklicher Gegebenheit, die Unbestimmtheiten bestimmen sich näher, um sich dann selbst in klare Gegebenheiten zu verwandeln; in umgekehrter Richtung geht freilich das Klare wieder in Unklares, das Dargestellte in Nichtdargestelltes über usw. In dieser Weise in infinitum unvollkommen zu sein, gehört zum unaufhebbaren Wesen der Korrelation Ding und Dingwahrnehmung. Bestimmt sich der Sinn von Ding durch die Gegebenheiten der Dingwahrnehmung (und was könnte sonst den Sinn bestimmen?), dann fordert er solche Unvollkommenheit, verweist uns notwendig auf kontinuierlich einheitliche Zu[81]sammenhänge möglicher Wahrnehmungen, die von irgendeiner vollzogenen aus sich nach unendlich vielen Richtungen in systematisch fest geregelter Weise erstrecken, und zwar nach jeder ins Endlose, immerfort von einer Einheit des Sinnes durchherrscht. Prinzipiell bleibt immer ein Horizont bestimmbarer Unbestimmtheit, wir mögen in der Erfahrung noch so weit fortschreiten, noch so große Kontinuen aktueller Wahrnehmungen von demselben Dinge durchlaufen haben. Kein Gott kann daran etwas ändern, so wenig wie daran, daß $1 + 2 = 3$ ist, oder daran, daß irgendeine sonstige Wesenswahrheit besteht.

Allgemein ist schon zu sehen, daß transzendentes Sein überhaupt, welcher Gattung es sein mag, verstanden als Sein für ein Ich, nur zur Gegebenheit kommen kann in analoger Weise wie ein Ding, also nur durch Erscheinungen. Sonst wäre es eben ein Sein, das auch immanent werden könnte; was aber immanent wahrnehmbar ist, ist bloß immanent wahrnehmbar. Nur wenn man die oben bezeichneten und nun aufgeklärten Verwechslungen begeht, kann man es für möglich halten, daß ein und dasselbe einmal durch Erscheinung, in Form transzendenter Wahrnehmung, das andere Mal durch immanente Wahrnehmung gegeben sein könnte.

Doch führen wir zunächst den Kontrast speziell zwischen Ding und Erlebnis noch nach der anderen Seite durch. Das Erlebnis stellt sich, sagten wir, nicht dar. Darin liegt, die Erlebniswahrnehmung ist schlichtes Erschauen von etwas, das in der Wahrnehmung als »Absolutes« gegeben (bzw. zu geben) ist und nicht als Identisches von Erscheinungsweisen durch Abschattung. Alles, was wir von der Dinggegebenheit ausgeführt haben, verliert hier seinen Sinn, und das muß man sich im einzelnen zur völligen Klarheit bringen. Ein Gefühlserlebnis schattet sich nicht ab. Blicke ich darauf hin, so habe ich ein Absolutes, es hat keine Seiten, die sich bald so, bald so darstellen könnten. Denkend kann ich Wahres und Falsches darüber denken, aber das, was im schauenden Blick dasteht, ist absolut da mit seinen Qualitäten, seiner Intensität usw.[16] Ein Geigenton dagegen mit seiner objektiven Identität ist durch Abschattung gegeben, er hat seine wechselnden Erscheinungsweisen. Sie sind andere, je nachdem ich mich der Geige nähere oder von ihr entferne, je nachdem ich im Konzertsaal selbst bin oder durch die geschlossenen Türen hindurch höre usw. Keine Erscheinungsweise hat den Anspruch als die absolut gebende zu gelten, wiewohl eine gewisse im Rahmen meiner praktischen Interessen als normale einen gewissen Vorzug hat: im Konzertsaale, an der »richtigen« Stelle höre [82] ich den Ton »selbst«, wie er »wirklich« klingt. Ebenso sagen wir von jedem Dinglichen in visueller Beziehung, es habe ein normales Aussehen; wir sagen von der Farbe, Gestalt, vom ganzen Ding, das wir bei normalem Tageslicht sehen und in der normalen Orientierung zu uns, so sehe das Ding wirklich aus, die Farbe sei die wirkliche u. dgl. Aber das deutet nur auf eine Art sekundärer Objektivierung im Rahmen der gesamten Dingobjektivierung hin; wie man sich leicht überzeugen kann. Es ist ja klar, schnitten wir unter ausschließlicher Festhaltung der »normalen« Erscheinungsweise die übrigen Erscheinungsmannigfaltigkeiten und die wesentliche Beziehung zu ihnen durch, so bliebe vom Sinn der Dinggegebenheit nichts mehr übrig.

Wir halten also fest: Während es zum Wesen der Gegebenheit durch Erscheinungen gehört, daß keine die Sache als »Absolutes« gibt, statt in einseitiger Darstellung, gehört es zum

Wesen der immanenten Gegebenheit, eben ein Absolutes zu geben, das sich gar nicht in Seiten darstellen und abschatten kann. Es ist ja auch evident, daß die abschattenden Empfindungsinhalte selbst, die zum Erlebnis der Dingwahrnehmung reell gehören, zwar als Abschattungen für anderes fungieren, aber nicht selbst wieder durch Abschattung gegeben sind[17] und daß, während das Sein des Wahrnehmungsdinges als Schein durchstreichbar ist, sie selbst in ihrem absoluten Sein unfraglich sind.

Man achte noch auf folgenden Unterschied. Auch ein Erlebnis ist nicht, und niemals, vollständig wahrgenommen, in seiner vollen Einheit ist es adäquat nicht faßbar. Es ist seinem Wesen nach ein Fluß, dem wir, den reflektiven Blick darauf richtend, von dem Jetztpunkte aus nachschwimmen können, während die zurückliegenden Strecken für die Wahrnehmung verloren sind. Nur in Form der Retention haben wir ein Bewußtsein des unmittelbar Abgeschlossenen, bzw. in Form der rückblickenden Wiedererinnerung. Und schließlich ist mein ganzer Erlebnisstrom eine Einheit des Erlebnisses, von der prinzipiell eine vollständig »mitschwimmende« Wahrnehmungserfassung unmöglich ist. Aber d i e s e Unvollständigkeit, bzw. »Unvollkommenheit«, die zum Wesen der Erlebniswahrnehmung gehört, ist eine prinzipiell andere als diejenige, welche im Wesen der »transzendenten« Wahrnehmung liegt, der Wahrnehmung durch abschattende Darstellung, durch so etwas wie Erscheinung.

Alle Gegebenheitsweisen und Unterschiede zwischen solchen, die wir in der Wahrnehmungssphäre finden, gehen in die r e p r o d u k t i v e n M o d i f i k a t i o n e n, aber in modifizierter Weise ein. Dingliche Vergegenwärtigungen vergegenwärtigen durch Darstel[83]lungen, wobei die Abschattungen selbst, die Auffassungen und so die ganzen Phänomene d u r c h u n d d u r c h, r e p r o d u k t i v modifiziert sind. Auch von Erlebnissen haben wir Reproduktionen und Akte reproduktiver Anschauung, in der Weise der Vergegenwärtigung und der Reflexion in der Vergegenwärtigung. Natürlich finden wir hier nichts von reproduktiven Abschattungen.

Wir knüpfen nun noch folgende Kontrastierung an. Zum Wesen der Vergegenwärtigungen gehören graduelle Unterschiede relativer Klarheit, bzw. Dunkelheit. Offenbar hat auch dieser Vollkommenheitsunterschied mit dem auf Gegebenheit durch abschattende Erscheinungen bezüglichen nichts zu tun. Eine mehr oder minder klare Vorstellung schattet sich durch die graduelle Klarheit nicht ab, nämlich in dem für unsere Terminologie bestimmenden Sinne, dem gemäß eine räumliche Gestalt, jede sie bedeckende Qualität und so das ganze »erscheinende Ding als solches« sich mannigfaltig abschattet – ob die Vorstellung nun eine klare oder dunkle ist. Eine reproduktive Dingvorstellung hat ihre verschiedenen möglichen Klarheitsgrade, und zwar für eine jede Abschattungsweise. Man sieht, es handelt sich um Unterschiede, die in verschiedenen Dimensionen liegen. Es ist auch offenbar, daß die Unterschiede, die wir in der Wahrnehmungssphäre selbst unter den Titeln klares und unklares, deutliches und undeutliches Sehen machen, zwar eine gewisse Analogie zeigen mit den eben besprochenen Klarheitsunterschieden, sofern es sich beiderseits um graduelle Zunahme und Abnahme in der Gegebenheitsfülle des Vorstelligen handelt, daß aber auch diese Unterschiede verschiedenen Dimensionen angehören.

19. *Unwahrgenommenes Erlebnis, unwahrgenommene Realität*

Vertieft man sich in diese Sachlagen, so versteht man auch folgenden Wesensunterschied in der Weise, wie Erlebnisse und Dinge in Hinsicht auf ihre Wahrnehmbarkeit zueinander stehen.

Zur Seinsart des Erlebnisses gehört es, daß sich auf jedes wirkliche, als originäre Gegenwart lebendige Erlebnis ganz unmittelbar ein Blick erschauender Wahrnehmung richten kann. Das geschieht in Form der »Reflexion«, die das merkwürdige Eigene hat, daß das in ihr wahrnehmungsmäßig Erfaßte sich prinzipiell charakterisiert als etwas, das nicht nur ist und innerhalb des wahrnehmenden Blickes dauert, sondern schon war, ehe dieser Blick sich ihm zuwendete. »Alle Erlebnisse sind bewußt«, das sagt also speziell hinsichtlich der intentionalen Erlebnisse, sie sind nicht nur Bewußtsein [84] von etwas und als das nicht nur vorhanden, wenn sie selbst Objekte eines reflektierenden Bewußtseins sind, sondern sie sind schon unreflektiert als »Hintergrund« da und somit prinzipiell wahrnehmungsbereit in einem zunächst analogen Sinne, wie unbeachtete Dinge in unserem äußeren Blickfelde. Diese können nur bereit sein, sofern sie schon als unbeachtete in gewisser Weise bewußt sind, und das heißt bei ihnen, wenn sie erscheinen. Nicht alle Dinge erfüllen diese Bedingung: mein Blickfeld der Aufmerksamkeit, das alles Erscheinende umspannt, ist nicht unendlich. Andererseits muß auch das unreflektierte Erlebnis gewisse Bedingungen der Bereitschaft erfüllen, obzwar in ganz anderer und seinem Wesen gemäßer Weise. »Erscheinen« kann es ja nicht. Jedenfalls erfüllt es sie allzeit durch die bloße Weise seines Daseins, und zwar für dasjenige Ich, dem es zugehört, dessen reiner Ichblick ev. »in« ihm lebt. Nur weil Reflexion und Erlebnis diese hier bloß angedeuteten Wesenseigentümlichkeiten haben, können wir etwas von unreflektierten Erlebnissen wissen, also auch von den Reflexionen selbst. Daß die reproduktiven (und retentionalen) Modifikationen der Erlebnisse die parallele, nur entsprechend modifizierte Beschaffenheit haben, ist selbstverständlich.

Führen wir die Kontrastierung weiter durch. Wir sehen: Die Seinsart des Erlebnisses ist es, in der Weise der Reflexion prinzipiell wahrnehmbar zu sein. Prinzipiell Wahrnehmbares ist auch das Ding, und erfaßt wird es in der Wahrnehmung als Ding meiner Umwelt. Es gehört dieser Welt auch an, ohne wahrgenommen zu sein, es ist also auch dann für das Ich da. Aber im allgemeinen doch nicht so, daß ein Blick schlichter Beachtung sich darauf richten könnte. Das Hintergrundsfeld, verstanden als Feld schlichter Betrachtbarkeit, befaßt ja nur ein kleines Stück meiner Umwelt. Das »es ist da« besagt vielmehr, es führen von aktuellen Wahrnehmungen mit dem wirklich erscheinenden Hintergrundsfelde mögliche, und zwar kontinuierlich-einstimmig motivierte Wahrnehmungsreihen mit immer neuen Dingfeldern (als unbeachteten Hintergründen) weiter bis zu denjenigen Wahrnehmungszusammenhängen, in denen eben das betreffende Ding zur Erscheinung und Erfassung käme. Prinzipiell ändert sich daran nichts Wesentliches, wenn wir statt eines einzelnen Ich eine Ichmehrheit berücksichtigen. Nur durch die Beziehung möglicher Wechselverständigung ist meine Erfahrungswelt mit der anderer zu identifizieren und zugleich durch ihre Erfahrungsüberschüsse zu bereichern. Eine Transzendenz, die also der beschriebenen Anknüpfung durch ein[85]stimmige Motivationszusammenhänge mit meiner jeweiligen Sphäre aktueller Wahrnehmung entbehrte, wäre eine völlig grundlose Annahme; eine Transzendenz, die solcher prinzipiell entbehrte, ein Nonsens. Dieser Art ist also das Vorhandensein des aktuell nicht Wahrgenommenen der Dingwelt, sie ist eine wesentlich verschiedene gegenüber dem prinzipiell bewußten Sein der Erlebnisse.

20. *Zweifellosigkeit der immanenten, Zweifelhaftigkeit der transzendenten Wahrnehmung*

Aus all dem ergeben sich wichtige Folgen. Jede immanente Wahrnehmung verbürgt notwendig die Existenz ihres Gegenstandes. Richtet sich das reflektierende Erfassen auf mein Erlebnis, so habe ich ein absolutes Selbst erfaßt, dessen Dasein prinzipiell nicht negierbar ist, d. h. die Einsicht, daß es nicht sei, ist prinzipiell unmöglich; es wäre ein Widersinn, es für möglich zu halten, daß ein s o g e g e b e n e s Erlebnis in Wahrheit n i c h t sei. Der Erlebnisstrom, der mein, des Denkenden, Erlebnisstrom ist, mag in noch so weitem Umfang unbegriffen, nach den abgelaufenen und künftigen Stromgebieten ungekannt sein, sowie ich auf das strömende Leben in seiner wirklichen Gegenwart hinblicke und mich selbst dabei als das reine Subjekt dieses Lebens fasse (was das meint, soll uns später eigens beschäftigen), sage ich schlechthin und notwendig: I c h b i n , dieses Leben ist, Ich lebe: cogito.

Zu jedem Erlebnisstrom und Ich als solchem gehört die prinzipielle Möglichkeit, diese Evidenz zu gewinnen, jeder trägt die Bürgschaft seines absoluten Daseins als prinzipielle Möglichkeit in sich selbst. Aber ist es nicht denkbar, möchte man fragen, daß ein Ich in seinem Erlebnisstrome nur Phantasien hätte, daß dieser aus nichts anderem, denn aus fingierenden Anschauungen bestände? Ein solches Ich fände also nur Fiktionen von cogitationes vor, seine Reflexionen wären, bei der Natur dieses Erlebnismediums, ausschließlich Reflexionen in der Einbildung. – Aber das ist offenbarer Widersinn. Das Vorschwebende mag ein bloßes Fiktum sein, das Vorschweben selbst, das fingierende Bewußtsein ist nicht selbst fingiertes, und zu seinem Wesen gehört, wie zu jedem Erlebnis, die Möglichkeit wahrnehmender und das absolute Dasein erfassender Reflexion. Kein Widersinn liegt in der Möglichkeit, daß alles fremde Bewußtsein, das ich in einfühlender Erfahrung setze, nicht sei. Aber m e i n Einfühlen und m e i n Bewußtsein überhaupt ist originär und absolut gegeben, nicht nur nach Essenz, sondern nach Existenz. Nur für Ich und Erlebnisstrom in Beziehung auf sich selbst besteht diese aus-[86]gezeichnete Sachlage, nur hier gibt es eben so etwas wie immanente Wahrnehmung, und muß es das geben.

Demgegenüber gehört es, wie wir wissen, zum Wesen der Dingwelt, daß keine noch so vollkommene Wahrnehmung in ihrem Bereiche ein Absolutes gibt, und damit hängt wesentlich zusammen, daß jede noch so weitreichende Erfahrung die Möglichkeit offen läßt, daß das Gegebene, trotz des beständigen Bewußtseins von seiner leibhaftigen Selbstgegenwart, nicht existiert. Wesensgesetzlich gilt: Dingliche Existenz ist nie eine durch die Gegebenheit als notwendig geforderte, sondern in gewisser Art immer zufällige. Das meint: Immer kann es sein, daß der weitere Verlauf der Erfahrung das schon mit erfahrungsmäßigem Recht Gesetzte preiszugeben nötigt. Es war, heißt es nachher, bloße Illusion, Halluzination, bloßer zusammenhängender Traum u. dgl. Dazu kommt, daß es in diesem Gegebenheitskreise als beständig offene Möglichkeit so etwas gibt wie Auffassungsänderung, Umschlagen einer Erscheinung in eine mit ihr einstimmig nicht zu vereinende und damit einen Einfluß der späteren Erfahrungssetzungen auf frühere, wodurch die intentionalen Gegenstände dieser früheren hinterher sozusagen eine Umbildung erleiden – lauter Vorkommnisse, die in der Erlebnissphäre wesensmäßig ausgeschlossen sind. In der absoluten Sphäre hat Widerstreit, Schein, Anderssein keinen Raum. Es ist eine Sphäre absoluter Position.

So ist denn in jeder Weise klar, daß alles, was in der Dingwelt für mich da ist, prinzipiell nur präsumptive Wirklichkeit ist; daß hingegen Ich selbst, für den sie da ist (unter Ausschluß dessen, was »von mir« der Dingwelt zurechnet), bzw. daß meine Erlebnisaktualität absolute Wirklichkeit ist, durch eine unbedingte, schlechthin unaufhebliche Setzung gegeben.

Der Thesis der Welt, die eine »zufällige« ist, steht also gegenüber die Thesis meines reinen Ich und Ichlebens, die eine »notwendige«, schlechthin zweifellose ist. Alles leibhaft gegebene Dingliche kann auch nicht sein, kein leibhaft gegebenes Erlebnis kann auch nicht sein: das ist das Wesensgesetz, das diese Notwendigkeit und jene Zufälligkeit definiert.

Offenbar ist die Seinsnotwendigkeit des jeweiligen aktuellen Erlebnisses darum doch keine pure Wesensnotwendigkeit,

d. i. keine rein eidetische Besonderung eines Wesensgesetzes; es ist die Notwendigkeit eines Faktums, die so heißt, weil ein Wesensgesetz am Faktum, und zwar hier an seinem Dasein als solchem, beteiligt ist.

[87] Im Wesen eines reinen Ich überhaupt und eines Erlebnisses überhaupt gründet die ideale Möglichkeit einer Reflexion, die den Wesenscharakter einer evident unaufheblichen Daseinsthesis hat.[18]

Die soeben durchgeführte Überlegung macht es auch klar, daß keine aus der Erfahrungsbetrachtung der Welt geschöpften Beweise erdenklich sind, die uns mit absoluter Sicherheit der Weltexistenz vergewisserten. Die Welt ist nicht zweifelhaft in dem Sinne, als ob Vernunftmotive vorlägen, die gegen die ungeheure Kraft der einstimmigen Erfahrungen in Betracht kämen, aber in dem Sinne, daß ein Zweifel denkbar ist, und das ist er, weil die Möglichkeit des Nichtseins, als prinzipielle, niemals ausgeschlossen ist. Jede noch so große Erfahrungskraft kann allmählich aufgewogen und überwogen werden. Am absoluten Sein der Erlebnisse ist dadurch nichts geändert, ja sie bleiben immer zu all dem vorausgesetzt.

Unsere Betrachtung ist damit zu einem Höhepunkt gediehen. Wir haben die Erkenntnisse gewonnen, deren wir bedürfen. In den Wesenszusammenhängen, die sich uns erschlossen haben, liegen schon die wichtigsten Prämissen beschlossen für die Folgerungen, die wir auf die prinzipielle Ablösbarkeit der gesamten natürlichen Welt von der Domäne des Bewußtseins, der Seinssphäre der Erlebnisse, ziehen wollen; Folgerungen, in denen, wie wir uns überzeugen können, ein bloß nicht zu reiner Auswirkung gelangter Kern der (auf ganz andere Ziele gerichteten) Meditationen des Descartes endlich zu seinem Rechte kommt. Freilich wird es nachträglich noch einiger, übrigens leicht erbringlicher Ergänzungen bedürfen, um unsere letzten Ziele zu erreichen. Vorläufig ziehen wir unsere Konsequenzen in einem Rahmen beschränkter Geltung.

III. Die Region des reinen Bewußtseins

21. *Die natürliche Welt als Bewußtseinskorrelat*

In Anknüpfung an die Ergebnisse des letzten Kapitels stellen wir folgende Überlegung an. Der tatsächliche Gang unserer menschlichen Erfahrungen ist ein solcher, daß er unsere Vernunft zwingt, über die anschaulich gegebenen Dinge (die der Cartesianischen imaginatio) [88] hinauszugehen und ihnen eine »physikalische Wahrheit« unterzulegen. Er könnte aber auch ein anderer sein. Nicht nur so, wie wenn die menschliche Entwicklung nie über die vorwissenschaftliche Stufe hinausgeführt hätte und je hinausführen würde, derart, daß zwar die physikalische Welt ihre Wahrheit hätte, wir aber davon nichts wüßten. Auch nicht so, daß die physikalische Welt eine andere wäre, mit anderen Gesetzesordnungen, als welche faktisch gelten. Vielmehr ist es auch denkbar, daß unsere anschauliche Welt die letzte wäre, »hinter« der es eine physikalische überhaupt nicht gäbe, d. h. daß die Wahrnehmungsdinge mathematischer, physikalischer Bestimmbarkeit entbehrten, daß die Gegebenheiten der Erfahrung jederlei Physik nach Art der unseren ausschlössen. Die Erfahrungszusammenhänge wären dann eben entsprechend andere und typisch andere, als sie faktisch sind, sofern die Erfahrungsmotivationen fortfielen, welche für die physikalische Begriffs- und Urteilsbildung gründende sind. Aber im großen und ganzen könnten sich uns im Rahmen der gebenden Anschauungen, die wir unter dem Titel »schlichte Erfahrung« befassen (Wahrnehmung, Wiedererinnerung usw.), »Dinge« darbieten ähnlich wie jetzt, sich in Erscheinungsmannigfaltigkeiten kontinuierlich durchhaltend als intentionale Einheiten.

Wir können in dieser Richtung aber auch weitergehen; in der gedanklichen Destruktion der dinglichen Objektivität – als Korrelats des Erfahrungsbewußtseins – hemmen uns keine

Schranken. Es ist hier immer zu beachten: Was die Dinge sind, die Dinge, von denen wir allein Aussagen machen, über deren Sein oder Nichtsein, Sosein oder Anderssein wir allein streiten und uns vernünftig entscheiden können, das sind sie als Dinge der Erfahrung. Sie allein ist es, die ihnen ihren Sinn vorschreibt und zwar, da es sich um faktische Dinge handelt, die aktuelle Erfahrung in ihren bestimmt geordneten Erfahrungszusammenhängen. Können wir aber die Erlebnisarten der Erfahrung und insbesondere das Grunderlebnis der Dingwahrnehmung einer eidetischen Betrachtung unterziehen, ihnen Wesensnotwendigkeiten und Wesensmöglichkeiten absehen (wie wir es offenbar können), demnach auch die wesensmöglichen Abwandlungen motivierter Erfahrungszusammenhänge eidetisch verfolgen: dann ergibt sich das Korrelat unserer faktischen Erfahrung, genannt »die wirkliche Welt«, als Spezialfall mannigfaltiger möglicher Welten und Unwelten, die ihrerseits nichts anderes sind als Korrelate wesensmöglicher Abwandlungen der Idee »erfahrendes Bewußtsein« mit mehr oder minder geordneten Erfahrungszusammenhängen. [89] Man darf sich also durch die Rede von der Transzendenz des Dinges gegenüber dem Bewußtsein oder von seinem »An-sich-sein« nicht täuschen lassen. Der echte Begriff der Transzendenz des Dinglichen, der das Maß aller vernünftigen Aussagen über Transzendenz ist, ist doch selbst nirgendwoher zu schöpfen, es sei denn aus dem eigenen Wesensgehalte der Wahrnehmung, bzw. der bestimmt gearteten Zusammenhänge, die wir ausweisende Erfahrung nennen. Die Idee dieser Transzendenz ist also das eidetische Korrelat der reinen Idee dieser ausweisenden Erfahrung.

Das gilt für jede erdenkliche Art von Transzendenz, die als Wirklichkeit oder Möglichkeit soll behandelt werden können. Niemals ist ein an sich seiender Gegenstand ein solcher, den Bewußtsein und Bewußtseins-Ich nichts anginge. Das Ding ist

Ding der Umwelt, auch das nicht gesehene, auch das real mögliche, nicht erfahrene, sondern erfahrbare, bzw. vielleicht erfahrbare. Die Erfahrbarkeit besagt nie eine leere logische Möglichkeit, sondern eine im Erfahrungszusammenhange motivierte. Dieser selbst ist durch und durch ein Zusammenhang der »Motivation«[19], immer neue Motivationen aufnehmend und schon gebildete umbildend. Die Motivationen sind ihrem Auffassungs- bzw. Bestimmungsgehalte nach verschiedene, reicher oder minder reich, inhaltlich mehr oder minder begrenzte oder vage, je nachdem es sich um schon »bekannte« Dinge oder »völlig unbekannte«, noch »unentdeckte« handelt, bzw. bei dem gesehenen Ding um das von ihm Bekannte oder noch Unbekannte. Ausschließlich auf die Wesensgestaltungen solcher Zusammenhänge, die nach allen Möglichkeiten einer rein eidetischen Erforschung unterliegen, kommt es an. Im Wesen liegt es, daß, was auch immer realiter ist, aber noch nicht aktuell erfahren ist, zur Gegebenheit kommen kann, und daß das dann besagt, es gehöre zum unbestimmten, aber bestimmbaren Horizont meiner jeweiligen Erfahrungsaktualität. Dieser Horizont aber ist das Korrelat der an den Dingerfahrungen selbst [90] wesensmäßig hängenden Unbestimmtheitskomponenten, und diese lassen – immer wesensmäßig – Erfüllungsmöglichkeiten offen, die keineswegs beliebige, sondern nach ihrem Wesenstypus vorgezeichnete, motivierte sind. Alle aktuelle Erfahrung weist über sich hinaus auf mögliche Erfahrungen, die selbst wieder auf neue mögliche weisen, und so in infinitum. Und all das vollzieht sich nach wesensmäßig bestimmten, an apriorische Typen gebundenen Arten und Regelformen.

Jeder hypothetische Ansatz des praktischen Lebens und der Erfahrungswissenschaft bezieht sich auf diesen wandelbaren, aber immer mitgesetzten Horizont, durch den die Thesis der Welt ihren wesentlichen Sinn erhält.

22. *Logische Möglichkeit und sachlicher Widersinn einer Welt außerhalb unserer Welt*

»Logisch« möglich ist freilich die hypothetische Annahme eines Realen außerhalb dieser Welt, ein formaler Widerspruch liegt darin offenbar nicht. Fragen wir aber nach den Wesensbedingungen ihrer Geltung, nach der durch ihren Sinn geforderten Art der Ausweisung, fragen wir nach der Art der Ausweisung überhaupt, die prinzipiell durch die Thesis eines Transzendenten – wie immer wir sein Wesen rechtmäßig verallgemeinern mögen – bestimmt ist, so erkennen wir, daß es notwendig erfahrbar sein müsse und nicht bloß für ein durch eine leere logische Möglichkeit erdachtes, sondern für irgendein aktuelles Ich, als ausweisbare Einheit seiner Erfahrungszusammenhänge. Man kann aber einsehen (wir sind hier freilich noch nicht weit genug, um es bis ins einzelne begründen zu können, wofür erst die später folgenden Analysen alle Prämissen liefern werden), daß, was für ein Ich erkennbar ist, prinzipiell für jedes erkennbar sein muß. Wenn auch faktisch nicht jedes mit jedem im Verhältnis der »Einfühlung«, des Einverständnisses steht und stehen kann, wie z. B. wir nicht mit den in fernsten Sternenwelten vielleicht lebenden Geistern, so bestehen doch, prinzipiell betrachtet, Wesensmöglichkeiten der Herstellung eines Einverständnisses, also auch Möglichkeiten dafür, daß die faktisch gesonderten Erfahrungswelten sich durch Zusammenhänge aktueller Erfahrung zusammenschlössen zu einer einzigen intersubjektiven Welt, dem Korrelat der einheitlichen Geisterwelt (der universellen Erweiterung der Menschengemeinschaft). Erwägt man das, so erweist sich die formal-logische Möglichkeit von Realitäten außerhalb der Welt, der einen räumlich-zeitlichen Welt, die durch unsere aktuelle [91] Erfahrung fixiert ist, sachlich als Widersinn. Gibt es überhaupt Welten, reale Dinge, so müssen die sie konstituierenden Erfahrungsmotivationen in meine und in eines jeden Ich Erfahrung hineinreichen können in der oben allgemein charakterisierten Weise. Dinge und Dingwelten, die sich in keiner menschlichen Erfahrung bestimmt ausweisen lassen, gibt es selbstverständlich, aber das hat bloß faktische Gründe in den faktischen Grenzen dieser Erfahrung.

23. *Das absolute Bewußtsein als Residuum der Weltvernichtung*

Andererseits ist mit alledem nicht gesagt, daß es überhaupt eine Welt, irgendein Ding geben muß. Existenz einer Welt ist das Korrelat gewisser, durch gewisse Wesensgestaltungen ausgezeichneter Erfahrungsmannigfaltigkeiten. Es ist aber nicht einzusehen, daß aktuelle Erfahrungen nur in solchen Zusammenhangsformen verlaufen können; rein aus dem Wesen von Wahrnehmung überhaupt und der anderen mitbeteiligten Arten erfahrender Anschauungen ist dergleichen nicht zu entnehmen. Vielmehr ist es sehr wohl denkbar, daß nicht nur im einzelnen sich Erfahrung durch Widerstreit in Schein auflöst, und daß nicht, wie de facto, jeder Schein eine tiefere Wahrheit bekundet und jeder Widerstreit an seiner Stelle gerade das durch weiterumfassende Zusammenhänge für die Erhaltung der gesamten Einstimmigkeit Geforderte ist; es ist denkbar, daß es im Erfahren von unausgleichbaren und nicht nur für uns, sondern an sich unausgleichbaren Widerstreiten wimmelt, daß die Erfahrung mit einem Male sich gegen die Zumutung, ihre Dingsetzungen einstimmig durchzuhalten, widerspenstig zeigt, daß ihr Zusammenhang die festen Regelordnungen der Abschattungen, Auffassungen, Erscheinungen einbüßt – daß es keine Welt mehr gibt. Es mag dabei sein, daß doch in einigem Umfange rohe Einheitsbildungen zur Konstitution kämen, vorübergehende Haltepunkte für die Anschauungen, die bloße Analoga von Dinganschauungen wären, weil gänzlich unfähig, konservative »Realitäten«, Dauereinheiten, die »an sich existieren, ob sie wahrgenommen sind oder nicht«, zu konstituieren.

Nehmen wir nun die Ergebnisse hinzu, die wir am Schlusse des letzten Kapitels gewonnen haben, denken wir also an die im Wesen jeder dinglichen Transzendenz liegende Möglichkeit des Nichtseins: dann leuchtet es ein, *daß das Sein des Bewußtseins*, jedes Erlebnisstromes überhaupt, *durch eine Vernichtung der Dingwelt zwar notwendig modifiziert, aber in seiner eigenen Existenz nicht berührt würde*. Also modifiziert [92] allerdings. Denn Vernichtung der Welt besagt korrelativ nichts anderes, als daß in jedem Erlebnisstrom (dem voll, also beiderseitig endlos genommenen Gesamtstrom der Erlebnisse eines Ich) gewisse geordnete Erfahrungszusammenhänge und demgemäß auch nach ihnen sich orientierende Zusammenhänge theoretisierender Vernunft ausgeschlossen wären. Darin liegt aber nicht, daß andere Erlebnisse und Erlebniszusammenhänge ausgeschlossen wären. *Also kein reales Sein*, kein solches, das sich bewußtseinsmäßig durch Erscheinungen darstellt und ausweist, *ist für das Sein des Bewußtseins selbst* (im weitesten Sinne des Erlebnisstromes) *notwendig*.

Das immanente Sein ist also zweifellos in dem Sinne absolutes Sein, daß es prinzipiell nulla »re« indiget ad existendum.

Andererseits ist die Welt der transzendenten »res« durchaus auf Bewußtsein, und zwar nicht auf logisch erdachtes, sondern aktuelles angewiesen.

Das ist schon aus den obigen Ausführungen (im vorhergehenden Paragraphen) dem Allgemeinsten nach klar geworden. *Gegeben* (aber prinzipiell nur vorbehaltlich gegeben)[20] ist ein Transzendentes durch gewisse Erfahrungszusammenhänge. Direkt und in steigender Vollkommenheit gegeben in einstimmig sich erweisenden Wahrnehmungskontinuen, in gewissen methodischen Formen auf Erfahrung gegründeten

Denkens, kommt es mehr und minder mittelbar zu einsichtiger und immer weiter fortschreitender theoretischer Bestimmung. Nehmen wir an, Bewußtsein sei mit seinem Erlebnisgehalt und Verlauf wirklich in sich so geartet, daß das Bewußtseinssubjekt im freien theoretischen Verhalten des Erfahrens und Erfahrungsdenkens all solche Zusammenhänge vollziehen könnte (wobei wir den Sukkurs der Wechselverständigung mit anderen Ichen und Erlebnisströmen mit in Rechnung zu ziehen hätten); nehmen wir ferner an, daß die zugehörigen Bewußtseinsregelungen wirklich beständen, daß auf seiten der Bewußtseinsverläufe überhaupt nichts fehlte, was zur Erscheinung einer einheitlichen Welt und zur vernünftigen theoretischen Erkenntnis derselben irgend erforderlich wäre. Wir fragen nun, ist es, das alles vorausgesetzt, noch denkbar und nicht vielmehr widersinnig, daß die entsprechende transzendente Welt nicht sei?

Wir sehen also, daß Bewußtsein (Erlebnis) und reales Sein nichts weniger als gleichgeordnete Seinsarten sind, die friedlich nebeneinander wohnen, sich gelegentlich aufeinander »beziehen« oder miteinander »verknüpfen«. Im wahren Sinne sich verknüpfen, ein Ganzes bilden, kann nur, was wesensmäßig verwandt ist, was eins [93] wie das andere ein eigenes Wesen im gleichen Sinne hat. Immanentes oder absolutes Sein und transzendentes Sein heißt zwar beides »seiend«, »Gegenstand«, und hat zwar beides seinen gegenständlichen Bestimmungsgehalt: evident ist aber, daß, was da beiderseits Gegenstand und gegenständliche Bestimmung heißt, nur nach den leeren logischen Kategorien gleich benannt ist. Zwischen Bewußtsein und Realität gähnt ein wahrer Abgrund des Sinnes. Hier ein sich abschattendes, nie absolut zu gebendes bloß zufälliges und relatives Sein; dort ein notwendiges und absolutes Sein, prinzipiell nicht durch Abschattung und Erscheinung (in präsumptiver Weise, die immerfort das Nichtsein des selbst Wahrgenommenen offen läßt)[21] zu geben.

Also wird es klar, daß trotz aller in ihrem Sinne sicherlich

wohlbegründeten Rede von einem realen Sein des menschlichen Ich und seiner Bewußtseinserlebnisse in der Welt und von allem, was irgend dazu gehört in Hinsicht auf »psychophysische« Zusammenhänge – daß trotz alledem Bewußtsein, in »Reinheit« betrachtet, als ein für sich geschlossener Seinszusammenhang zu gelten hat, als ein Zusammenhang absoluten Seins, in den nichts hineindringen und aus dem nichts entschlüpfen kann; der kein räumlich-zeitliches Draußen hat und in keinem räumlich-zeitlichen Zusammenhange darinnen sein kann, der von keinem Dinge Kausalität erfahren und auf kein Ding Kausalität üben kann – vorausgesetzt, daß Kausalität den normalen Sinn natürlicher Kausalität hat, als einer Abhängigkeitsbeziehung zwischen Realitäten.
Andererseits ist die ganze räumlich-zeitliche Welt, der sich Mensch und menschliches Ich als untergeordnete Einzelrealitäten zurechnen, ihrem Sinne nach bloßes intentionales Sein, also ein solches, das den bloßen sekundären, relativen Sinn eines Seins für ein Bewußtsein hat. Es ist ein Sein, das das Bewußtsein in seinen Erfahrungen setzt, das prinzipiell nur als Identisches von motivierten Erscheinungsmannigfaltigkeiten anschaubar und bestimmbar – darüber hinaus aber ein Nichts ist (oder genauer, für das ein Darüberhinaus ein widersinniger Gedanke ist)[22].

24. *Die phänomenologische Einstellung und das reine Bewußtsein als das Feld der Phänomenologie*

So kehrt sich der gemeine Sinn der Seinsrede um. Das Sein, das für uns das Erste ist, ist an sich das Zweite, d. h. es ist, was es ist, nur in »Beziehung« zum Ersten. Nicht als ob eine blinde Gesetzesordnung es gemacht hätte, daß die ordo et connexio rerum sich nach der ordo et connexio idearum richten müsse. Realität, sowohl Realität des einzeln genommenen Dinges als auch Realität der ganzen Welt, entbehrt wesensmäßig (in unserem strengen Sinne) der [94] Selbständigkeit. Es ist nicht in sich etwas Absolutes und bindet sich sekundär an anderes, sondern es ist in absolutem Sinne gar nichts, es hat gar kein »absolutes Wesen«, es hat die Wesenheit von etwas, das prinzipiell nur Intentionales, nur Bewußtes, bewußtseinsmäßig Vorstelliges, Erscheinendes ist.

Nun lenken wir unsere Gedanken wieder zum ersten Kapitel zurück, zu unseren Betrachtungen über die phänomenologische Reduktion. Jetzt leuchtet es ein, daß in der Tat gegenüber der natürlichen theoretischen Einstellung, deren Korrelat die Welt ist, eine neue Einstellung möglich sein muß, welche trotz der Ausschaltung dieser psychophysischen Allnatur etwas übrig behält – das ganze Feld des absoluten Bewußtseins. Anstatt also in der Erfahrung naiv zu leben und das Erfahrene, die transzendente Natur, theoretisch zu erforschen, vollziehen wir die »phänomenologische Reduktion«. Mit anderen Worten: Anstatt die zum naturkonstituierenden Bewußtsein gehörigen Akte mit ihren transzendenten Thesen in naiver Weise zu vollziehen und uns durch die in ihnen liegenden Motivationen zu immer neuen transzendenten Thesen bestimmen zu lassen – setzen wir all diese Thesen »außer Aktion«, wir machen sie nicht mit; unseren erfassenden und theoretisch forschenden Blick richten wir auf das reine Bewußtsein in seinem absoluten Eigensein. Also das ist es, was als das gesuchte »phänomenologische Residuum« übrig bleibt, übrig, trotzdem wir die ganze Welt mit allen Dingen, Lebewesen, Menschen, uns selbst inbegriffen, »ausgeschaltet« (oder besser: »eingeklammert«)[23] haben. Wir haben eigentlich nichts verloren, aber das gesamte absolute Sein gewonnen, das, recht verstanden, alle weltlichen Transzendenzen in sich birgt, sie in sich »konstituiert«.

Machen wir uns das im einzelnen klar. In der natürlichen Einstellung vollziehen wir schlechthin all die Akte, durch welche die Welt für uns da ist. Wir leben naiv im Wahrnehmen und Erfahren, in diesen thetischen Akten, in denen uns Dingeinheiten erscheinen, und nicht nur erscheinen, sondern im Charakter des »vorhanden«, des »wirklich« gegeben sind. Naturwissenschaft treibend, vollziehen wir erfahrungslogisch geordnete Denkakte, in denen diese, wie gegebenen, so hingenommenen Wirklichkeiten denkmäßig bestimmt werden, in denen auch auf Grund solcher direkt erfahrenen und bestimmten Transzendenzen auf neue geschlossen wird. In der phänomenologischen Einstellung unterbinden wir in prinzipieller Allgemeinheit den Vollzug aller solcher kogitativen Thesen, d. h. die vollzogenen »klammern wir ein«, für die neuen Forschungen »machen wir diese Thesen nicht mit«; statt in ihnen zu leben, sie [95] zu vollziehen, vollziehen wir auf sie gerichtete Akte der Reflexion, und wir erfassen sie selbst als das absolute Sein, das sie sind. Wir leben jetzt durchaus in solchen Akten zweiter Stufe, deren Gegebenes das unendliche Feld absoluter Erlebnisse ist – das Grundfeld der Phänomenologie.

25. *Die Bedeutung der transzendentalen Vorbetrachtungen*

Reflexion kann freilich jeder vollziehen und im Bewußtsein in seinen erfassenden Blick bringen; aber damit ist noch nicht phänomenologische Reflexion vollzogen und das erfaßte Bewußtsein nicht reines Bewußtsein. Radikale Betrachtungen, derart wie wir sie durchgeführt haben, sind also notwendig, um zur Erkenntnis durchzudringen, daß es so etwas wie das Feld reinen Bewußtseins überhaupt gibt, ja geben kann, das nicht Bestandstück der Natur ist; und es so wenig ist, daß Natur nur als eine in ihm durch immanente Zusammenhänge motivierte intentionale Einheit möglich ist. Sie sind notwendig, um weiter zu erkennen, daß solch eine Einheit in einer ganz anderen Einstellung gegeben und theoretisch zu erforschen ist, als es diejenige ist, in welcher das diese Einheit »konstituierende« Bewußtsein und so alles und jedes absolute Bewußtsein überhaupt zu erforschen ist. Sie sind notwendig, damit endlich angesichts des philosophischen Elends, in dem wir uns unter dem schönen Namen naturwissenschaftlich fundierter Weltanschauung vergeblich abmühen, klar werde, daß transzendentale Bewußtseinsforschung nicht Naturforschung bedeuten oder diese als Prämisse voraussetzen kann, weil in ihrer transzendentalen Einstellung Natur prinzipiell eingeklammert ist. Sie sind notwendig, um zu erkennen, daß unser Absehen von der ganzen Welt in Form phänomenologischer Reduktion etwas total anderes ist, als eine bloße Abstraktion von Komponenten umfassender Zusammenhänge, sei es notwendiger oder faktischer. Wenn Bewußtseinserlebnisse in der Art nicht denkbar wären ohne Verflechtung mit Natur, wie Farben nicht denkbar sind ohne Ausbreitung, dann könnten wir Bewußtsein nicht als eine absolut eigene Region für sich ansehen in dem Sinne, wie wir es tun müssen. Man muß aber einsehen, daß durch solche »Abstraktion« aus Natur nur Natürliches gewonnen wird, nie aber das transzendental reine Bewußtsein. Und wieder besagt die phänomenologische Reduktion nicht eine bloße Urteilseinschränkung auf ein zusammenhängendes Stück des gesamten wirklichen Seins. In allen besonderen Wirklichkeitswissenschaften schränkt sich das theoretische Interesse auf beson[96]dere Gebiete der Allwirklichkeit ein, die übrigen bleiben außer Betracht, soweit nicht reale Beziehungen, die hinüber und herüber laufen, zu vermittelnden Forschungen zwingen. In diesem Sinne »abstrahiert« die Mechanik von optischen Vorkommnissen, die Physik überhaupt und im weitesten Sinne vom Psychologischen. Darum ist doch, wie jeder Naturforscher weiß, kein Wirklichkeitsgebiet isoliert, die ganze Welt ist schließlich eine einzige »Natur«, und alle Naturwissenschaften Gliederungen Einer Naturwissenschaft. Grundwesentlich anders verhält es sich mit der Domäne der Erlebnisse als absoluter Wesenheiten. Sie ist in sich fest abgeschlossen und doch ohne Grenzen, die sie von anderen Regionen scheiden könnten. Denn, was sie begrenzen würde, müßte mit ihr noch Wesensgemeinschaft teilen. Sie ist aber das All des absoluten Seins in dem bestimmten Sinne, den unsere Analysen hervortreten ließen. Sie ist ihrem Wesen nach von allem weltlichen, naturhaften Sein independent, und sie bedarf desselben auch nicht für ihre Existenz. Existenz einer Natur kann Existenz von Bewußtsein nicht bedingen, da sie sich ja selbst als Bewußtseinskorrelat herausstellt; sie ist nur, als sich in geregelten Bewußtseinszusammenhängen konstituierend.

26. *Schluß. Alle Realität seiend durch »Sinngebung«. Kein »subjektiver Idealismus«*

[106] In gewisser Art und mit einiger Vorsicht im Wortgebrauche kann man auch sagen: Alle realen Einheiten sind »Einheiten des Sinnes«. Sinneseinheiten setzen (ich betone wiederholt: nicht weil wir aus irgendwelchen metaphysischen Postulaten deduzieren, sondern weil wir es in intuitivem, völlig zweifellosem Verfahren aufweisen können) sinngebendes Bewußtsein voraus, das seinerseits absolut und nicht selbst wieder durch Sinngebung ist. Zieht man den Begriff der Realität aus den natürlichen Realitäten, den Einheiten möglicher Erfahrung, dann ist »Weltall«, »Allnatur« freilich soviel wie All der Realitäten; es aber mit dem All des Seins zu identifizieren, und es damit selbst zu verabsolutieren, ist Widersinn. Eine absolute Realität gilt genau so viel wie ein rundes Viereck. Realität und Welt sind hier eben Titel für gewisse gültige Sinneseinheiten, nämlich Einheiten des »Sinnes«, bezogen auf gewisse ihrem Wesen nach gerade so und nicht anders sinngebende und Sinnesgültigkeit ausweisende Zusammenhänge des absoluten, reinen Bewußtseins.

Wer angesichts unserer Erörterungen einwendet, das hieße alle Welt in subjektiven Schein verwandeln und sich einem

»Berkeleyschen Idealismus« in die Arme werfen, dem können wir nur er[107]widern, daß er den Sinn dieser Erörterungen nicht erfaßt hat. Dem vollgültigen Sein der Welt, als dem All der Realitäten, ist so wenig etwas abgezogen, als dem vollgültigen geometrischen Sein des Vierecks dadurch, daß man (was in diesem Falle freilich eine plane Selbstverständlichkeit ist) leugnet, daß es rund ist. Nicht ist die reale Wirklichkeit »umgedeutet« oder gar geleugnet, sondern eine widersinnige Deutung derselben, die also ihrem eigenen, einsichtig geklärten Sinne widerspricht, ist beseitigt. Sie stammt aus einer philosophischen Verabsolutierung der Welt, die der natürlichen Weltbetrachtung durchaus fremd ist. Diese ist eben natürlich, sie lebt naiv im Vollzug der von uns beschriebenen Generalthesis, sie kann also nie widersinnig werden. Der Widersinn erwächst erst, wenn man philosophiert und, über den Sinn der Welt letzte Auskunft suchend, gar nicht merkt, daß die Welt selbst ihr ganzes Sein als einen gewissen »Sinn« hat, der absolutes Bewußtsein, als Feld der Sinngebung, voraussetzt;[24] und wenn man in eins damit nicht merkt, daß dieses Feld, diese Seinssphäre absoluter Ursprünge, ein der schauenden Forschung zugängliches ist, mit einer unendlichen Fülle von einsichtigen Erkenntnissen höchster wissenschaftlicher Dignität. Das letztere allerdings haben wir noch nicht gezeigt, das wird erst im Fortgange dieser Untersuchungen zur Klarheit kommen.

Es sei schließlich noch bemerkt, daß die Allgemeinheit, mit der in den eben durchgeführten Erwägungen über die Konstitution der natürlichen Welt im absoluten Bewußtsein gesprochen wurde, nicht Anstoß erregen darf. Daß wir nicht von oben her philosophische Einfälle gewagt, sondern auf Grund systematischer Fundamentalarbeit in diesem Felde vorsichtig gewonnene Erkenntnisse in allgemein gehaltene Beschreibungen konzentriert haben, wird der wissenschaftlich erfahrene Leser aus der begrifflichen Bestimmtheit der Darstellungen entnehmen können. Bedürfnisse nach näheren Ausführungen und nach Ausfüllung offen gelassener Lücken mögen empfindlich sein, und sie sollen es sein. Die weiteren Darstellungen werden erhebliche Beiträge zur konkreteren Ausgestaltung der bisherigen Umrisse liefern. Zu beachten ist aber, daß unser Ziel hier nicht darin lag, eine ausführende Theorie solcher transzendentaler Konstitution zu geben und damit eine neue »Erkenntnistheorie« hin[108]sichtlich der Realitätssphären zu entwerfen, sondern nur allgemeine Gedanken zur Einsicht zu bringen, die für die Gewinnung der Idee des transzendental reinen Bewußtseins hilfreich sein können. Das Wesentliche ist für uns die Evidenz, daß die phänomenologische Reduktion als Ausschaltung der natürlichen Einstellung, bzw. ihrer generalen Thesis, möglich ist, und daß nach ihrem Vollzuge das absolute oder transzendental reine Bewußtsein als Residuum verbleibt, dem noch Realität zuzumuten, Widersinn ist.

Encyclopaedia Britannica-Artikel[1]

[277] »Phänomenologie« bezeichnet eine an der Jahrhundertwende in der Philosophie zum Durchbruch gekommene neuartige deskriptive Methode und eine aus ihr hervorgegangene apriorische Wissenschaft, welche dazu bestimmt ist, das prinzipielle Organon für eine streng wissenschaftliche Philosophie zu liefern und in konsequenter Auswirkung eine methodische Reform aller Wissenschaften zu ermöglichen. Zugleich mit dieser philosophischen Phänomenologie, aber zunächst von ihr nicht geschieden, erwuchs eine neue, methodisch und inhaltlich ihr parallele psychologische Disziplin, die apriorische reine oder »phänomenolo[278]gische Psychologie«, die den reformatorischen Anspruch erhebt, das prinzipielle methodische Fundament zu sein, auf dem allein eine wissenschaftlich strenge empirische Psychologie zu begründen ist. Die Umschreibung dieser dem natürlichen Denken näher stehenden psychologischen Phänomenologie ist als propädeutische Vorstufe wohl geeignet, um zum Verständnis der philosophischen Phänomenologie emporzuleiten.

I. Die reine Psychologie, ihr Erfahrungsfeld, ihre Methode, ihre Funktion

1. *Reine Naturwissenschaft und reine Psychologie*

Die neuzeitliche Psychologie ist die Wissenschaft vom »Psychischen« im konkreten Zusammenhang der raumzeitlichen Realitäten, also von in der Natur sozusagen ichartig Vorkommendem mit all dem, was untrennbar dazugehört als psychisches Erleben (wie Erfahren, Denken, Fühlen, Wollen), als Vermögen und Habitus. Die Erfahrung bietet das Psychische als bloße Seinsschicht an Menschen und Tieren. Die Psychologie ist danach ein Zweig der konkreten Anthropologie bzw. Zoologie. Animalische Realitäten sind zunächst einer Grundschichte nach physische Realitäten. Als das gehören sie in den geschlossenen Zusammenhang der physischen Natur, der Natur im ersten und prägnantesten Sinn, welche das universale Thema einer reinen Naturwissenschaft ist, d. i. einer in konsequenter Einseitigkeit von allen außerphysischen Bestimmungen der Realitäten absehenden objektiven Wissenschaft von der Natur. In diese ordnet sich die wissenschaftliche Erforschung der animalischen Körper ein. Soll nun demgegenüber die animalische Welt hinsichtlich ihres Psychischen zum Thema werden, so ist zunächst zu fragen, wiefern in Parallele mit der reinen Naturwissenschaft eine reine Psychologie möglich ist. In einem gewissen Ausmaß ist eine rein psychologische Forschung selbstverständlich zu betätigen. Ihr verdanken wir die Grundbegriffe vom Psychischen nach seinen eigenwesentlichen Bestimmungen, Begriffe, die in die übrigen, die psychophysischen Grundbegriffe der Psychologie [279] mit eingehen müssen. Keineswegs klar ist aber von vornherein, inwiefern die Idee einer reinen Psychologie als einer in sich scharf geschiedenen psychologischen Disziplin und als einer wirklichen Parallele zur rein physischen Naturwissenschaft einen rechtmäßigen und dann notwendig zu verwirklichenden Sinn hat.

2. *Das rein Psychische der Selbsterfahrung und Gemeinschaftserfahrung. Die universale Deskription intentionaler Erlebnisse*

Für eine Begründung und Entfaltung dieser Leitidee bedarf es als ein Erstes der Klärung des Eigentümlichen der Erfahrung und insbesondere der reinen Erfahrung von Psychischem und dieses rein Psychischen selbst, das sie offenbart und das zum Thema der reinen Psychologie werden soll. Wir bevorzugen naturgemäß die unmittelbarste Erfahrung, die uns je unser eigenes Psychisches enthüllt.

Die Einstellung des erfahrenden Blickes auf unser Psychisches vollzieht sich notwendig als eine Reflexion, als Umwendung des vordem anders gerichteten Blickes. Jede Erfahrung läßt solche Reflexion zu, aber auch jede sonstige Weise, in der wir mit irgend welchen realen oder idealen Gegenständen beschäftigt sind, etwa denkend oder in der Weise des Gemüts und Willens wertend, strebend. So, geradehin uns bewußt betätigend, sind in unserem Blick ausschließlich die jeweiligen Sachen, Gedanken, Werte, Ziele, Hilfsmittel, nicht aber das psychische Erleben selbst, in dem sie als solche uns bewußt sind. Erst die Reflexion macht es offenbar. Durch sie erfassen wir statt der Sachen schlechthin, der Werte, Zwecke, Nützlichkeiten schlechthin die entsprechenden subjektiven Erlebnisse, in denen sie uns »bewußt« werden, uns in einem allerweitesten Sinne »erscheinen«. Sie alle heißen daher auch »Phänomene«, ihr allgemeinster Wesenscharakter ist es, zu sein als »Bewußtsein von«, »Erscheinung-von« – von den jeweiligen Dingen, Gedanken (Urteilsverhalten, Gründen, Folgen), von den Plänen, Entschlüssen, Hoffnungen usw. Daher liegt im Sinne aller Ausdrücke der Volkssprachen für psychische Erlebnisse diese Relativität beschlossen, wahrnehmen von etwas, sich erinnern oder denken an etwas, etwas hoffen, befürchten, erstreben, sich entscheiden für etwas usw. Erweist sich dieses Reich der »Phänomene« als mögliches Feld einer reinen, ausschließlich auf sie [280] bezogenen psychologischen Disziplin, so versteht sich nun deren Kennzeichnung als phänomenologische Psychologie. Der terminologisch aus der Scholastik herstammende Ausdruck für jenen Grundcharakter des Seins als Bewußtsein, als Erscheinung von etwas ist Intentionalität. In dem unreflektierten Bewußthaben irgendwelcher Gegenstände sind wir auf diese »gerichtet«, unsere *»intentio«* geht auf sie hin. Die phänomenologische Blickwendung zeigt, daß dieses Gerichtetsein ein den betref-

fenden Erlebnissen immanenter Wesenszug ist, sie sind »intentionale« Erlebnisse.
Überaus mannigfaltige Artungen und Besonderungen fallen unter die Allgemeinheit dieses Begriffs. Bewußtsein von etwas ist nicht ein leeres Haben dieses Etwas, jedes Phänomen hat seine eigene intentionale Gesamtform, zugleich aber einen Aufbau, der in der intentionalen Analyse immer wieder auf Komponenten führt, die selbst intentionale sind. So führt z. B. die im Ausgang von einer Wahrnehmung (etwa eines Würfels) geübte phänomenologische Reflexion auf eine vielfältige und doch synthetisch vereinheitlichte Intentionalität. Es treten die kontinuierlich sich abwandelnden Unterschiede in den Erscheinungsweisen wechselnder »Orientierung« hervor, des Rechts und Links, der Nähe und Ferne mit den zugehörigen Unterschieden der »Perspektive«. Ferner Erscheinungsunterschiede zwischen der jeweils »eigentlich gesehenen Vorderseite« und der »unanschaulichen« und relativ »unbestimmten«, jedoch »mitgemeinten« Rückseite. Im Achten auf das Strömen der Erscheinungsweisen und die Art ihrer »Synthesis« zeigt sich, daß jede Phase und Strecke schon für sich »Bewußtsein-von« ist, aber so, daß sich im stetigen Auftreten neuer Phasen das synthetisch einheitliche Bewußtsein von dem einen und selben Gegenstand herstellt. Der intentionale Aufbau eines Wahrnehmungsverlaufes hat seine feste Wesenstypik, die in ihrer außerordentlichen Komplikation notwendig verwirklicht werden muß, wenn ein körperliches Ding schlicht wahrgenommen sein soll. Ist das selbe Ding in anderen Weisen anschaulich, z. B. in der Weise der Wiedererinnerung, der Phantasie, der abbildlichen Darstellung, so kehren gewissermaßen alle intentionalen Gehalte der Wahrnehmung wieder, aber alle in entsprechenden Weisen eigentümlich abgewandelt. Auch für jede sonstige Gattung psychischer Er[281]lebnisse gilt Ähnliches: das urteilende, das wertende, das strebende Bewußtsein ist nicht ein leeres Bewußthaben der jeweiligen Urteile, Werte, Ziele, Mittel. Sie konstituieren sich vielmehr in einer strömenden

Intentionalität mit einer ihnen entsprechenden und festen Wesenstypik. – Für die Psychologie eröffnet sich hier die universale Aufgabe: die typischen Gestalten der intentionalen Erlebnisse, ihrer möglichen Abwandlungen, ihrer Synthesen zu neuen Gestalten, ihres strukturellen Aufbaus aus elementaren Intentionalitäten systematisch zu durchforschen und von da aus zu einer deskriptiven Erkenntnis des Ganzen der Erlebnisse, des Gesamttypus eines Lebens der Seele fortzuschreiten. – Offenbar liefert die konsequente Verfolgung dieser Aufgabe Erkenntnisse, die nicht nur für das eigene seelische Sein des Psychologen Gültigkeit haben.

Seelenleben ist uns nicht nur zugänglich durch Selbsterfahrung sondern auch durch Fremderfahrung. Diese neuartige Erfahrungsquelle bietet nicht nur Gleichartiges mit der Selbsterfahrung sondern auch Neues, sofern sie die Unterschiede des »Eigenen« und »Fremden«, sowie die Eigenheiten des Gemeinschaftslebens für uns alle bewußtseinsmäßig und zwar als Erfahrung begründet. Eben damit ergibt sich die Aufgabe, auch das Gemeinschaftsleben phänomenologisch nach all den zugehörigen Intentionalitäten verständlich zu machen.

3. *Das abgeschlossene Feld des rein Psychischen. – Phänomenologische Reduktion und echte innere Erfahrung*

Die Idee einer phänomenologischen Psychologie ist durch die ganze Weite des aus der Selbsterfahrung und der in ihr fundierten Fremderfahrung entspringenden Aufgabenkreises umzeichnet. Aber es ist noch nicht klar, ob eine in Ausschließlichkeit und Konsequenz fortgeführte phänomenologische Erfahrung uns ein derart abgeschlossenes Seinsfeld verschafft, daß eine ausschließlich darauf bezogene, von allem Psychophysischen reinlich abgelöste Wissenschaft erwachsen kann. Hier bestehen in der Tat Schwierigkeiten, welche den Psychologen selbst nach Brentanos Entdekkung der Intentionalität die Möglichkeit einer solchen rein phänomenologischen Psychologie verdeckt haben. Sie betreffen schon die Herstellung einer wirklich reinen Selbsterfahrung und damit eines wirklich rein psychischen [282] Datums. Es bedarf einer besonderen Zugangsmethode zum rein phänomenologischen Feld. Diese Methode der »phänomenologischen Reduktion« ist also die Grundmethode der reinen Psychologie, die Voraussetzung aller ihrer spezifisch theoretischen Methoden. Letztlich beruht alle Schwierigkeit auf der Art, wie schon die Selbsterfahrung der Psychologen überall mit äußerer Erfahrung, der vom außerpsychischen Realen, verflochten ist. Das erfahrene »Äußere« gehört nicht zur intentionalen Innerlichkeit, obschon doch die Erfahrung selbst dazu gehört als Erfahrung vom Äußeren. Ebenso für jederlei sonstiges Bewußtsein, das auf ein Weltliches gerichtet ist. Es bedarf also einer konsequenten ἐποχή des Phänomenologen, wenn er sein Bewußtsein als reines Phänomen gewinnen will, einzelweise, aber auch als das Ganze seines reinen Lebens. D. h. er muß im Vollzug der phänomenologischen Reflexion jeden Mitvollzug der im unreflektierten Bewußtsein betätigten objektiven Setzungen inhibieren und damit jedes urteilsmäßige Hereinziehen der für ihn geradehin »daseienden« Welt. Die jeweilige Erfahrung von diesem Haus, von diesem Leib, von einer Welt überhaupt ist und bleibt aber ihrem eigenen Wesensgehalt nach, also unabtrennbar, Erfahrung »von diesem Haus«, diesem Leib, dieser Welt, und so für jederlei Bewußtseinsweise, die objektiv gerichtet ist. Es ist ja unmöglich, ein intentionales Erlebnis zu beschreiben, auch wenn es ein illusionäres ist, ein nichtiges Urteilen und dgl., ohne das in ihm Bewußte als solches mit zu beschreiben. Die universale Epoché hinsichtlich der bewußt werdenden Welt (ihre »Einklammerung«) schaltet aus dem phänomenologischen Feld die für das betreffende Subjekt schlechthin seiende Welt aus, aber an ihre Stelle tritt die so und so bewußte (wahrgenommene, erinnerte, beurteilte, gedachte, gewertete

etc.) Welt »als solche«, die »Welt in Klammern« oder, was dasselbe, es tritt an die Stelle der Welt bzw. des einzelnen Weltlichen schlechthin der jeweilige Bewußtseinssinn in seinen verschiedenen Modis (Wahrnehmungssinn, Erinnerungssinn usw.).
Damit klärt und ergänzt sich unsere erste Bestimmung der phänomenologischen Erfahrung und ihrer Seinssphäre. Im Rückgang von den in der natürlichen Einstellung gesetzten Einheiten auf die mannigfaltigen Bewußtseinsweisen, in denen sie erschei[283]nen, sind, als von diesen Mannigfaltigkeiten unabtrennbar, auch die Einheiten – aber als »eingeklammerte« – dem rein Psychischen zuzurechnen und dann jeweils in den Erscheinungscharakteren, in denen sie sich darbieten. Die Methode der phänomenologischen Reduktion (auf die reinen »Phänomene«, das rein Psychische) besteht danach 1) in der methodischen und streng konsequenten ἐποχή bei jeder in der seelischen Sphäre auftretenden objektiven Setzung, sowohl am einzelnen Phänomen als an dem ganzen seelischen Bestand überhaupt; 2) in der methodisch geübten Erfassung und Beschreibung der mannigfaltigen »Erscheinungen« als Erscheinungen ihrer gegenständlichen Einheiten und der Einheiten als Einheiten der ihnen jeweils in den Erscheinungen zuwachsenden Sinnbestände. Es zeigt sich damit eine doppelte »noetische« und »noematische« Richtung der phänomenologischen Beschreibungen an. – Die phänomenologische Erfahrung in der methodischen Gestalt der phänomenologischen Reduktion ist die einzig echte »innere Erfahrung« im Sinne jeder wohlbegründeten psychologischen Wissenschaft. In ihrem eigenen Wesen liegt offenbar die Möglichkeit, kontinuierlich unter methodischer Erhaltung der Reinheit fortgeführt zu werden *in infinitum.* Die reduktive Methode überträgt sich von der Selbsterfahrung auf die Fremderfahrung, sofern im vergegenwärtigten Leben des Anderen die entsprechende Einklammerung und Beschreibung nach Erscheinung und Erscheinendem im subjektiven Wie (»Noesis« und »Noema«) vollzogen

werden kann. In weiterer Folge reduziert sich die in der Gemeinschaftserfahrung erfahrene Gemeinschaft nicht nur auf die seelisch vereinzelten intentionalen Felder sondern auf die Einheit des intersubjektiven, sie alle verbindenden Gemeinschaftslebens in seiner phänomenologischen Reinheit (intersubjektive Reduktion). So ergibt sich die volle Erweiterung des echten psychologischen Begriffes von »innerer Erfahrung«.

Zu jeder Seele gehört nicht nur die Einheit ihres mannigfaltigen intentionalen Lebens mit all den von ihm als einem »objektiv« gerichteten unabtrennbaren Sinneseinheiten. Unabtrennbar ist von diesem Leben das in ihm erlebende Ichsubjekt als der identische, alle Sonderintentionalitäten zentrierende »Ichpol« und als Träger der ihm aus diesem Leben zuwachsenden Habitualitäten. So ist dann auch die redu[284]zierte Intersubjektivität, in Reinheit und konkret gefaßt, eine im intersubjektiven reinen Bewußtseinsleben sich betätigende Gemeinschaft von reinen Personen.

4. *Die eidetische Reduktion und die phänomenologische Psychologie als eidetische Wissenschaft*

Inwiefern sichert die Einheit des phänomenologischen Erfahrungsfeldes die Möglichkeit einer darauf ausschließlich bezogenen, also rein phänomenologischen Psychologie? Nicht ohne weiteres einer empirisch reinen, einer von allem Psychophysischen abstrahierenden Tatsachenwissenschaft. Anders steht es mit einer apriorischen Wissenschaft. Jedes in sich abgeschlossene Feld möglicher Erfahrung gestattet *eo ipso* den universalen Übergang von der Faktizität zur Wesensform (Eidos). So auch hier. Wird die phänomenologische Faktizität irrelevant, dient sie nur exemplarisch und als Unterlage für eine freie aber anschauliche Variation der faktischen Einzelseelen und Seelengemeinschaften in a priori mögliche (erdenkliche) und richtet sich nun der theoretische

Blick auf das sich in der Variation notwendig durchhaltende Invariante, so erwächst damit bei systematischem Vorgehen ein eigenes Reich des »Apriori«. Es tritt damit der wesensnotwendige Formstil hervor (das Eidos), der durch alles mögliche seelische Sein in den Einzelheiten, den synthetischen Verbänden und abgeschlossenen Ganzheiten hindurchgehen muß, wenn es überhaupt »denkmöglich«, das ist anschaulich vorstellbar soll sein können. Psychologische Phänomenologie ist in dieser Art zweifellos als »eidetische Phänomenologie« zu begründen, sie ist dann ausschließlich auf die invarianten Wesensformen gerichtet. Z. B. die Phänomenologie der Körperwahrnehmung ist nicht ein Bericht über die faktisch vorkommenden oder zu erwartenden Wahrnehmungen, sondern Herausstellung des invarianten Strukturensystems, ohne das Wahrnehmung eines Körpers und eine synthetisch zusammenstimmende Mannigfaltigkeit von Wahrnehmungen als solchen eines und desselben Körpers undenkbar wären. Schuf die phänomenologische Reduktion den Zugang zu den »Phänomenen« wirklicher und dann auch möglicher innerer Erfahrung, so verschafft die in ihr fundierte Methode der »eidetischen [285] Reduktion« den Zugang zu den invarianten Wesensgestalten der rein seelischen Gesamtsphäre.

5. *Die prinzipielle Funktion der rein phänomenologischen Psychologie für eine exakte empirische Psychologie*

Die phänomenologisch reine Psychologie ist das unbedingt notwendige Fundament für den Aufbau einer »exakten« empirischen Psychologie, die nach dem Vorbild der exakten rein physischen Naturwissenschaft seit deren neuzeitlichen Anfängen gesucht worden ist. Der prinzipielle Sinn der Exaktheit dieser Naturwissenschaft liegt in ihrer Fundierung auf das apriorische, in eigenen Disziplinen (reine Geometrie, reine Zeitlehre, Bewegungslehre usw.) entfaltete Formensystem einer denkmöglichen Natur überhaupt. Durch die Verwertung dieses apriorischen Formensystems für die faktische Natur gewinnt die vage induktive Empirie Anteil an der Wesensnotwendigkeit und die empirische Naturwissenschaft selbst den neuen methodischen Sinn, für alle vagen Begriffe und Regeln die diesen notwendig zu unterlegenden rationalen Begriffe und Gesetze zu erarbeiten. So wesentlich naturwissenschaftliche und psychologische Methode auch unterschieden bleiben, darin besteht ihre notwendige Gemeinsamkeit, daß auch die Psychologie, wie jede Wissenschaft, ihre »Strenge« (»Exaktheit«) nur schöpfen kann aus der Rationalität des »Wesensmäßigen«. Die Enthüllung der apriorischen Typik, ohne die Ich, bzw. Wir, Bewußtsein, Bewußtseinsgegenständlichkeit und somit seelisches Sein überhaupt undenkbar wäre – mit all den wesensnotwendigen und wesensmöglichen Formen von Synthesen, die von der Idee einer einzelseelischen und gemeinschaftsseelischen Ganzheit unabtrennbar sind – schafft ein ungeheures Feld der Exaktheit, das sich, und hier sogar unmittelbar (ohne das Zwischenglied der Limes-Idealisierung), in die empirische Seelenforschung überträgt. Allerdings ist das phänomenologische Apriori nicht das vollständige der Psychologie, sofern der psychophysische Zusammenhang als solcher sein eigenes Apriori hat. Es ist aber klar, daß dieses Apriori das der rein phänomenologischen Psychologie voraussetzt, wie nach der anderen Seite das reine Apriori einer physischen (und speziell organischen) Natur überhaupt.

[286] Der systematische Aufbau einer phänomenologisch reinen Psychologie erfordert:

1) die Deskription der zum Wesen eines intentionalen Erlebnisses überhaupt gehörigen Einheiten, wozu auch das allgemeinste Gesetz der Synthesis gehört: jede Verknüpfung von Bewußtsein mit Bewußtsein ergibt ein Bewußtsein.

2) die Erforschung der Einzelgestalten intentionaler Erlebnisse, die in einer Seele überhaupt in Wesensnotwendigkeit auftreten müssen oder auftreten können; in eins damit die

Erforschung der Wesenstypik der zugehörigen Synthesen, der kontinuierlichen und diskreten, der endlich geschlossenen oder in offener Unendlichkeit fortzusetzenden.
3) die Aufweisung und Wesensdeskription der Gesamtgestalt eines Seelenlebens überhaupt, also die Wesensart eines universalen »Bewußtseinsstromes«.
4) eine neue Untersuchungsrichtung bezeichnet der Titel »Ich« (noch unter Abstraktion von dem sozialen Sinn dieses Wortes) hinsichtlich der ihm zugehörigen Wesensformen der »Habitualität«, also das Ich als Subjekt bleibender »Überzeugungen« (Seinsüberzeugungen, Wertüberzeugungen, Willensentscheidungen usw.), als personales Subjekt von Gewohnheiten, von wohlgebildetem Wissen, von Charaktereigenschaften.
Überall führt schließlich diese »statische« Wesensdeskription zu Problemen der Genesis und zu einer universalen nach eidetischen Gesetzen das ganze Leben und die Entwicklung des personalen Ich durchherrschenden Genesis. So baut sich auf die erste »statische Phänomenologie« in höherer Stufe die dynamische oder genetische Phänomenologie. Sie behandelt als erste fundierende Genesis die der Passivität, in der das Ich als aktives unbeteiligt ist. Hier liegt die neue Aufgabe einer universalen eidetischen Phänomenologie der Assoziation, eine späte Rehabilitation der großen Vorentdeckungen D. Humes, mit dem Nachweis der apriorischen Genesis, aus der für eine Seele eine reale Raumwelt in habitueller Geltung sich konstituiert. Es folgt die Wesenslehre der Entwicklung personaler Habitualität, in der das rein seelische Ich innerhalb invarianter Strukturformen als personales Ich ist und seiner in habitueller Fortgeltung bewußt ist als sich immerzu fortbildendes. Eine besondere zusammenhängende Untersuchungsschicht höherer Stufe bildet die [287] statische und dann die genetische Phänomenologie der Vernunft.

II. Phänomenologische Psychologie und transzendentale Phänomenologie

6. *Descartes' transzendentale Wendung und Lockes Psychologismus*

Die Idee einer rein phänomenologischen Psychologie hat nicht nur die soeben dargelegte reformatorische Funktion für die empirische Psychologie. Aus tiefliegenden Gründen kann sie als Vorstufe für die Freilegung des Wesens einer transzendentalen Phänomenologie dienen. Auch historisch ist diese Idee nicht aus den eigenen Bedürfnissen der Psychologie selbst erwachsen. Ihre Geschichte führt uns bis auf J. Lockes denkwürdiges Grundwerk zurück und auf die bedeutsame Auswirkung der von ihm ausgehenden Impulse durch J. Berkeley und D. Hume. Schon bei Locke war aber die Beschränkung auf das rein Subjektive von außerpsychologischen Interessen bestimmt. Die Psychologie stand im Dienste des durch Descartes erweckten Transzendentalproblems. In seinen *meditationes* war der Gedanke zu dem für die erste Philosophie leitenden geworden: daß alles Reale und schließlich diese ganze Welt für uns seiende und soseiende nur ist als Vorstellungsinhalt unserer eigenen Vorstellungen, als urteilsmäßig vermeinte und bestenfalls evident bewährte unseres eigenen Erkenntnislebens. Hier lag die Motivation zu allen, ob echten oder unechten Transzendentalproblemen. Descartes' Zweifelsmethode war die erste Methode der Herausstellung der »transzendentalen Subjektivität«, sein *»ego cogito«* führte auf deren erste begriffliche Fassung. Bei Locke wandelt sich Descartes' transzendental reine *mens* in die reine Seele (*human mind*), deren systematische Erforschung durch innere Erfahrung Locke in transzendentalphilosophischem Interesse in Angriff nimmt. Er ist so der Begründer des Psychologismus als einer Transzendentalphilosophie durch eine Psychologie aus innerer Erfahrung. Das Schicksal der wissenschaftlichen Philosophie hängt an einer radikalen Überwindung jedes Psychologismus, die nicht nur seinen prinzipiellen Widersinn bloßlegt, sondern auch seinem transzendental bedeutsamen Wahrheitskern genugtut. Die Quelle seiner beständigen historischen Kraft schöpft er aus einer [288] Doppeldeutigkeit aller Begriffe von Subjektivem, die alsbald mit der Aufrollung der transzendentalen Frage erwächst. Die Enthüllung dieser Zweideutigkeit bedeutet in eins mit der scharfen Trennung zugleich eine Parallelisierung der rein phänomenologischen Psychologie (als der wissenschaftlich strengen Gestalt der Psychologie rein aus innerer Erfahrung) und der transzendentalen Phänomenologie als der echten Transzendentalphilosophie. Zugleich rechtfertigt sich so die Vorausschickung der reinen Psychologie als Zugangsmittel zur echten Philosophie. Wir beginnen mit der Klärung des echten Transzendentalproblems, das in der zunächst unklaren Labilität seines Sinnes so sehr geneigt macht (und das trifft schon Descartes), es auf ein abwegiges Geleise zu verschieben.

7. *Das transzendentale Problem*

Zum wesentlichen Sinn des transzendentalen Problems gehört seine Universalität, in der es die Welt und alle sie erforschenden Wissenschaften in Frage stellt. Es erwächst in einer allgemeinen Umwendung jener »natürlichen Einstellung«, in der wie das gesamte alltägliche Leben so auch die positiven Wissenschaften verbleiben. In ihr ist uns die Welt das selbstverständlich seiende Universum der Realitäten, beständig vorgegeben in fragloser Vorhandenheit. So ist sie das allgemeine Feld unserer praktischen und theoretischen Betätigungen. Sowie das theoretische Interesse diese natürliche Einstellung aufgibt und in einer allgemeinen Blickwendung sich auf das Bewußtseinsleben richtet, in dem die Welt für uns eben »die« Welt, die für uns vorhandene ist, sind wir in einer neuen Erkenntnislage. Jeder Sinn, den sie für uns hat (dessen werden wir nun inne), ihr unbestimmt allgemeiner wie ihr nach realen Einzelheiten sich bestimmender Sinn, ist in der Innerlichkeit unseres eigenen wahrnehmenden, vorstellenden, denkenden, wertenden Lebens bewußter und sich in unserer subjektiven Genesis bildender Sinn; jede Seinsgeltung ist in uns selbst vollzogen, jede sie begründende Evidenz der Erfahrung und Theorie in uns selbst lebendig und habituell uns immerfort motivierend. Das betrifft die Welt in jeder Bestimmung, auch in der selbstverständlichen, daß, was ihr zugehört, »an und für sich« ist, wie es ist, ob ich oder wer immer seiner zufällig bewußt wird oder nicht. [289] Ist einmal die Welt in dieser vollen Universalität auf die Bewußtseinssubjektivität bezogen worden, in deren Bewußtseinsleben sie eben als »die« Welt des jeweiligen Sinnes auftritt, so erhält ihre gesamte Seinsweise eine Dimension der Unverständlichkeit bzw. Fraglichkeit. Dieses »Auftreten«, dieses Für-uns-sein der Welt als der nur subjektiv zur Geltung gekommenen und zur begründeten Evidenz gebrachten und zu bringenden, bedarf der Aufklärung. Das erste Innewerden der Bewußtseinsbezogenheit der Welt in seiner leeren Allgemeinheit gibt kein Verständnis dafür, wie das mannigfaltige, kaum erschaut ins Dunkel zurücksinkende Bewußtseinsleben es zu solchen Leistungen bringt, wie es das sozusagen macht, daß in seiner Immanenz irgend etwas als an sich seiend auftreten kann und nicht nur als Vermeintliches sondern als sich in einstimmiger Erfahrung Ausweisendes. Offenbar überträgt sich das Problem auf jederlei »ideale« Welten und ihr »An-sich-sein« (z. B. die der reinen Zahlen oder der »Wahrheiten an sich«). Die Unverständlichkeit greift in besonders empfindlicher Weise unsere Seinsart selbst an. Wir (Einzelne und in Gemeinschaft) sollen es sein, in deren Bewußtseinsleben die reale Welt, die für uns vorhanden ist, als solche Sinn und Geltung gewinnt. Wir als Menschen sollen aber selbst zur Welt gehören. Nach unserem weltlichen Sinn werden wir also wieder auf uns und unser

Bewußtseinsleben verwiesen, als worin sich für uns dieser Sinn erst gestaltet. Ist hier und überall ein anderer Weg der Aufklärung denkbar als der, das Bewußtsein selbst und die in ihm bewußt werdende »Welt« als solche zu befragen, da sie eben als von uns je gemeinte nirgendwoher sonst als in uns Sinn und Geltung gewonnen haben und gewinnen kann? Machen wir noch einen wichtigen Schritt, der das »transzendentale« (den bewußtseinsrelativen Seinssinn des »Transzendenten« betreffende) Problem auf die prinzipielle Stufe erhebt. Er liegt in der Erkenntnis, daß die aufgewiesene Bewußtseinsrelativität nicht nur das Faktum unserer Welt angeht, sondern in eidetischer Notwendigkeit jede erdenkliche Welt überhaupt. Denn variieren wir in freier Phantasie unsere faktische Welt, sie in beliebige erdenkliche Welten überführend, so variieren wir uns, deren Umwelt sie ist, unweigerlich mit, wir wandeln uns je in eine mögliche Subjektivität, deren Umwelt je [290] die erdachte Welt wäre, als Welt ihrer möglichen Erfahrungen, möglichen theoretischen Evidenzen, ihres möglichen praktischen Lebens. Diese Variation läßt freilich die rein idealen Welten der Art, die ihr Sein in der eidetischen Allgemeinheit haben, zu deren Wesen ja die Invarianz gehört, unberührt; aber es zeigt sich doch in der möglichen Variierbarkeit des solche Identitäten erkennenden Subjekts, daß ihre Erkennbarkeit, also ihre intentionale Bezogenheit nicht nur unsere faktische Subjektivität angeht. Mit der eidetischen Fassung des Problems wandelt sich auch die erforderliche Bewußtseinsforschung in eine eidetische.

8. *Die psychologistische Lösung als transzendentaler Zirkel*[2]

Die Herausarbeitung der Idee einer phänomenologisch reinen Psychologie hat die Möglichkeit erwiesen, in konsequenter phänomenologischer Reduktion das Eigenwesentliche der Bewußtseinssubjekte in eidetischer Allgemeinheit zu enthüllen, nach allen seinen möglichen Gestalten. Das befaßt auch diejenigen der Recht begründenden und bewährenden Vernunft und damit alle Gestalten möglicherweise erscheinender und als an sich seiend durch zusammenstimmende Erfahrung auszuweisender und in theoretischer Wahrheit zu bestimmender Welten. Danach scheint diese phänomenologische Psychologie in ihrer systematischen Durchführung die gesamte Korrelationsforschung für Sein und Bewußtsein und von vornherein in prinzipieller (eben eidetischer) Allgemeinheit in sich zu fassen, also die Stätte aller transzendentalen Aufklärungen zu sein. Demgegenüber darf aber nicht übersehen werden, daß die Psychologie in allen ihren empirischen und eidetischen Disziplinen »positive Wissenschaft« ist, Wissenschaft in der natürlichen Einstellung, in der die schlechthin vorhandene Welt der thematische Boden ist. Was sie erforschen will, sind die in der Welt vorkommenden Seelen und Seelengemeinschaften. Die phänomenologische Reduktion dient als psychologische nur dazu, das Psychische der animalischen Realitäten in seiner reinen Eigenwesentlichkeit und seinen rein eigenwesentlichen Zusammenhängen zu gewinnen. Es behält, auch in der eidetischen Forschung, den Seinssinn von weltlich Vorhandenem, nur bezogen auf mögliche reale Welten. Der Psychologe ist auch als eidetischer Phänomenologe transzendental naiv, er nimmt die möglichen »Seelen« (Ich[291]subjekte), ganz dem relativen Wortsinn gemäß, als solche schlechthin als vorhanden gedachter Menschen und Tiere einer möglichen Raumwelt. Lassen wir aber anstatt des natürlich-weltlichen das transzendentale Interesse theoretisch maßgebend werden, so erhält die gesamte Psychologie den Stempel des transzendental Problematischen, sie kann also der Transzendentalphilosophie keinerlei Prämissen beistellen. Die Bewußtseinssubjektivität, die als seelische ihr Thema ist, kann nicht diejenige sein, auf die transzendental zurückgefragt werden soll.

Um an diesem entscheidenden Punkte zu einsichtiger Klarheit zu kommen, ist der thematische Sinn der transzendentalen Frage scharf im Auge zu behalten und zu erwägen, wie sich ihm gemäß die Regionen des Fraglichen und Unfraglichen scheiden. Das transzendentalphilosophische Thema ist eine konkrete und systematische Aufklärung jener mannigfaltigen intentionalen Bezogenheiten, die einer möglichen Welt überhaupt als Umwelt einer entsprechenden möglichen Subjektivität wesensmäßig zugehören, für die sie die vorhandene, praktisch und theoretisch zugängliche wäre. Diese Zugänglichkeit bedeutet für die Subjektivitäten hinsichtlich aller Kategorien für sie vorhandener Weltobjekte und Weltstrukturen Regelungen ihres möglichen Bewußtseinslebens, die in ihrer Typik erst enthüllt werden müssen. Solche Kategorien sind »leblose Dinge«, aber auch Menschen und Tiere mit ihren seelischen Innerlichkeiten. Von hier aus soll sich der volle und ganze Seinssinn einer möglichen vorhandenen Welt im Allgemeinen und hinsichtlich aller für sie konstitutiven Kategorien klären. Wie jede sinnvolle Frage setzt diese transzendentale einen Boden unfraglichen Seins voraus, in dem alle Mittel der Lösung beschlossen sein müssen. Dieser Boden ist hier die Subjektivität desjenigen Bewußtseinslebens, in dem eine mögliche Welt überhaupt als vorhandene sich konstituiert. Andererseits ist es eine selbstverständliche Grundforderung vernünftiger Methode, daß dieser als unfraglich seiend vorausgesetzte Boden nicht mit solchem vermengt wird, was die transzendentale Frage in ihrer Universalität als in Frage stehend meint. Das Reich dieser Fraglichkeit ist das gesamte der transzendentalen Naivität, umfaßt also jede mögliche Welt als die in natürlicher Einstellung schlechthin in Anspruch genommene. Danach sind alle positiven Wissenschaften transzendental einer [292] Epoché zu unterwerfen so wie alle ihre Gegenstandsgebiete, also auch die Psychologie und das gesamte in ihrem Sinne Psychische. Es wäre also ein transzendentaler Zirkel, die Beantwortung der transzendentalen Frage auf die Psychologie zu stützen, einerlei ob auf empirische oder eidetisch-phänomenologische. Die Subjektivität und das Bewußtsein – hier stehen wir vor der paradoxen Zweideutigkeit –, auf das die transzendentale Frage rekurriert, kann also wirklich nicht diejenige Subjektivität und das Bewußtsein sein, von dem die Psychologie handelt.

9. *Die transzendental-phänomenologische Reduktion und der transzendentale Schein der Verdoppelung*

»Wir« sollten also doppelt sein, psychologisch als wir Menschen Vorhandenheiten in der Welt, Subjekte seelischen Lebens und zugleich transzendental als die Subjekte eines transzendentalen weltkonstituierenden Lebens? Diese Doppelheit klärt sich durch evidente Aufweisung. Die seelische Subjektivität, das konkret gefaßte »ich« und »wir« der alltäglichen Rede, wird in ihrer reinen psychischen Eigenheit erfahren durch die Methode phänomenologisch-psychologischer Reduktion. In eidetischer Abwandlung schafft sie den Boden für die rein phänomenologische Psychologie. Die transzendentale Subjektivität, auf die im transzendentalen Problem hingefragt und die in ihm als Seinsboden vorausgesetzt ist, ist keine andere als wiederum »ich selbst« und »wir selbst«, aber nicht als die wir uns in der natürlichen Einstellung des Alltags und der positiven Wissenschaft vorfinden, apperzipiert als Bestandstücke der für uns vorhandenen objektiven Welt: vielmehr als Subjekte des Bewußtseinslebens, in dem sich diese und alle Vorhandenheit – für »uns« – durch gewisse Apperzeptionen »macht«. Als Menschen, seelisch wie leiblich in der Welt vorhanden, sind wir für »uns«; wir sind Erscheinendes eines sehr mannigfaltigen intentionalen Lebens, »unseres« Lebens, worin sich also dieses Vorhandene apperzeptiv mit seinem ganzen Sinnesgehalt »für uns« macht. Das vorhandene (apperzipierte) Ich und Wir setzt ein (apperzipierendes) Ich und Wir voraus, für das es vorhanden ist, das aber nicht selbst wieder im selben Sinn vorhanden ist. Zu dieser transzendentalen Subjektivität

haben wir direkten Zugang durch eine transzendentale Erfahrung. Wie schon die seelische [293] Erfahrung zur Reinheit einer reduktiven Methode bedarf, so auch die transzendentale.
Wir wollen hier so vorgehen, daß wir die »transzendentale Reduktion« einführen als aufgestuft auf die psychologische Reduktion, als eine weitere an dieser jederzeit zu vollziehende Reinigung und abermals mittels einer gewissen Epoché. Diese ist eine bloße Konsequenz der universalen Epoché, welche zum Sinn der transzendentalen Frage gehört. Fordert die transzendentale Relativität jeder möglichen Welt deren universale »Einklammerung«, so fordert sie auch die der reinen Seelen und der auf sie bezogenen rein phänomenologischen Psychologie. Dadurch verwandeln sich diese in transzendentale Phänomene. Während also der Psychologe innerhalb der für ihn natürlich geltenden Welt die vorkommende Subjektivität auf die rein seelische Subjektivität – in der Welt – reduziert, reduziert der transzendentale Phänomenologe durch seine absolut universale Epoché diese psychologisch reine auf die transzendental reine Subjektivität, auf diejenige, welche die Weltapperzeption und darin die objektivierende Apperzeption »Seele animalischer Realitäten« vollzieht und in sich in Geltung setzt. Z. B. meine jeweiligen reinen Wahrnehmungserlebnisse, Phantasieerlebnisse usw. sind psychologische Gegebenheiten der psychologischen inneren Erfahrung in der Einstellung der Positivität. Sie verwandeln sich in meine transzendentalen Erlebnisse, wenn ich die Welt, mein Menschsein inbegriffen, durch radikale Epoché als bloßes Phänomen setze und nun dem intentionalen Leben nachgehe, worin die gesamte Apperzeption »der« Welt, im besonderen die Apperzeption meiner Seele, meiner psychologisch realen Wahrnehmungserlebnisse usw. sich gestaltet. Der Gehalt dieser Erlebnisse, ihr Eigenwesentliches bleibt dabei voll erhalten, wenn schon er nun sichtlich ist als Kern einer vordem psychologisch immer wieder betätigten aber nicht in Rechnung gezogenen Apperzeption. Für den

Transzendentalphilosophen, der durch einen vorausgehenden universalen Willensentschluß in sich die feste Habitualität der transzendentalen »Einklammerung« gestiftet hat, ist auch diese in der natürlichen Einstellung nie fehlende Verweltlichung des Bewußtseins ein für allemal unterbunden. Demgemäß ergibt für ihn die konsequente Bewußtseinsreflexion immer wieder transzendental Reines, und zwar an[294]schaulich in der Weise einer neuartigen, der transzendentalen »inneren« Erfahrung. Aus der methodischen transzendentalen Epoché entsprungen, eröffnet sie das endlose transzendentale Seinsfeld. Es ist die Parallele zum endlosen psychologischen Feld, sowie seine Zugangsmethode die Parallele ist zur rein psychologischen, derjenigen der psychologisch-phänomenologischen Reduktion. Und wieder ebenso ist das transzendentale Ich und die transzendentale Ichgemeinschaft, gefaßt in der vollen Konkretion des transzendentalen Lebens, die transzendentale Parallele zum Ich und Wir im gewöhnlichen und psychologischen Sinn, wieder konkret gefaßt als Seele und Seelengemeinschaft mit dem zugehörigen psychologischen Bewußtseinsleben. Mein transzendentales Ich ist also evident ›verschieden‹ vom natürlichen Ich, aber keineswegs als ein zweites, als ein davon getrenntes im natürlichen Wortsinn, wie umgekehrt auch keineswegs ein in natürlichem Sinne damit verbundenes oder mit ihm verflochtenes. Es ist eben das (in voller Konkretion gefaßte) Feld der transzendentalen Selbsterfahrung, die jederzeit durch bloße Änderung der Einstellung in psychologische Selbsterfahrung zu wandeln ist. In diesem Übergang stellt sich notwendig eine Identität des Ich her; in transzendentaler Reflexion auf ihn wird die psychologische Objektivierung als Selbstobjektivierung des transzendentalen Ich sichtlich, und so findet es sich als wie es in jedem Moment natürlicher Einstellung sich eine Apperzeption auferlegt hat. Ist der Parallelismus der transzendentalen und psychologischen Erfahrungssphären als eine Art Identität des Ineinander des Seinssinnes aus bloßer Einstellungsänderung verständlich geworden, so auch die daraus sich ergebende Folge des gleichen Parallelismus und des im Ineinander *implicite* Beschlossenseins der transzendentalen und der psychologischen Phänomenologie, deren volles Thema die doppelsinnige reine Intersubjektivität ist. Es ist dabei nur in Rechnung zu ziehen, daß die rein-seelische Intersubjektivität, sowie sie der transzendentalen Epoché unterworfen wird, ebenfalls zu ihrer Parallele, der transzendentalen Intersubjektivität führt. Offenbar besagt der Parallelismus nichts weniger als theoretische Gleichwertigkeit. Die transzendentale Intersubjektivität ist der konkret eigenständige absolute Seinsboden, aus dem alles Transzendente (dar[295]unter alles real weltlich Seiende) seinen Seinssinn schöpft als Sein eines in bloß relativem und damit unvollständigem Sinne Seienden, als den einer intentionalen Einheit, die in Wahrheit ist aus transzendentaler Sinngebung, einstimmiger Bewährung und wesensmäßig zugehöriger Habitualität bleibender Überzeugung.

10. *Die reine Psychologie als Propädeutik zur transzendentalen Phänomenologie*

Durch die Aufklärung der wesensmäßigen Doppeldeutigkeit der Bewußtseinssubjektivität und der auf diese zu beziehenden eidetischen Wissenschaft wird die historische Unüberwindlichkeit des Psychologismus aus tiefsten Gründen verständlich. Seine Kraft liegt in einem wesensmäßigen transzendentalen Schein, der unenthüllt fortwirken mußte. Verständlich wird auch durch die gewonnene Aufklärung auf der einen Seite die Unabhängigkeit der Idee einer transzendentalen Phänomenologie und ihrer systematischen Durchführung von derjenigen einer phänomenologisch reinen Psychologie, auf der anderen Seite doch die propädeutische Nützlichkeit eines vorausgeschickten Entwurfes reiner Psychologie für ein Aufsteigen zur transzendentalen Phänomenologie, eine Nützlichkeit, die die vorliegende Darstellung geleitet hat. Was das eine anlangt, ist es offensichtlich, daß sich an die Aufdeckung der transzendentalen Relativität sogleich die phänomenologische und eidetische Reduktion knüpfen läßt, und so erwächst die transzendentale Phänomenologie direkt aus der transzendentalen Anschauung. In der Tat war dieser direkte der historische Weg. Die reine phänomenologische Psychologie als eidetische Wissenschaft in der Positivität lag ja überhaupt nicht vor. Was fürs Zweite den propädeutischen Vorzug des indirekten Weges zur transzendentalen Phänomenologie über die reine Psychologie anlangt, so bedeutet die transzendentale Einstellung eine Art Änderung der ganzen Lebensform, die alle bisherige Lebenserfahrung völlig übersteigt, also vermöge ihrer absoluten Fremdartigkeit schwer verständlich sein muß. Ähnliches gilt für eine transzendentale Wissenschaft. Die phänomenologische Psychologie, obschon auch relativ neu und in der Methode intentionaler Analyse ganz neuartig, hat immerhin doch die Zugänglichkeit [296] aller positiven Wissenschaften. Ist sie mindest der scharf präzisierten Idee nach einmal klar geworden, so bedarf es nur der Klärung des echten Sinnes transzendentalphilosophischer Problematik und der transzendentalen Reduktion, um sich der transzendentalen Phänomenologie als einer bloßen Wendung ihres Lehrgehaltes ins Transzendentale zu bemächtigen. In diese zwei Stufen verteilen sich die zwei Grundschwierigkeiten des Eindringens in die neue Phänomenologie, nämlich die des Verständnisses der echten Methode »innerer Erfahrung«, die schon zur Ermöglichung einer »exakten« Psychologie als rationaler Tatsachenwissenschaft gehört, und die des Verständnisses der Eigentümlichkeit transzendentaler Fragestellung und Methode. An sich betrachtet ist allerdings das transzendentale Interesse das höchste und letzte wissenschaftliche Interesse, und so ist es das Richtige, wie historisch so weiterhin, die transzendentalen Theorien im eigenständigen absoluten System der Transzendentalphilosophie auszubilden und in ihr selbst mit der Aufweisung der Wesensart natürlicher gegenüber transzendentaler Einstellung die Möglichkeit der Umdeutung aller transzendentalen phänomenologischen Lehren in solche der natürlichen Positivität herauszustellen.

III. Transzendentale Phänomenologie und Philosophie als universale Wissenschaft in absoluter Begründung

11. *Die transzendentale Phänomenologie als Ontologie*

In Erwägung der Tragweite der transzendentalen Phänomenologie ergeben sich merkwürdige Konsequenzen. In ihrer systematischen Durchführung verwirklicht sie die Leibnizsche Idee einer universalen Ontologie als systematischer Einheit aller erdenklichen apriorischen Wissenschaften, aber in einer neuen, den »Dogmatismus« durch die transzendental phänomenologische Methode überwindenden Begründung. Die Phänomenologie als Wissenschaft von allen erdenklichen transzendentalen Phänomenen und zwar je in den synthetischen Gesamtgestalten, in denen sie allein konkret möglich sind – denen von transzendentalen Einzelsubjekten, verbunden zu [297] Subjektgemeinschaften – ist *eo ipso* apriorische Wissenschaft von allem erdenklichen Seienden; aber dann nicht bloß von dem All des objektiv Seienden und nun gar in einer Einstellung natürlicher Positivität, sondern in voller Konkretion von dem Seienden überhaupt, als wie es seinen Seinssinn und seine Geltung aus der korrelativen intentionalen Konstitution schöpft. Das befaßt auch das Sein der transzendentalen Subjektivität selbst, deren erweisbares Wesen es ist, transzendental in sich und für sich konstituierte zu sein. Demnach ist eine durchgeführte Phänomenologie gegenüber der nur scheinbar universalen Ontologie in der Positivität die wahrhaft universale – eben dadurch die dogmatische Einseitigkeit und damit Unverständlichkeit der ersteren überwindend, während sie doch deren rechtmäßige Gehalte in sich befassen muß als in der intentionalen Konstitution ursprünglich begründet.

12. *Die Phänomenologie und die Grundlagenkrisis der exakten Wissenschaften*

Überlegen wir das Wie dieses Enthaltens, so ist damit gemeint, daß jedes Apriori in seiner Seinsgültigkeit festgelegt ist als transzendentale Leistung, also in eins mit den Wesensgestalten ihrer Konstitution, der Arten und Stufen ihrer Selbstgebung und Bewährung und der zugehörigen Habitualitäten. Darin liegt, daß in und mit der Feststellung des Apriori die subjektive Methode dieser Feststellung durchsichtig gemacht ist, daß es also für die apriorischen Disziplinen, die innerhalb der Phänomenologie zur Begründung kommen (z. B. als mathematische Wissenschaften) keine »Paradoxien«, keine »Grundlagenkrisen« geben kann. Hinsichtlich der historisch gewordenen apriorischen Wissenschaften, geworden in transzendentaler Naivität, ergibt sich als Konsequenz, daß nur eine radikale phänomenologische Begründung sie in echte, methodisch sich völlig rechtfertigende Wissenschaften verwandeln kann. Eben damit aber hören sie auf, positive (dogmatische) Wissenschaften zu sein und werden zu unselbständigen Zweigen der einen Phänomenologie als universaler eidetischer Ontologie.

[298] 13. *Die phänomenologische Begründung der Tatsachenwissenschaften und die empirische Phänomenologie*

Diese unendliche Aufgabe, das vollständige Universum des Apriori in seiner transzendentalen Rückbezogenheit auf sich selbst und damit in seiner Eigenständigkeit und vollendeten methodischen Klarheit darzustellen, ist ihrerseits eine Funktion der Methode für die Erzielung einer universalen und dabei voll begründeten Wissenschaft von der empirischen Faktizität. Innerhalb der Positivität fordert echte (relativ echte) empirische Wissenschaft die methodische Fundamentierung durch eine entsprechende apriorische Wissenschaft. Nehmen wir das Universum aller möglichen empirischen Wissenschaften überhaupt und fordern eine radikale, von allen Grundlagenkrisen befreite Begründung, so führt das auf das universale Apriori in der radikalen, das ist phänomenologischen Begründung. Die echte Gestalt einer universalen Wissenschaft der Faktizität ist also die phänomenologische, als das ist sie universale Wissenschaft von der faktischen transzendentalen Intersubjektivität auf dem methodischen Fundament der eidetischen Phänomenologie als Wissenschaft von einer möglichen transzendentalen Subjektivität überhaupt. Danach versteht und rechtfertigt sich die Idee einer empirischen, der eidetischen nachkommenden Phänomenologie. Sie ist identisch mit dem vollständigen systematischen Universum der positiven Wissenschaften, wofern wir sie nur von vornherein methodisch absolut begründet denken durch die eidetische Phänomenologie.

14. *Die vollständige Phänomenologie als universale Philosophie*

Eben damit restituiert sich der ursprünglichste Begriff der Philosophie als universaler Wissenschaft aus radikaler Selbstrechtfertigung – die im alten platonischen und wiederum im cartesianischen Sinn allein Wissenschaft ist. Die streng systematisch durchgeführte Phänomenologie des vorhin erweiterten Sinnes ist identisch mit dieser alle echte Erkenntnis umspannenden Philosophie. Sie zerfällt in die eidetische Phänomenologie (oder universale Ontologie) als Erste Philosophie und in die Zweite Philosophie, die Wissenschaft vom Universum der Fakta oder der sie alle synthetisch beschließenden transzendentalen Intersubjektivität. Die Erste Philosophie [299] ist das Universum der Methode für die Zweite und ist auf sich selbst zurückbezogen in ihrer methodischen Begründung.

15. *Die »höchsten und letzten« Probleme als phänomenologische*

In der Phänomenologie haben alle vernünftigen Probleme ihre Stelle, also auch die traditionell sich als in irgend einem besonderen Sinn als philosophisch bezeichnenden; aus den absoluten Quellen transzendentaler Erfahrung bzw. eidetischer Anschauung erhalten sie erst in der Phänomenologie ihre echte Formulierung und die gangbaren Wege ihrer Lösung. In ihrer universalen Selbstbezogenheit erkennt die Phänomenologie ihre eigene Funktion in einem möglichen transzendentalen Menschheitsleben. Sie erkennt die aus ihm herauszuschauenden absoluten Normen, aber auch seine ursprüngliche teleologisch-tendenziöse Struktur in Richtung auf die Enthüllung dieser Normen und ihre praktische bewußte Auswirkung. Sie erkennt sich dann als Funktion der universalen Selbstbesinnung der (transzendentalen) Menschheit im Dienste einer universalen Vernunftpraxis, das ist im Dienste des durch die Enthüllung frei werdenden Strebens in Richtung auf die im Unendlichen liegende universale Idee absoluter Vollkommenheit oder, was dasselbe, in Richtung auf die – im Unendlichen liegende – Idee einer Menschheit, die in der Tat und durchaus in Wahrheit und Echtheit sein und leben würde. Sie erkennt ihre selbstbesinnliche Funktion für die relative Verwirklichung der korrelativen praktischen Idee eines im zweiten Sinne echten Menschheitslebens (dessen Wesensgestalten und praktische Normen sie zu erforschen hat), nämlich als eines bewußt und willentlich auf jene absolute Idee gerichteten. Kurzum die metaphysisch teleologischen, die ethischen, die geschichtsphilosophischen Probleme nicht minder wie selbstverständlich die Probleme der urteilenden Vernunft liegen in ihrem Rahmen, nicht anders wie alle sinnvollen Probleme überhaupt und alle in ihrer innersten synthetischen Einheit und ihrer Ordnung als solche der transzendentalen Geistigkeit.

16. *Die phänomenologische Auflösung aller philosophischen Gegensätze*

In der systematischen, von den anschaulichen Gegebenheiten zu den abstrakten Höhen fortschreitenden Arbeit der Phänomenologie lösen sich von selbst und ohne Künste einer argumentie[300]renden Dialektik und ohne schwächliche Bemühung und Kompromisse die altüberlieferten vieldeutigen Gegensätze philosophischer Standpunkte auf, Gegensätze wie die zwischen Rationalismus (Platonismus) und Empirismus, Relativismus und Absolutismus, Subjektivismus und Objektivismus, Ontologismus und Transzendentalismus, Psychologismus und Antipsychologismus, Positivismus und Metaphysik, teleologischer und kausalistischer Weltauffassung. Überall berechtigte Motive, überall aber Halbheiten oder unzulässige Verabsolutierungen von nur relativ und abstraktiv berechtigten Einseitigkeiten. Der Subjektivismus kann nur durch den universalsten und konsequentesten Subjektivismus (den transzendentalen) überwunden werden. In dieser Gestalt ist er zugleich Objektivismus, sofern er das Recht jedweder durch einstimmige Erfahrung auszuweisenden Objektivität vertritt, aber freilich auch ihren vollen und echten Sinn zur Geltung bringt, an dem sich der vermeinte realistische Objektivismus in seinem Unverständnis der transzendentalen Konstitution versündigt. Der Relativismus kann nur durch den universalsten Relativismus überwunden werden, den der transzendentalen Phänomenologie, die die Relativität alles »objektiven« Seins als transzendental konstituierten verständlich macht, aber in eins damit auch die radikalste Relativität, die der transzendentalen Subjektivität auf sich selbst. Eben dies weist sich aber als der einzig mögliche Sinn des »absoluten« Seins aus – gegenüber allem zu ihm relativen »objektiven« Sein – nämlich als »Für-sich-selbst«-Sein der transzendentalen Subjektivität. Wieder: der Empirismus kann nur durch den universalsten und konsequentesten Empirismus überwunden werden, der für die beschränkte »Erfahrung« der Empiristen den notwendig erweiterten Erfahrungsbegriff der originär gebenden Anschauung setzt, die in allen ihren Gestalten (Anschauung vom Eidos, apodiktische Evidenz, phänomenologische Wesensanschauung usw.) durch phänomenologische Klärung Art und Form ihrer Rechtgebung erweist. Die Phänomenologie als Eidetik ist andererseits rationalistisch; sie überwindet aber den beschränkten dogmatischen Rationalismus durch den universalsten der auf die transzendentale Subjektivität, auf Ich, Bewußtsein und bewußte Gegenständlichkeit einheitlich bezogenen Wesensforschung. Ebenso hinsichtlich der anderen [301] mitverflochtenen Gegensätze. Die Zurückführung alles Seins auf die transzendentale Subjektivität und ihre konstitutiven intentionalen Leistungen läßt, um noch eins zu erwähnen, keine andere als eine teleologische Weltbetrachtung offen. Und doch erkennt die Phänomenologie auch einen Kern der Wahrheit dem Naturalismus (bzw. Sensualismus) zu. Indem sie nämlich die Assoziationen als ein intentionales Phänomen sichtlich macht, ja als eine ganze Typik von Gestalten passiver intentionaler Synthesis mit einer Wesensgesetzmäßigkeit transzendentaler und rein passiver Genesis, weist sie im Humeschen Fiktionalismus, insbesondere in seiner Lehre vom Ursprung der Fiktionen Ding, verharrende Existenz, Kausalität Vorentdeckungen nach, verhüllt in absurden Theorien.

Die phänomenologische Philosophie sieht sich in ihrer ganzen Methode als reine Auswirkung der methodischen Intentionen an, die schon die griechische Philosophie seit ihren

Anfängen bewegen; vor allem aber der noch lebendigen Intentionen, die von Descartes in den beiden Linien des Rationalismus und Empirismus über Kant und den deutschen Idealismus in unsere verworrene Gegenwart hineinreichen. Reine Auswirkung methodischer Intentionen besagt wirkliche Methode, die die Probleme in die Bahnen konkret handanlegender und erledigender Arbeit bringt. Diese Bahn ist in der Weise echter Wissenschaft eine unendliche. Demnach fordert die Phänomenologie vom Phänomenologen, für sich dem Ideal eines philosophischen Systems zu entsagen und doch als bescheidener Arbeiter in Gemeinschaft mit anderen für eine *philosophia perennis* zu leben.

Psychologismus und transzendentale Grundlegung der Logik[1]

[29] 1. *Die Doppelseitigkeit der Logik; die subjektive und die objektive Richtung ihrer Thematik*

Die Logik als Wissenschaft vom Logischen überhaupt und in der obersten, alle anderen Formen des Logischen umspannenden Gestalt, als Wissenschaft von der Wissenschaft überhaupt, ist zweiseitig gerichtet. Überall handelt es sich um Vernunftleistungen, und zwar in dem doppelten Sinne der leistenden Tätigkeiten und Habitualitäten, anderseits der dadurch geleisteten und hinfort verharrenden Ergebnisse.

In der letzten Hinsicht sind also das Thema der Logik die mannigfaltigen Formen von Urteils- und Erkenntnisgebilden, die den Erkennenden während des Vollzuges ihrer Denktätigkeiten erwachsen, und zwar in der besonderen Weise des »Themas«. Die jeweiligen Gebilde sind eben das, worauf der Denkende als zu einem bleibenden Erwerbe hinaus will, und das ihm zugleich als Mittel dienen soll, um neue solche Erwerbe zu gewinnen. Es ist jeweils nicht nur überhaupt etwas geworden, sondern geworden als Abgezieltes der Denkhandlung; in besonderer Weise ist der Denkende darauf »gerichtet«, er hat es »objektiv« vor sich. In ihren höher gebauten Formen überschreiten diese Gebilde allerdings die jeweilige Sphäre der Bewußtseinspräsenz. Sie bleiben dabei aber doch Bestandstücke eines sich forterstrekkenden, thematisch umspannten »Feldes«, eines eigenen Reiches praktischer Erzeugnisse, auf die man immer wieder »zurückkommen«, mittels deren man immer wieder neue Gebilde erzeugen kann, Begriffe, Urteile, Schlüsse, Beweise, Theorien. In der Einheit einer Wissenschaft sind alle solche Gebilde und ist das gesamte Feld der Erzeugnisse, die in der Einheit eines theoretischen Interesses entsprungen sind, alleinheitlich verbunden zu einer universalen Theorie, deren systematisch ins Unendliche fortlaufende Ausgestaltung das Gemeinschaftsziel der in offener Gemeinschaft mit[30]einander und füreinander arbeitenden Wissenschaftler ist. Durch sie soll das jeweilige Wissenschafts»gebiet« zur systematischen Erkenntnis gebracht werden in einer Alleinheit von Erkenntnisgebilden, genannt theoretische Wahrheiten, die sich aufeinander bauen zur Einheitsform eines Wahrheitssystems.

All dieses Objektive hat nicht nur das flüchtige Dasein des im thematischen Feld als aktuelle Bildung Auftretenden und Vergehenden. Es hat auch den Seinssinn bleibender Fortgeltung, ja sogar den objektiver Gültigkeit in besonderem Sinn, über die aktuell erkennende Subjektivität und ihre Akte hinausreichend. Es bleibt Identisches in der Wiederholung, wird in der Weise eines bleibend Seienden wieder erkannt; es hat in der dokumentierten Form objektives Dasein, ebenso wie die sonstigen Gegenständlichkeiten der Kulturwelt: es ist so in einer objektiven Dauer für jedermann vorfindlich, in selbem Sinne nachverstehbar, intersubjektiv identifizierbar, daseiend, auch wenn niemand es denkt.

Die Gegenrichtung logischer Thematik ist die subjektive. Sie geht auf die tief verborgenen subjektiven Formen, in denen die theoretische »Vernunft« ihre Leistungen zustande bringt. Zunächst ist hier die Frage die Vernunft in der Aktualität, nämlich die in lebendigem Vollzug verlaufende Intentionalität, in der jene objektiven Gebilde ihren »Ursprung« haben. Mit anderen Worten, es ist deren Leistung, daß im thematischen Felde des vollziehenden Subjektes die jeweiligen Gebilde, die jeweiligen Urteils- und Erkenntnisgegenständlichkeiten im Charakter von Erzeugnissen »objektiv« auftreten. Während die entsprechende Intentionalität in Vollzug ist, während sie als in dieser Art objektivierend leistendes Leben verläuft, ist sie »unbewußt«, d. h. sie macht thematisch, aber ist eben darum und wesensmäßig nicht selbst thematisch. Sie ist verborgen, solange sie nicht durch eine Reflexion enthüllt und damit selbst zum Thema geworden ist, und zum theoretischen Thema in der subjektiv gerichteten logischen Forschung. Der geradehin Urteilende und in welcher Weise immer Denkende (z. B. begriffliche Gestalten beliebiger Komplexion Erzeugende) hat »bewußt«, hat thematisch vor sich ausschließlich die jeweiligen Gebilde. Jedes in diesem Sinne objektiv Logische für sich hat sein »subjektives« Korrelat in seinen konstituierenden Intentionalitäten, und wesensmäßig entspricht jeder Form der Gebilde ein als subjektive Form anzusprechendes System leistender Intentionalität. Doch kommt auch mit in Frage die weitere subjektive Leistung, vermöge deren das aktuell Konstituierte für die Erkennenden aus Quellen ihrer Habitualität [31] mehr ist als dieses momentan Thematische der aktuellen Gegenwart. Diese Leistung macht es, daß das Konstituierte wirklich als Objektives bewußt werden kann, als der Subjektivität bleibend Geltendes, und daß es in der Erkenntnisgemeinschaft, bzw. für sie, den Sinn einer »an sich« seienden idealen Objektivität annimmt.

Die Doppelseitigkeit alles Logischen bietet für die Auslegung des rechten Sinnes und der rechten Gestaltung der ihr gemäß sich scheidenden und wieder verflechtenden Problemgruppen ganz außerordentliche Schwierigkeiten. Man kann sagen, an ihnen liegt es, daß die Logik nach Jahrtausenden noch nicht auf die feste Bahn einer wahrhaft rationalen Entwicklung gekommen ist, daß sie nicht, was doch ihr eigentümlicher Beruf unbedingt forderte, zu einer Wissenschaft geworden ist, die zum klaren Bewußtsein ihrer Ziele vorgedrungen wäre und diese in sicherem Fortschreiten von Stufe zu Stufe verwirklicht hätte. Nahezu alles, was den Grundsinn der Logik, ihrer Problematik, ihrer Methode betrifft, ist aus dieser trüben Quelle, aus der unverständlich gebliebenen und nie in rechter Weise befragten Objektivität aus subjektiver Leistung, mit Unverständlichkeiten behaftet. Alles ist daher umstritten und doch nie im Streite geklärt. Selbst die ideale

Objektivität der logischen Gebilde und der apriorische Charakter der auf sie speziell bezüglichen logischen Doktrinen und dann auch der Sinn dieses Apriori ist von eben dieser Unklarheit betroffen, da ja das Ideale in die subjektive Sphäre hineingestellt erscheint, aus ihr als Gebilde entspringt.

Was wir bisher über die Logik gesagt haben, ist also in einer vorläufigen Überschau und in einer Einsicht gesprochen, die sich erst durch konkretere Auslegungen und, soweit es uns nützlich erscheint, durch Verständigung mit den historischen Motivationen und den aus ihnen entsprungenen Interpretationen der Logik zu bewähren hat.

[135] 2. *Der Vorwurf des Psychologismus gegen jede subjektiv gerichtete Betrachtung der logischen Gebilde*

Knüpfen wir an die Forderung der Zweiseitigkeit logischer Forschungen an, die wir in unseren Vorbetrachtungen hingestellt hatten, aber ohne den Sinn der subjektiv gerichteten Thematik zureichend geklärt zu haben. Diese Forderung war als eine ganz allgemeine ausgesprochen worden, somit auch als gültig für die an sich erste, die analytische Logik. Sinn und Recht dieser subjektiv gerichteten logischen Thematik – die, um es gleich zu sagen, nicht die Bedeutung einer eigenen logischen Disziplin, einer von der objektiv-ideal gerichteten Analytik abzusondernden beanspruchen wird – sind nun in Frage.

Im Eingang steht hier aber das Schreckbild des Psychologismus. Gegen die Forderung subjektiv gerichteter logischer Forschungen erhebt man unter Berufung auf den I. Band meiner logischen Untersuchungen (mit dem bezeichnenden Titel »Prolegomena zur reinen Logik«) den Einwand, daß es doch die Leistung desselben sein sollte, aus dem Thema der Logik, zunächst der traditionellen und dann der zur vollen *mathesis universalis* erweiterten, alles Psychologische radikal auszumerzen. Der herrschend gewordene Empirismus (seiner historischen Abkunft nach Antiplatonismus) war blind für die eigentümliche Objektivität aller idealen Gebilde; überall wertet er sie psychologistisch um in die jeweiligen psychischen Aktualitäten und Habitualitäten. So auch jene ihrem eigenen Sinne nach irrealen Gegenständlichkeiten, die als Aussagesätze, als Urteile, als Wahrheiten, als Schlüsse, Beweise, Theorien und als in ihnen eingeformt auftretende kategoriale Gegenständlichkeiten das thematische Gebiet der Logik ausmachen. Die Urteile, von denen die Logik in ihren Gesetzen spricht, sind nicht die Urteilserlebnisse (das Urteilen), die Wahrheiten nicht die Evidenzerlebnisse, die Beweise nicht das subjektiv-psychische Beweisen usw.

Sowenig es die (wie wir wissen, selbst in die Logik hineingehörige) Anzahlenlehre mit den Erlebnissen des Kolligierens und Zählens als ihrem Gebiet zu tun hat, sondern mit den Zahlen, sowenig die Lehre von den Ordnungen und Ordinalzahlen mit den Erlebnissen des Ordnens, sondern mit den Ordnungen selbst und ihren Formen, sowenig hat es die Syllogistik mit den psychischen Erlebnissen des Urteilens, Schließens zu tun. Dasselbe gilt für die sonstigen objektiven [136] Wissenschaften. Niemand wird als Gebiet der Naturwissenschaft die psychischen Erlebnisse der naturalen Erfahrung und des Naturdenkens bezeichnen anstatt die Natur selbst. Hier bestanden nicht die psychologistischen Versuchungen, denen die neuere Logik fast allgemein unterlag. Danach scheint also, wie für jede andere objektive Wissenschaft (die Menschen- und Tierpsychologie ausgenommen) so für die Logik jede subjektiv gerichtete (wofür man meistens ohne weiteres sagen wird: psychologische) Thematik ausgeschlossen. Sie gehört eben nicht in das Gebiet der Logik sondern der Psychologie.

Wie steht es dann aber mit unserer Forderung der Einbeziehung subjektiv-korrelativer Untersuchungen in die Logik? Steht sie nicht auf einer Stufe mit der entsprechenden Forderung für alle Wissenschaften?

Schon bald nach dem Erscheinen der Logischen Untersuchungen wurde der Vorwand erhoben, die dort unter dem Titel der »Klärung« der rein logischen Grundbegriffe geforderten phänomenologischen Untersuchungen, die der II. Band in breiterer Ausführung abzuheben versuchte, bedeuteten einen Rückfall in den Psychologismus.

Merkwürdigerweise hat man die Prolegomena zur reinen Logik als eine schlechthinige Überwindung des Psychologismus angesehen, ohne zu beachten, daß darin nirgends vom Psychologismus schlechthin (als einer universalen erkenntnistheoretischen Verirrung) die Rede war, sondern von einem Psychologismus ganz besonderen Sinnes, eben der Psychologisierung der irrealen Bedeutungsgebilde, die das Thema der Logik sind. Die noch heute allgemein herrschende Unklarheit über jenes den prinzipiellen Sinn der ganzen Transzendentalphilosophie (darin beschlossen der sogenannten Erkenntnistheorie) betreffende Problem des erkenntnistheoretischen Psychologismus hatte ich selbst damals noch nicht ganz überwunden; obschon gerade die »phänomenologischen« Untersuchungen des II. Bandes, sofern sie den Weg zu einer transzendentalen Phänomenologie bahnten, zugleich zu der Stellung und radikalen Überwindung des Problems des transzendentalen Psychologismus die notwendigen Zugänge eröffneten. Auf diese Probleme bezügliche Klärungen werden wir weiter unten versuchen.[2]

Es ist also sehr notwendig hier noch einmal auf das besondere Problem des Psychologismus näher einzugehen, das jene »Prolegomena« behandelt hatten. Wir wollen uns aber nicht an die früheren, in einzelnen Punkten verbesserungsbedürftigen Darstellungen binden, sondern dem Problem eine reinere Form geben, es auch in allgemeinere Zusammenhänge hineinstellen, die uns überleiten in die Klarlegung des notwendigen Sinnes einer »zweiseitig« forschenden, einer im echten Sinne philosophischen Logik. Denn [137] darauf geht unser Hauptabsehen, zu zeigen, daß eine geradehin auf ihre eigentliche thematische Sphäre gerichtete und ausschließlich an ihrer Erkenntnis tätige Logik in einer Naivität stecken bleibt, die ihr den philosophischen Vorzug radikalen Sichselbstverstehens und prinzipieller Selbstrechtfertigung verschließt, oder was dasselbe, den Vorzug vollkommenster Wissenschaftlichkeit, den zu erfüllen die Philosophie da ist, und vor allem die Philosophie als Wissenschaftslehre.

3. *Logischer Psychologismus und logischer Idealismus*

a) Die Beweggründe für diesen Psychologismus

Wir haben schon früher[3] von der Schwierigkeit gesprochen, die psychischen Gebilde, die den thematischen Bereich der Logik ausmachen, von der psychologischen Subjektivität abzuscheiden; also Urteile – dann aber auch Mengen und Anzahlen usw. – als etwas Anderes anzusehen, denn als psychische Vorkommnisse im urteilenden Menschen. Was im urteilenden Tun ursprünglich erwächst an Subjekten und Prädikaten, Prämissensätzen und Schlußsätzen und dgl., das tritt doch im Bewußtseinsfeld des Urteilenden Glied für Glied auf. Es ist nichts dem Psychischen Fremdes, nichts dergleichen wie ein physischer Vorgang, wie ein in physischer Handlung erwachsendes physisches Gebilde. Vielmehr in der als Bewußtseinserlebnis verlaufenden psychischen Tätigkeit selbst, von ihr ungetrennt und nicht außen sondern innen, treten die Urteilsglieder und die ganzen Urteilsgebilde auf. Ja die vom englischen Empirismus Mißleiteten kommen hier nicht einmal dazu, überhaupt eine Scheidung zu machen zwischen dem urteilenden Erleben und dem »darin« sich gliedweise gestaltenden Gebilde selbst. Was von den ursprünglich erzeugenden Denkaktionen gilt, das gilt auch von den sekundären Modis des Denkens, so von verworrenen Einfällen und sonstigen »undeutlichen« Meinungen (und ebenso denen der parallelen Weisen des Vernunftbewußtseins, denen des »Gemütes«, sowie den entsprechenden zugehörigen sekundären Modis. Im verworrenen Denkbewußtsein selbst und nicht als ein Äußeres treten diese verworrenen Gedanken auf. Wie hätten wir also in der Logik das Feld der »psychischen Phänomene«, der »Phänomene innerer Erfahrung« überschritten? Demnach wären alle logischen Data reale Vorkommnisse der psychologischen Sphäre, als solche nach der gewöhnlichen Ansicht in dem allgemeinen Kausalzusammenhang [138] der realen Welt eindeutig determiniert und nach Kausalgesetzen zu erklären.

Doch diesen letzten Punkt können wir außer Betracht lassen. Die Hauptsache ist hier die Gleichsetzung der Urteilsgebilde (und dann natürlich aller ähnlichen Gebilde von Vernunftakten überhaupt) mit Phänomenen der inneren Erfahrung. Diese Gleichsetzung ist begründet durch ihr »inneres« Auftreten im Aktbewußtsein selbst. So wären also Begriffe, Urteile, Schlüsse, Beweise, Theorien psychische Vorkommnisse und die Logik, wie J. St. Mill gesagt hatte, ein »Teil oder Zweig der Psychologie«. Eben in dieser scheinbar so einleuchtenden Auffassung liegt der logische Psychologismus.

b) Die Idealität der logischen Gebilde als irreales Auftreten in der logisch-psychischen Sphäre

Demgegenüber sagen wir: es ist eine ursprüngliche Evidenz, daß in wiederholten Akten, gleichen oder ähnlichen, gebildete Urteile, Schlüsse usw. nicht bloß gleiche und ähnliche, sondern numerisch identisch dieselben Urteile, Schlüsse usw. sind. Ihr »Auftreten« im Bewußtseinsbereich ist ein vielfaches. Die jeweiligen bildenden Denkprozesse sind zeitlich – als real-psychische Prozesse realer Menschen angesehen objektiv-zeitlich – außer einander, individuell verschiedene und getrennte. Nicht aber die im Denken gedachten Gedanken. Gewiß treten sie im Bewußtsein nicht als ein »Äußeres« auf. Sie sind eben keine realen, keine Raumgegenstände, sondern irreale Geistesgebilde, deren eigentümliches Wesen die räumliche Extension, ursprüngliche Örtlichkeit und Beweglichkeit, ausschließt. Wie andere Geistesgebilde lassen sie aber eine physische Verleiblichung zu, hier die durch die sinnlichen Wortzeichen, und gewinnen so ein sekundäres räumliches Dasein (des gesprochenen oder geschriebenen Satzes). Jede Art Irrealität, von der die Idealität der Bedeutungen und die von ihr zu scheidende Idealität der allgemeinen Wesen oder Spezies[4] besondere Fälle sind, hat Weisen möglicher Anteilhabe an der Realität. Aber das ändert nichts an der prinzipiellen Sonderung zwischen Realem und Irrealem.

Hier werden aber tiefer dringende Klärungen unentbehrlich. Durch Studium und Parallelisierung der Evidenzen vom Realen und Irrealen wird die allgemeine Gleichartigkeit der Gegenständlichkeiten – als Gegenständlichkeiten – verständlich werden.

[139] 4. *Die Evidenz der idealen Gegenstände analog der der individuellen*

Die Evidenz irrealer, im weitesten Sinne idealer Gegenstände ist in ihrer Leistung völlig analog derjenigen der gewöhnlichen, sogenannten inneren und äußeren Erfahrung, der man allein – ohne einen anderen Grund als den eines Vorurteils – die Leistung einer ursprünglichen Objektivierung zutraut. Die Identität eines Idealen und damit dessen Gegenständlichkeit, ist in gleicher Ursprünglichkeit direkt zu »sehen« (und wenn man das Wort mit entsprechend erweitertem Sinne fassen wollte: direkt zu erfahren) wie die Identität eines gewöhnlichen Erfahrungsgegenstandes, z. B. eines Gegenstandes der naturalen Erfahrung oder eines solchen der immanenten Erfahrung von irgendwelchen psychischen Daten. In wiederholten Erfahrungen, vorher schon in der stetigen Abwandlung der momentanen Wahrnehmung in Retention und Protention, dann in möglichen nach Belieben zu wiederholenden Wiedererinnerungen kommt, in deren Synthesis, das Bewußtsein von Demselben, und zwar als »Erfahrung« dieser Selbigkeit zustande. Diese ursprüngliche Identifizierbarkeit gehört als Wesenskorrelat zum Sinn jedes Gegenstandes der Erfahrung im gewöhnlichen und prägnanten Sinne, der sich dahin bestimmt, daß es evidente Selbsterfassung und Selbsthabe eines individuellen (immanenten oder realen) Datums ist.

Ebenso sagen wir, gehört zum Sinn eines irrealen Gegenstandes die ihm zugehörige Identifizierbarkeit auf Grund der ihm eigenen Weisen der Selbsterfassung und Selbsthabe. Der Leistung nach ist sie also wirklich so etwas wie eine »Erfahrung«, nur daß ein derartiger Gegenstand eben nicht aus einer ihm ursprünglich zugehörigen Zeitlichkeit individuiert ist.[5]

Die Möglichkeit der Täuschung gehört mit zur Evidenz der Erfahrung und hebt ihren Grundcharakter und ihre Leistung nicht auf, obschon das evidente Innewerden der Täuschung die betreffende Erfahrung oder Evidenz selbst »aufhebt«. Die Evidenz einer neuen Erfahrung ist es, an der die vordem unbestrittene Erfahrung die Glaubensmodifikation der Aufhebung, der Durchstreichung erleidet, und nur so kann sie sie erleiden. Evidenz der Erfahrung ist also hierbei immer schon vorausgesetzt. Die bewußtseinsmäßige »Auflösung« einer Täuschung, in der Ursprünglichkeit des »nun sehe ich, daß das [140] eine Illusion ist«, ist selbst eine Art der Evidenz, nämlich die von der Nichtigkeit eines Erfahrenen, bzw. von der »Aufhebung« der (vordem unmodifizierten) Erfahrungsevidenz. Auch das gilt für jedwede Evidenz oder für jede »Erfahrung« im erweiterten Sinne. Selbst eine sich als apodiktisch ausgebende Evidenz kann sich als Täuschung enthüllen und setzt doch dafür eine ähnliche Evidenz voraus, an der sie »zerschellt«.

5. *Allgemeines über Evidenz als Selbstgebung*

Der beständige Anstoß, der bei dieser Darstellung empfunden werden dürfte, liegt nur an der üblichen grundverkehrten Interpretation der Evidenz vermöge des völligen Mangels einer ernstlichen phänomenologischen Analyse der durch alle ihre Formen gemeinsam hindurchgehenden Leistung. So kommt es, daß man den Begriff der Evidenz im Sinne einer absoluten Apodiktizität, einer absoluten Sicherheit gegen Täuschungen versteht – einer Apodiktizität, die ganz unbegreiflich einem aus dem konkreten wesenseinheitlichen Zusammenhang eines subjektiven Erlebens herausgerissenen Einzelerleben zugeschrieben wird. Man sieht in ihr ein absolutes Kriterium der Wahrheit, womit nicht nur alle äußere, sondern eigentlich auch die innere Evidenz wegfallen müßte. Rekurriert man nun gar in einer Art sensualistischer Unterschiebung auf sogenannte Evidenzgefühle – unfähig Evidenz als eine fungierende Intentionalität auszulegen – so wird die immer doch der Evidenz zugemutete Erzielung der Wahrheit selbst zu einem Wunder, ja im Grunde zu einem Widersinn.

Man darf uns nicht etwa die berühmte Evidenz der »inneren Wahrnehmung« als Gegeninstanz gegen diese Ausführungen vorhalten. Denn – wir werden davon noch zu sprechen haben[6] – die Selbstgebung dieser Wahrnehmung für ihr »immanent Wahrgenommenes« ist für sich allein nur die Selbstgebung für eine Vorstufe eines Gegenstandes, nicht aber die eines Gegenstandes im eigentlichen Sinne. Wahrnehmung allein ist überhaupt keine volle objektivierende Leistung, wenn darunter eben die Selbsterfassung eines Gegenstandes verstanden sein soll. Nur dadurch gilt uns die innere Wahrnehmung als Selbsterfassung eines Gegenstandes, daß mögliche und beliebig wiederholbare Wiedererinnerung stillschweigend in Rechnung gezogen ist. Aktualisiert gibt sie erst in vollem Sinne ursprüngliche [141] Gewißheit vom Sein eines subjektiven Gegenstandes, genannt psychisches Datum, als eines aus ursprünglicher Erwerbung beliebig Identifizierbaren, als auf welches man »immer wieder« zurückkommen und es als dasselbe in Reaktivierung wiedererkennen kann. Natürlich spielt die intentionale Mitbeziehung auf diese »Synthesis der Rekognition« auch für jede äußere Gegenständlichkeit eine ähnliche Rolle, womit aber keineswegs gesagt sein soll, daß dergleichen schon die volle Leistung äußerer Erfahrung ausmacht.

Evidenz bezeichnet, wie für uns durch die obigen Ausführungen schon sichtlich geworden ist, die intentionale Leistung der Selbstgebung. Genauer gesprochen ist sie die allgemeine ausgezeichnete Gestalt der »Intentionalität«, des »Bewußtseins von etwas«, in der das in ihr bewußte Gegenständliche in der Weise des Selbsterfaßten, Selbstgesehenen, des bewußtseinsmäßigen Bei-ihm-selbst-seins bewußt ist. Wir können auch sagen, es ist das urtümliche Bewußtsein: »es selbst« erfasse ich, originaliter, im Kontrast z. B. gegen das Erfassen im Bilde, oder als sonstige anschauliche oder leere Vormeinung.

Doch muß hier gleich darauf hingewiesen werden, daß die Evidenz verschiedene Originalitätsmodi hat. Der Urmodus der Selbstgebung ist die Wahrnehmung. Das Dabei-sein ist für mich als Wahrnehmenden bewußtseinsmäßig mein Jetzt-dabei-sein: ich selbst bei dem Wahrgenommenen selbst. Ein intentional abgewandelter und komplizierter gebauter Modus der Selbstgebung ist die nicht leer auftauchende sondern das »Selbst« wieder-verwirklichende Erinnerung: die klare Wiedererinnerung. Zu ihrem phänomenologischen Bestande gehört es, daß sie in sich »reproduktives« Bewußtsein ist, Bewußtsein vom Gegenstande selbst als meines vergangenen, korrelativ gesprochen als des von mir (demselben, aber im Modus »vergangen« reproduzierten Ich) wahrgenommen gewesenen, bei dem ich (das als Gegenwart für sich selbst aktuelle Ich) jetzt »wieder« bin – bei ihm selbst.

Hier sei, weil das beirren könnte,[7] bemerkt, daß die Abwandlung der Selbstgebung als Wahrnehmung und Wiedererinnerung für reale und ideale Gegenständlichkeiten eine sehr verschiedene Rolle spielt. Das steht im Zusammenhang damit, daß die letzteren keine sie individuierend bindende Zeitstelle haben. Jede klare, explizite Wiedererinnerung an ideale Spezies geht durch eine bloße, wesensmäßig mögliche Einstellungsänderung in eine [142] Wahrnehmung über, was natürlich bei zeitlich individuierten Gegenständen ausgeschlossen ist.

Unsere allgemeine Charakteristik der Evidenz stellen wir der üblichen nicht etwa gegenüber als eine neue »Theorie«, als eine anmutende Interpretation, die allererst und wer weiß wie zu erproben wäre – am Ende gar durch Denkexperimente. Vielmehr als eine durch phänomenologische Entfaltung jeder Erfahrung und jeder wirklich betätigten »Einsicht« (die man grundlos ganz prinzipiell von den gewöhnlich sogenannten Erfahrungen scheidet) zu gewinnende Evidenz höherer Stufe. Diese ihrerseits ist selbst wieder nur durch eine Evidenz dritter Stufe in ihrer Leistung auszulegen und zu verstehen, und so *in infinitum*. Nur sehend kann ich herausstellen, was in einem Sehen eigentlich vorliegt, ich muß ein sehendes Explizieren des Eigenwesens solchen Sehens vollziehen.

Jedes selbstgebende Bewußtsein kann eben darum, weil es sein Gegenständliches als es selbst gibt, für ein anderes Bewußtsein, für ein bloß unklares oder gar verworrenes Meinen, oder für ein zwar anschauliches, aber bloß vorverbildlichendes oder ein sonstiges nicht selbstgebendes Meinen Recht, Richtigkeit begründen; und zwar, wie wir schon früher zu beschreiben hatten,[8] in Form der synthetischen Adäquation an die »Sachen selbst«, bzw. im Falle der Unrichtigkeit in Form der Inadäquation als der Evidenz der Nichtigkeit. Insofern sind die Selbstgebungen, die evidentes Recht schaffenden Akte, schöpferische Urstiftungen des Rechtes, der Wahrheit als Richtigkeit[9] – eben weil sie für die jeweiligen Gegenständlichkeiten selbst als für uns seiende ursprünglich konstituierende, ursprünglich Sinn und Sein stiftende sind. Ebenso sind die ursprünglichen Inadäquationen, als Selbstgebungen der Nichtigkeit, Urstiftungen der Falschheit, des Unrechtes als Unrichtigkeit (*positio* gewendet, der Wahrheit der Nichtigkeit, der Unrichtigkeit). Durch sie konstituiert sich nicht Gegenständlichkeit schlechthin, d. i. seiende, sondern auf Grund vermeinter Gegenständlichkeit Durchstreichung solcher »Meinung«, also ihr Nichtsein.

6. *Die Grundgesetzlichkeit der Intentionalität und die universale Funktion der Evidenz*

Wir haben es vorhin schon berührt, daß die Selbstgebung, wie jedes einzelne intentionale Erlebnis, Funktion ist im universalen [143] Bewußtseinszusammenhang. Ihre Leistung ist also nicht in der Einzelheit abgeschlossen, auch nicht die als Selbstgebung, als Evidenz, sofern sie in ihrer eigenen Intentionalität implizite weitere Selbstgebungen »fordern«, auf sie »verweisen« kann, ihre objektivierende Leistung zu vervollständigen. Lenken wir unseren Blick auf das Universale des Bewußtseinslebens, um uns eine bedeutsame, die Evidenz allgemein betreffende Erkenntnis zuzueignen: Intentionalität überhaupt – Erlebnis eines Bewußthabens von irgend etwas – und Evidenz, Intentionalität der Selbstgebung sind wesensmäßig zusammengehörige Begriffe. Beschränken wir uns auf »setzendes«, auf positionales Bewußtsein. Für das »neutrale« Bewußtsein modifiziert sich alles, was wir jetzt ausführen werden, in einer leicht verständlichen Weise; für die Evidenz tritt dann ein deren Als-ob-Modifikation, für die Adäquation ebenso usw. Es gilt nun als Grundgesetzlichkeit der Intentionalität:

Jedwedes Bewußtsein von irgend etwas gehört *a priori* in eine offen endlose Mannigfaltigkeit möglicher Bewußtseinsweisen, die in der Einheitsform der Zusammengeltung *(con-positio)* synthetisch je zu einem Bewußtsein verknüpfbar sind als Bewußtsein von »demselben«. Zu dieser Mannigfaltigkeit gehören wesensmäßig auch die Modi eines mannigfaltigen, sich entsprechend einfügenden Evidenzbewußtseins – und dies disjunktiv entweder als evidente Selbsthabe von Demselben oder von einem Anderen, es evident aufhebenden.

So ist Evidenz eine universale, auf das gesamte Bewußtseinsleben bezogene Weise der Intentionalität, durch sie hat es eine universale teleologische Struktur, ein Angelegtsein auf »Vernunft« und sogar eine durchgehende Tendenz dahin, also auf Ausweisung der Richtigkeit (und dann zugleich auf habituellen Erwerb derselben) und auf Durchstreichung der Unrichtigkeiten (womit sie aufhören als erworbener Besitz zu gelten).

Nicht nur in Hinsicht auf diese universale teleologische Funktion ist Evidenz ein Thema für weitreichende und schwierige Untersuchungen. Sie betreffen schon das Allgemeine der Evidenz als einzelnen Erlebnisses, wohin die oben berührte Eigenheit gehört, daß in jedem evidenten Gegenstandsbewußtsein eine intentionale Verweisung mitbeschlossen ist auf eine Synthesis der Rekognition. Sie betreffen ferner die Originalitätsmodi der Evidenz und ihre Funktionen, weiter die verschiedenen Regionen und Kategorien von Gegen-[144]ständlichkeiten selbst. Denn wenn wir mit der Charakteristik der Evidenz als Selbstgebung (oder von seiten des Subjektes gesprochen der Selbsthabe) eines Gegenstandes eine auf alle Gegenständlichkeiten in gleicher Weise bezogene Allgemeinheit bezeichnet haben, so ist damit nicht etwa gemeint, daß die Struktur der Evidenz eine überall gleiche ist.

Kategorie der Gegenständlichkeit und Kategorie der Evidenz sind Korrelate. Zu jeder Grundart von Gegenständlichkeiten – als in intentionaler Synthesis durchzuhaltender intentionaler Einheiten, letztlich von Einheiten möglicher »Erfahrung« – gehört eine Grundart der »Erfahrung«, der Evidenz und ebenso des intentional indizierten Evidenzstiles in der evtl. Steigerung der Vollkommenheit der Selbsthabe.

Es erwächst so die große Aufgabe, alle diese Weisen der Evidenz zu durchforschen, die höchst komplizierten, zu synthetischer Einstimmigkeit zusammengehenden und auf immer neue vorweisende Leistungen verständlich zu machen, in der die betreffende Gegenständlichkeit sich selbst und bald unvollkommener, bald vollkommener zeigt. Von oben her die Evidenz und das »Selbstvertrauen der Vernunft« bereden, ergibt hier nichts. Und an der Tradition hängen bleiben, die aus längst vergessenen Motiven, und jedenfalls aus nie geklärten, die Evidenz auf apodiktische, absolut zweifellose und sozusagen in sich absolut fertige Einsicht reduziert, das heißt sich das Verständnis aller wissenschaftlichen Leistung versperren. Nur darum muß beispielsweise die Naturwissenschaft auf äußere Erfahrung bauen, weil diese Erfahrung eben der Modus der Selbsthabe von Naturobjekten ist, und ohne sie also gar nichts mehr denkbar wäre, wonach naturales (raumdingliches) Meinen sich richten könnte. Und wieder nur weil unvollkommene Erfahrung doch Erfahrung, doch Bewußtsein der Selbsthabe ist, kann Erfahrung sich nach Erfahrung richten und durch Erfahrung berichtigen. Aus eben diesem Grunde ist es auch verkehrt, eine Kritik der sinnlichen Erfahrung, die natürlich deren prinzipielle Unvollkommenheit (das ist ihr Angewiesensein auf weitere Erfahrung!) herausstellt, damit abzuschließen, daß man sie verwirft und dann in der Not auf Hypothesen und indirekte Schlüsse rekurriert, durch die das Phantom eines transzendenten »Ansich« (eines widersinnig transzendenten) erhascht werden soll. Alle transzendentalrealistischen Theorien mit ihren Schlüssen von der »immanenten« Sphäre rein »innerer« Erfahrung auf eine außerpsychische Transzendenz beruhen auf der Blindheit für das Eigentümliche der »äußeren« Erfahrung als [145] einer selbstgebenden Leistung, die nur als solche Grundlage für naturwissenschaftliche Theorien sein kann.[10]

7. *Evidenz überhaupt in der Funktion aller, ob realen oder irrealen Gegenstände als synthetischer Einheiten*

Gehen wir nun wieder zurück zu den irrealen Gegenständlichkeiten und im besonderen zu denen der analytisch-logischen Sphäre, so haben wir im I. Abschnitt die für sie in ihren verschiedenen Schichten rechtgebenden oder selbstgebenden Evidenzen kennengelernt. Für die irrealen Gegenständlichkeiten einer jeden Schicht sind das also die entsprechenden »Erfahrungen«, und sie haben die Wesenseigenschaft aller Erfahrungen oder Evidenzen überhaupt: nämlich daß sie in der Wiederholung der subjektiven Erlebnisse, in der Aneinanderreihung und Synthesis verschiedener Erfahrungen von Demselben, eben ein numerisch Identisches und nicht bloß Gleiches evident sichtlich machen, den Gegenstand, der da vielmals erfahrener ist, oder wie wir auch sagen können, sein vielmaliges (nach idealer Möglichkeit ein unendlich vielmaliges) »Auftreten« im Bewußtseinsbereich haben. Unterschiebt man den idealen Gegenständlichkeiten die zeitlichen Vorkommnisse des Bewußtseinslebens, in denen sie »auftreten«, so müßte man konsequenterweise das auch bei den Daten der Erfahrung tun. So sind die psychischen Daten, die der »inneren« Erfahrung, als immanent zeitlich erfahren, also als intentional identische im Fluß der subjektiven temporalen Modi. Wir müßten ihnen also die immanenten [146] konstitutiven Zusammenhänge des »ursprünglichen Zeitbewußtseins«[11] unterlegen.

Doch leichter zugänglich ist das Konstitutive des Identischen der äußeren Erfahrung. Auch die physischen Gegenstände treten »im Bewußtseinsfeld« auf, dem allgemeinsten nach nicht anders wie die idealen Gegenstände; nämlich in dem Fluß der mannigfaltigen, aufeinandergebauten Erscheinungsweisen als intentionale Einheiten, obschon im Modus des »selbst-gegeben«. Sie sind in diesem Auftreten innerhalb der Erfahrungserlebnisse diesen in einem guten Sinn immanent, wenngleich nicht im gewöhnlichen – der reellen Immanenz.

Es ist, wenn man die Leistung des Bewußtseins und im besonderen die der Evidenz verstehen will, nicht genug, hier und sonst von der »Richtung« des Bewußtseins, insonderheit des erfahrenden, auf Gegenstände zu sprechen und allenfalls oberflächlich äußere und innere Erfahrung, Ideation und dgl. zu unterscheiden. Man muß sich die Bewußtseinsmannigfaltigkeiten, die unter diesen Titeln stehen, in phänomenologischer Reflexion zu Gesicht bringen und sie strukturell zergliedern. Man muß sie dann in den synthetischen Übergängen verfolgen, bis in die elementarsten Strukturen hinein nach der intentionalen Rolle oder Funktion fragen. Man muß es verständlich machen, wie sich in der Immanenz der Erlebnismannigfaltigkeiten, bzw. der in ihnen wechselnd auftretenden Erscheinungsweisen, ihr Sichrichten-auf und das worauf sie sich richten, macht, und worin nun in der Sichtsphäre der synthetischen Erfahrung selbst der transzendente Gegenstand besteht – als der den einzelnen Erlebnissen immanente und doch in der sie übersteigenden Identität transzendente Identitätspol. Es ist Selbstgebung und doch Selbstgebung von »Transzendentem«, von einem zunächst »unbestimmt« selbstgegebenen Identitätspol, der sich in der anschließend fortzuführenden Selbstgebung der synthetischen Form der »Explikation« auslegt in »seine« wiederum ideal-identischen »Bestimmungen«. Aber diese Transzendenz liegt in der Weise ursprünglicher Stiftung im Eigenwesen der Erfahrung selbst. Was sie bedeutet, kann man nur ihr allein abfragen, so wie man (was übrigens selbst in unseren Bereich gehört), was ein juristisches Besitzrecht jeweils [147] bedeutet und ausweist, nur erfragen kann durch Rückgang auf die Urstiftung dieses Rechtes.

Man muß also diese große und so viel mißachtete Selbstverständlichkeit in den Mittelpunkt aller prinzipiellen Besinnungen stellen, daß so etwas wie ein Gegenstand (z. B. auch ein physischer) den ihm eigentümlichen *ontischen Sinn* (durch den er dann in allen möglichen Bewußtseinsweisen bedeutet, was er bedeutet) *ursprünglich nur schöpft aus den Erlebnisprozessen der Erfahrung*, als solchen eben, die in sich charakterisiert sind als Bewußthaben im Modus »Es-selbst«, als Selbst-Erscheinungen eines Etwas, als uns Selbst-entgegentreten in Seinsgewißheit (im Beispiel von physischen Gegenständen). Die *Urform* ist dabei das *Sich-selbst-gegenwärtig-zeigen* der Wahrnehmung, oder des *Sich-»wieder«-zeigen* der Wiedererinnerung im Modus des Vergangenen.

Erfahrung ist die Urstiftung des Für-uns-seins von Gegenständen ihres gegenständlichen Sinnes. Das gilt offenbar ganz ebenso für die *irrealen* Gegenstände, ob sie den Charakter der Idealität des Spezifischen haben oder der Idealität eines Urteils, oder die einer Symphonie usw. Überall, also auch für die äußere Erfahrung, gilt es, daß evidente Selbstgebung zu charakterisieren ist als ein Prozeß der Konstitution, eines Sichbildens des Erfahrungsgegenstandes – freilich eine zunächst nur beschränkte Konstitution, da ja der Gegenstand auch über die Mannigfaltigkeiten der aktuellen Erfahrung hinaus ein Dasein beansprucht und auch dieses Moment seines Seinssinnes seine konstitutive Aufklärung fordert und vermöge der in der Erfahrung selbst implizierten und jeweils zu enthüllenden Intentionalität ermöglicht. In den kontinuierlichen und diskreten Synthesen mannigfaltiger Erfahrungen baut sich wesensmäßig der Erfahrungsgegenstand als solcher »sichtlich« auf, in dem wechselnden Sichzeigen immer neuer Seiten, immer neuer ihm eigenwesentlicher Momente, und aus diesem aufbauenden Leben, das seinen möglichen Verlauf der Einstimmigkeit vorzeichnet, schöpfen sie und schöpft der Gegenstand selbst (als nur so wechselnd sich zeigender) seinen Sinn als das dabei Identische möglicher und nach der Verwirklichung zu wiederholender Selbstbildungen. Auch hier ist diese Identität evident, bzw. ist evident, daß der Gegenstand nicht selbst der ihn konstituierende wirkliche und offen mögliche Erfahrungsprozeß ist, geschweige denn die damit sich verbindende evidente Möglichkeit wiederholender Synthesis (als Möglichkeit des »ich kann«).

[148] 8. *Die Idealität aller Arten von Gegenständlichkeiten gegenüber dem konstituierenden Bewußtsein. Die positivistische Mißdeutung der Natur als eine Art Psychologismus*

Danach liegt also im Sinne eines jeden erfahrbaren Gegenstandes, auch eines physischen, eine gewisse Idealität – gegenüber den mannigfaltigen, durch immanent zeitliche Individuation getrennten »psychischen« Prozessen, denen des erfahrenden Erlebens und dann auch Erlebenkönnens, schließlich des Bewußtwerdenkönnens oder Bewußtwerdens jedweder auch nicht erfahrenden Art. Es ist die allgemeine Idealität aller intentionalen Einheiten gegenüber den sie konstituierenden Mannigfaltigkeiten.

Darin besteht die »Transzendenz« aller Arten von Gegenständlichkeiten gegenüber dem Bewußtsein von ihnen (und in entsprechend geänderter, aber zugehöriger Weise des jeweiligen Bewußtseins-Ich, verstanden als Subjektpol des Bewußtseins).

Wenn wir darum doch immanente von transzendenten Gegenständen scheiden, so kann das also nur eine Scheidung innerhalb dieses weitesten Transzendenzbegriffes besagen. Aber das ändert nichts daran, daß auch die Transzendenz des Realen und in höchster Stufe des intersubjektiven Realen (des Objektiven in einem ausgezeichneten Sinne) sich ausschließlich in der immanenten Sphäre, der der Bewußtseinsmannigfaltigkeiten, nach Sein und Sinn konstituiert, und daß seine Transzendenz als Reales eine besondere Gestalt der »Idealität« ist oder besser einer psychischen Irrealität, eines in der rein phänomenologischen Bewußtseinssphäre selbst Auftretenden oder möglicherweise Auftretenden mit allem, was ihm eigenwesentlich zugehört, und doch so, daß es evidenterweise kein reelles Stück oder Moment des Bewußtseins, kein reelles psychisches Datum ist.

Wir finden demgemäß ein genaues Analogon der psychologistischen Interpretation der logischen und aller sonstigen Irrealitäten (wir könnten sagen der erweiterten Region der platonischen Ideen) in jenem bekannten Typus des Positivismus, den wir auch als Humanismus bezeichnen dürften. Er wird z. B. durch die Machsche Philosophie und die »Philosophie des Als ob« vertreten – obschon in einer Weise, die, was die Ursprünglichkeit und Tiefe der Problematik anbelangt, hinter Hume weit zurückbleibt. Die Dinge reduzieren sich für diesen Positivismus auf empirisch geregelte Komplexe psychischer Daten (der »Empfindungen«), ihre Identität und damit ihr ganzer Seinssinn wird zu [149] einer bloßen Fiktion. Es ist eine nicht bloß falsche, gegen die phänomenologischen Wesensbestände völlig blinde Lehre, sondern sie ist auch dadurch widersinnig, daß sie nicht sieht, wie selbst Fiktionen ihre Seinsart haben, ihre Weise der Evidenz, ihre Weise Einheiten von Mannigfaltigkeiten zu sein, und wie sie somit dasselbe Problem mit sich führen, das durch sie wegtheoretisiert werden sollte.

9. *Ursprünglich erzeugende Aktivität als die Selbstgebung der logischen Gebilde und der Sinn der Rede von ihrer Erzeugung*

Wir haben oft von einem Erzeugen der logischen Gebilde im Bewußtsein gesprochen. Es ist bei dieser Rede vor einem Mißverständnis zu warnen, das *mutatis mutandis* alle Rede von Konstitution von Gegenständlichkeiten im Bewußtsein betrifft.

Wo wir sonst von einem Erzeugen sprechen, beziehen wir uns auf eine reale Sphäre. Wir meinen damit ein handelndes Hervorbringen von realen Dingen oder Vorgängen: Reales, das im umweltlichen Kreise schon da ist, wird zweckentsprechend behandelt, umgeordnet oder umgestaltet. In unserem Falle aber haben wir irreale Gegenstände vor uns, gegeben in realen psychischen Vorgängen, irreale, die wir in einer auf sie, und keineswegs auf die psychischen Realitäten gerichteten praktischen Thematik behandeln, handelnd so und so gestalten. Nicht also wie wenn dies abgeschwächt werden dürfte, daß hier und ganz ernstlich ein gestaltendes Tun, ein Handeln, ein praktisch auf Ziele oder Zwecke Gerichtetsein statthat[12], als ob nicht wirklich hier aus einem schon praktisch Vorgegebenen ein Neues zwecktätig erzeugt würde. In der Tat, das Urteilen (und in seiner Ursprünglichkeit in besonderer Weise natürlich das erkennende Urteilen) ist auch Handeln, nur eben prinzipiell nicht ein Behandeln von Realem, wie sehr selbstverständlicherweise jedwedes Handeln selbst ein psychisch Reales ist (ein objektiv Reales, wo wir das Urteilen in der psychologischen Einstellung als menschliche Aktivität nehmen). Aber dieses Handeln hat von Anfang an und in allen seinen Stufengestaltungen ausschließlich Irreales in seiner thematischen Sphäre; im Urteilen wird ein Irreales intentional konstituiert. In der aktiven Bildung von neuen Urteilen aus schon vorgegebenen sind wir ernstlich erzeugend tätig. Wie bei allem Handeln sind die Handlungsziele, die zu erzeugenden neuen Urteile im voraus in Modis einer leeren, inhaltlich noch unbestimmten und jedenfalls noch unerfüllten Antizipation uns bewußt, als das, worauf wir hinstreben und was zur ver[150]wirklichenden Selbstgegebenheit zu bringen, eben das sich schrittweise vollendende Handeln ausmacht.

Was hier »behandelt« wird, sind also keine Realitäten: an dem eigentümlichen Sinn idealer Gegenständlichkeiten, uns in eigener Evidenz, wie gesagt, genau so ursprünglich gewiß zu sein wie reale Gegenständlichkeiten aus der Erfahrung, ist nicht zu rütteln. Anderseits aber ebensowenig daran, daß auch sie erzeugbare Ziele, Endziele und Mittel sind, und daß sie sind, was sie sind, nur »aus« ursprünglicher Erzeugung. Das sagt aber keineswegs, sie sind, was sie sind, nur in und während der ursprünglichen Erzeugung. Sind sie »in« der ursprünglichen Erzeugung, so sagt das, sie sind in ihr als einer gewissen Intentionalität von der Form spontaner Aktivität bewußt, und zwar im Modus des originalen Selbst. Diese Gegebenheitsweise aus solcher ursprünglichen Aktivität ist nichts anders als die ihr eigene Art der »Wahrnehmung«. Oder was dasselbe, diese ursprünglich erwerbende Aktivität ist die »Evidenz« für diese Idealitäten. Evidenz, ganz allgemein, ist eben nichts anderes als die Bewußtseinsweise, die evtl. als außerordentlich komplexe Stufenfolge sich aufbauend, ihre intentionale Gegenständlichkeit im Modus des originalen »es selbst« darbietet. Diese evident machende Bewußtseinstätigkeit – hier eine schwierig zu erforschende spontane Aktivität – ist die »ursprüngliche Konstitution«, prägnanter gesprochen, die urstiftende der idealen Gegenständlichkeiten der logischen Art.

10. *Der Seinsvorzug der realen vor den irrealen Gegenständen*

Zum Abschluß dieser Untersuchung sei noch beigefügt, daß manche heftige, über unsere phänomenologischen Befunde freilich wegsehende Opposition aus einem Mißverständnis des Sinnes unserer Gleichstellung der idealen Gegenständlichkeiten und auch der kategorialen Abwandlungen der Realitäten (wie der Sachverhalte) mit diesen selbst erwächst. Für uns handelte es sich bloß um das Recht des weitesten Sinnes »Gegenstand-überhaupt« oder Etwas-überhaupt und korrelativ des allgemeinsten Sinnes der Evidenz als Selbstgebung. In einer anderen Hinsicht als der der rechtmäßigen Subsumption der Ideen unter den Begriff des Gegenstandes und damit des Substrates möglicher Prädikationen besteht zwischen realen und idealen Gegenständlichkeiten keineswegs eine Gleichordnung, wie sich gerade auf Grund unserer Lehre verstehen läßt. Realität hat einen Seinsvorzug vor jedweder [151] Irrealität, sofern alle Irrealitäten wesensmäßig auf wirkliche oder mögliche Realität zurückbezogen sind. Diese Beziehungen allseitig zu überschauen und den Totalzusammenhang alles wirklich und möglicherweise Seienden, der Realitäten und Irrealitäten, zur systematischen Erkenntnis zu bringen, das führt auf die obersten philosophischen Probleme, auf die einer universalen Ontologie.

11. *Ein allgemeinerer Begriff von Psychologismus*

Die außerordentliche Erweiterung und zugleich Radikalisierung der Widerlegung des logischen Psychologismus, die wir in der vorstehenden Untersuchung vollzogen haben, brachte uns auch eine äußerste Verallgemeinerung der Idee des Psychologismus, und zwar eines ganz bestimmten – nicht des einzigen – Sinnes. Er ist dadurch zu kennzeichnen, daß irgendeine Art evident zu machender Gegenständlichkeiten – oder gar alle Arten, wie das in der Humeschen Philosophie der Fall ist – psychologisiert werden, weil sie sich, wie selbstverständlich, bewußtseinsmäßig konstituieren, also durch Erfahrung oder damit sich verflechtende andere Bewußtseinsweisen ihren Seinssinn in der Subjektivität und für sie aufbauen. Sie werden »psychologisiert«, besagt, es wird ihr gegenständlicher Sinn, ihr Sinn als eine Art von Gegenständen eigentümlichen Wesens negiert zugunsten der subjektiven Erlebnisse, der Daten in der immanenten bzw. psychologischen Zeitlichkeit.

Doch kommt es hier nicht darauf an, ob man diese Daten als irreale Daten im Sinne der Psychologie (einer Wissenschaft von den Menschen und Tieren als objektiven Realitäten) oder als Daten einer wie immer davon zu unterscheidenden »transzendentalen« (allen objektiven Realitäten, auch den menschlichen Subjekten vorangehenden) Subjektivität ansieht, und im letzteren Falle, ob als einen Haufen absolut gesetzter Empfindungen, oder als intentionale Erlebnisse in der teleologischen Einheit eines konkreten Ich und einer Ichgemeinschaft. Allerdings paßt der Ausdruck Psychologismus mehr auf jede Umdeutung in eigentlich Psychologisches, was auch den prägnanten Sinn von Psychologismus bestimmen müßte.

12. *Psychologistischer und phänomenologischer Idealismus. Analytische und transzendentale Kritik der Erkenntnis*

Dieser so allgemein und sogar absichtlich zwitterhaft gefaßte Psychologismus ist der Grundcharakter jedes schlechten »Ide[152]alismus« (*lucus a non lucendo!*), wie des Berkeleyschen oder Humeschen. Er reicht jedoch über den gewöhnlichen Begriff, den man mit dem Worte Idealismus zu verknüpfen pflegt, weit hinaus, da dieser Begriff gerade die echten Idealitäten der erweiterten platonischen Sphäre nicht zu berücksichtigen pflegt (wobei der Humesche allerdings auszunehmen ist). Man darf diesen Idealismus aber ja nicht verwechseln, wie das von oberflächlichen Lesern meiner Schriften (auch phänomenologischen Lesern) immer wieder geschieht, mit dem von mir ausgebildeten phänomenologischen Idealismus, der gerade durch die radikale Kritik jenes Psychologismus auf Grund einer phänomenologischen Aufklärung der Evidenz seinen grundverschiedenen neuen Sinn erhält.

Zur Charakteristik des phänomenologischen Idealismus kann auch folgendes hierher Gehörige dienen.

Jedes »Sehen«, bzw. jedes in »Evidenz« Identifizierte hat sein eigenes Recht, desgleichen jedes in sich geschlossene Reich möglicher »Erfahrung« als Gebiet einer Wissenschaft, als ihr Thema im ersten und eigentlichsten Sinne. Dabei gehört zu einer jeden eine sekundär thematische Sphäre, die Sphäre ihrer Kritik: Es ist eine Kritik der Erkenntnis in einem ersten Sinne, nämlich bezogen auf die idealen Erkenntnisergebnisse – die der »Theorie« – und in subjektiver Richtung bezogen auf das in korrelativem Sinne Ideale, nämlich auf das zu diesen Idealitäten gehörige Handeln (Schließen, Beweisen). Durch diese Kritik, die wir als analytische Kritik der Erkenntnis bezeichnen können, erhält jede Wissenschaft ihre Beziehung zur Analytik als universaler Wissenschaft der Theorie in formaler Allgemeinheit, und korrelativ zur entsprechend begrenzten analytischen Kunstlehre.

Endlich hat aber jede Wissenschaft eine dritte thematische Sphäre, ebenfalls eine solche der Kritik, aber einer anders gewendeten. Diese betrifft die zu jedem Gebiet und jeder mit ihm beschäftigten wissenschaftlichen Leistung zugehörige konstituierende Subjektivität. Gegenüber der Kritik der offensichtlich im Bewußtseinsfelde auftretenden Vorgegebenheiten, Handlungen und Ergebnisse haben wir es hier mit einer ganz anders gearteten

Erkenntniskritik, der der konstitutiven Ursprungsquellen ihres positionalen Sinnes und Rechtes zu tun, also der Kritik der im geradehin dem Gebiet zugewandten Forschen und Theoretisieren verborgenen Leistungen. Es ist die Kritik der (sei es psychologisch oder transzendental gefaßten) »Vernunft«, oder wie wir im Gegensatz zur analytischen Erkenntniskritik sagen können, die transzen[153]dentale Kritik der Erkenntnis. Das gilt für die Logik wie für jede Wissenschaft, und wir hatten es in den allgemeinen Vorbetrachtungen unter dem Titel der Zweiseitigkeit der logischen Thematik schon behauptet, nur nicht so deutlich wie hier präzisieren können.

13. *Der Einwand des Psychologismus als Unverständnis der notwendigen logischen Funktion der transzendentalen Erkenntniskritik*

Eben dagegen hatte sich nun, wie wir uns erinnern, der Einwand des Psychologismus gerichtet – in Hinsicht auf die Logischen Untersuchungen, daß sie in den Prolegomena den Psychologismus bekämpften und doch im II. Teil in Untersuchungen der phänomenologischen Subjektivität übergingen, in Untersuchungen über die intentionalen Strukturen von Aussagen und Bedeuten, von Vorstellung und Vorstellungsinhalt (Sinn), von Wahrnehmung und Wahrnehmungssinn, von Urteilen und vermeintem Sachverhalt, von kategorialen Akten und der Konstitution der kategorialen Gegenständlichkeiten gegenüber den sinnlichen, von symbolisch-leerem Bewußtsein gegenüber intuitivem, von den intentionalen Verhältnissen der bloßen Intention und Erfüllung, von Evidenzbewußtsein, von Adäquation, von der Konstitution wahren Seins und prädikativer Wahrheit usw. Derartige »deskriptiv psychologische« Forschungen der Erkenntnispsychologie seien psychologistische Überschreitungen einer reinen Logik. So wandte man ein, während erkenntniskritische Forschungen in bezug auf alle Wissenschaft (und wohl auch in bezug auf die Logik) damit nicht abgelehnt sein sollten. Sie stehen ja auf allen Seiten in hohem Ansehen. Aber sie gehören, meinte man, in eine ganz andere Linie, sie dürfen nicht das konkret wirkliche und mögliche Erkenntnisleben, nicht seine intentionale Analyse sich zur Aufgabe stellen. Das sei Psychologie und bedeute einen erkenntnistheoretischen Psychologismus.

Im Sinne solcher Kritik und der herrschenden Auffassung überhaupt liegt es, daß man Wissenschaft und Vernunftkritik trennt, daß man der Wissenschaft ein eigenes Dasein in eigenem Recht zubilligt und die Vernunftkritik als eine auf alle Wissenschaft bezogene neuartige Wissenschaft höherer Dignität faßt, die doch das rechtmäßige Eigensein der Wissenschaften nicht stört. So erst recht für die analytische Logik; sie gilt vorweg als absolute Norm, die alle vernünftige Erkenntnis voraussetzt. Den Wert meiner Kritik des logischen Psychologismus (und aller ähnlichen früheren und [154] späteren Kritiken) sieht man gerade in der Herausstellung einer von aller Psychologie zu sondernden reinen (analytischen) Logik als einer eigenständigen Wissenschaft, darin gleich der Geometrie oder Naturwissenschaft. Auf sie bezügliche vernunftkritische Fragen mag es geben, aber sie haben nicht ihren eigenen Gang zu stören, und auch sie dürfen beileibe nicht in die Konkretion des logischen Bewußtseinslebens eingehen, denn das wäre Psychologie.

Halten wir demgegenüber zunächst im Auge, daß der Kampf gegen den logischen Psychologismus in der Tat keinen anderen Zweck haben sollte als den höchst wichtigen, das eigentümliche Gebiet der analytischen Logik in seiner Reinheit und idealen Eigenheit sichtlich zu machen, es von den psychologisierenden Vermengungen und Mißdeutungen zu befreien, in die es von Anfang an verstrickt war und verstrickt blieb. Ihr Gebiet – das besagt ihr thematisches Feld in dem ersten und Hauptsinn, ähnlich wie ein solches eine jede Wissenschaft hat. Das schließt doch nicht aus, daß sekundär – im

Dienste der Erkenntnis des Gebietes – auch solches thematisch wird, was nicht zum Gebiet gehört, aber mit ihm in Wesenszusammenhang steht. Das gilt ja bereits, wie früher schon berührt wurde, für das erste Feld der für alle Wissenschaft unentbehrlichen »analytischen« Kritik, nämlich für das Feld ihrer Theorie, und ihrer auf das Gebiet bezogenen Urteile überhaupt sowie der entsprechenden idealen Handlungen.

Und sollte nun nicht ähnliches gelten können und müssen für das gesamte Feld der intentionalen Akte, der Erscheinungsweisen, jedweder Bewußtseinsmodi, in denen das wissenschaftliche Gebiet und seine Gegenstände und gegenständlichen Zusammenhänge für den Urteilenden vorgegeben sind, und desgleichen derjenigen, in denen das ganze auf das Gebiet bezogene theoretische Leben und Streben sich intentional abspielt, in denen sich Theorie und wissenschaftlich wahrhaftes Sein des Gebietes intentional konstituiert? Sollte hier nicht in der Tat ebenfalls ein Feld einer für alle Wissenschaften notwendigen Kritik sein, einer transzendentalen Kritik – notwendig wenn sie überhaupt sollen echte Wissenschaften sein können? Läßt sich dies einsichtig machen und das große Aufgabenfeld dieser letzten und tiefsten Kritik entfalten, so wäre damit natürlich der Logik gedient; denn sie als universale und nicht bloß analytische Wissenschaftslehre (als bloße *mathesis universalis*) wäre wie auf echte Wissenschaften überhaupt nach ihren allgemeinen Wesensmöglichkeiten, so auf jedwede ihnen und ihrer Echtheit zugehörige Kritik, und wieder nach deren Wesensallgemeinheiten, bezogen. Allgemeine Wissenschaftstheorie ist *eo ipso* allgemeine [155] Theorie der echter Wissenschaft als solcher eigenwesentlichen Kritik, sei es Kritik der Urteile als Gebilde, als idealer Bestände ihrer idealen Theorie, sei es als Kritik des intentionalen, Gebiet und Theorie konstituierenden Lebens.

Wir haben hier nicht nach irgendwelchen überlieferten oder jetzt geltenden Vernunftkritiken zu fragen und nach den sie lähmenden Ängsten vor einer unter dem Titel Psychologismus verpönten konkreten Betrachtung der Erkenntnissubjektivität, vor jedwedem Einbeziehen von Psychologie in wissenschaftstheoretische Betrachtungen. Wir fragen nur nach dem, was zur Wesensmöglichkeit echter Wissenschaft gehört. Sollte die konstitutive Bewußtseinsforschung, die auf die gesamte Teleologie der zum Erkenntnisleben gehörigen Intentionalitäten gerichtete, für die Ermöglichung der Echtheit der Wissenschaften als wesensnotwendig erweisbar sein, so müßte sie für uns gelten. Und sollte in dieser Hinsicht doch noch einem »Psychologismus« zu wehren sein (einem Psychologismus anderen Sinnes als den wir bisher behandelt haben, obschon eines mit jenem verflochtenen Sinnes), so müßte uns das aus der Erwägung der logischen Erfordernisse selbst zuwachsen. Ohne jede Verbindlichkeit wollen wir im weiteren die nach ihrer wesentlichen Funktion erst zu klärende subjektive, deutlicher die intentional-konstitutive Thematik als p h ä n o m e n o l o g i s c h e bezeichnen.

Wesenserschauung durch eidetische Variation

[409] 1. *Zufälligkeit der empirischen Allgemeinheiten und apriorische Notwendigkeit*[1]

Empirische Allgemeinheiten, so sagten wir, haben einen Umfang wirklicher und real möglicher Einzelheiten. Gewonnen zunächst auf Grund der Wiederholung gleicher und dann weiter bloß ähnlicher, in faktischer Erfahrung gegebener Gegenstände, beziehen sie sich nicht nur auf diesen begrenzten und sozusagen auszählbaren Umfang von wirklichen Einzelheiten, aus denen sie ursprünglich gewonnen wurden; sondern sie haben in der Regel einen Horizont, der präsumptiv vorweist auf weitere Erfahrung von Einzelheiten, die in freier Beliebigkeit bei Erschließung dieses präsumptiven Seinshorizontes gewonnen werden können. Wir können uns, wenn es sich um Realitäten der vorgegebenen unendlichen Welt handelt, eine beliebige Anzahl weiter gebbarer Einzelheiten denken, die diese empirische Allgemeinheit als reale Möglichkeit mit umgreift. Der Umfang ist dann ein unendlich offener, und doch ist die Einheit der empirisch gewonnenen Spezies und höheren Gattung eine »zufällige«. Das heißt, ein zufällig gegebenes Einzelnes war der Ausgang der Begriffsbildung, und sie führte über die gleichfalls zufälligen Gleichheiten und Ähnlichkeiten – zufällig, weil das Ausgangsglied der Vergleichung ein zufälliges, in der faktischen Erfahrung gegebenes, war.

Der Gegenbegriff dieser Zufälligkeit ist die apriorische Notwendigkeit. Es wird zu zeigen sein, wie gegenüber jenen empirischen Begriffen reine Begriffe zu bilden sind, deren Bildung also nicht von der Zufäl[410]ligkeit des faktisch gegebenen Ausgangsgliedes und seiner empirischen Horizonte abhängig ist, und die einen offenen Umfang nicht gleichsam bloß im Nachhinein umgreifen, sondern eben vorweg: a priori. Dieses Umgreifen im vorweg bedeutet, daß sie imstande sein müssen, allen empirischen Einzelheiten Regeln vorzuschreiben. Bei den empirischen Begriffen besagte die Unendlichkeit des Umfangs nur, daß ich mir eine beliebige Anzahl gleicher Einzelheiten denken kann, ohne daß aber wirklich evident war, ob nicht vielleicht im Fortschreiten wirklicher Erfahrung dieses präsumptiv angesetzte »immer wieder« Durchstreichung erfahren könnte, ob nicht das Fortlaufenkönnen faktisch einmal eine Grenze erreiche. Bei den reinen Begriffen dagegen ist diese Unendlichkeit des faktischen Fortlaufenkönnens evident gegeben, eben weil sie vor aller Erfahrung ihrem weiteren Verlauf Regeln vorzeichnen und damit ein Umschlagen, ein Durchstreichen ausschließen. Diese Idee der apriorischen Allgemeinheit und Notwendigkeit wird im Verlauf unserer Darstellung noch deutlicher werden.

2. *Die Methode der Wesenserschauung*

a) Freie Variation als Grundlage der Wesenserschauung

Aus dem Gesagten ist bereits klar geworden, daß zur Gewinnung der reinen Begriffe oder Wesensbegriffe empirische Vergleichung nicht genügen kann, sondern daß durch besondere Vorkehrungen das im empirisch Gegebenen zunächst sich abhebende Allgemeine vor allem von seinem Charakter der Zufälligkeit befreit werden muß. Versuchen wir, von dieser Leistung einen ersten Begriff zu bekommen. Sie beruht auf der Abwandlung einer erfahrenen oder phantasierten Gegenständlichkeit zum beliebigen Exempel, das zugleich den Charakter des leitenden »Vorbildes« erhält, des Aus-[411]gangsgliedes für die Erzeugung einer offen endlosen Mannigfaltigkeit von Varianten, also auf einer Variation. M. a. W. wir lassen uns vom Faktum als Vorbild für seine Umgestaltung in reiner Phantasie leiten. Es sollen dabei immer neue ähnliche Bilder als Nachbilder, als Phantasiebilder gewonnen werden, die sämtlich konkrete Ähnlichkeiten des Urbildes sind. Wir erzeugen so frei willkürlich Varianten, deren jede ebenso wie der ganze Prozeß der Variation selbst im subjektiven Erlebnismodus des »beliebig« auftritt. Es zeigt sich dann, daß durch diese Mannigfaltigkeit von Nachgestaltungen eine Einheit hindurchgeht, daß bei solchen freien Variationen eines Urbildes, z. B. eines Dinges, in Notwendigkeit eine Invariante erhalten bleibt als die notwendige allgemeine Form, ohne die ein derartiges wie dieses Ding, als Exempel seiner Art, überhaupt undenkbar wäre. Sie hebt sich in der Übung willkürlicher Variation, und während uns das Differierende der Varianten gleichgültig ist, als ein absolut identischer Gehalt, ein invariables Was heraus, nach dem hin sich alle Varianten decken: ein allgemeines Wesen. Auf dieses können wir den Blick richten als auf das notwendig Invariable, das aller im Modus des »beliebig« geübten und wie immer fortzuführenden Variation, soll sie Variation von demselben Urbild sein, ihre Grenzen vorschreibt. Es stellt sich heraus als das, ohne was ein Gegenstand dieser Art nicht gedacht werden kann, d. h. ohne was er nicht anschaulich als ein solcher phantasiert werden kann. Dieses allgemeine Wesen ist das Eidos, die ἰδέα im platonischen Sinne, aber rein gefaßt und frei von allen metaphysischen Interpretationen, also genau so genommen, wie es in der auf solchem Wege entspringenden Ideenschau uns unmittelbar intuitiv zur Gegebenheit kommt. Als Ausgang war dabei gedacht eine Erfahrungsgegebenheit. Offenbar kann dazu ebensogut eine bloße Phantasie dienen, [412] bezw. das in ihr gegenständlich-anschaulich Vorschwebende.

Z. B. verfahren wir so im Ausgang von einem Ton, mögen wir ihn nun wirklich hören oder als Ton »in der Phantasie« vorschweben haben, so gewinnen wir das im Wandel »beliebiger« Varianten erfaßte Eidos Ton als das hier notwendig Gemeinsame. Nehmen wir nun ein anderes Tonphänomen als Ausgang, als beliebig Variiertes, so erfassen wir an dem neuen »Exempel« nicht ein anderes Eidos Ton, sondern im Aneinanderhalten des neuen und des früheren sehen wir, daß es dasselbe ist, daß die beiderseitigen Varianten und Variationen sich zu einer einzigen Variation zusammenschließen, und daß die Varianten da und dort in gleicher Weise beliebige Vereinzelungen des einen Eidos sind. Und selbst das ist evident, daß wir, fortschreitend von einer Variation zu einer neuen, diesem Fortschreiten und Bilden neuer Variationsmannigfaltigkeiten selbst wieder den Charakter eines beliebigen geben können, und daß in solchem Fortschreiten in Form der Beliebigkeit sich »immer wieder« dasselbe Eidos ergeben muß: dasselbe allgemeine Wesen »Ton überhaupt«.

b) Die Beliebigkeitsgestalt des Prozesses der Variantenbildung

Daß das Eidos auf eine frei beliebig weiter erzeugbare Mannigfaltigkeit zur Deckung gelangender Varianten bezogen ist, auf eine offene Endlosigkeit, das besagt nicht, daß ein wirkliches Fortgehen in die Unendlichkeit erforderlich wäre, eine wirkliche Erzeugung aller Varianten – als ob wir nur dann gewiß sein könnten, daß das nachher zur Erfassung kommende Eidos wirklich allen Möglichkeiten gemäß sei. Es kommt vielmehr darauf an, daß die Variation als Prozeß der Variantenbildung selbst eine Beliebigkeits[413]gestalt habe, daß der Prozeß im Bewußtsein beliebiger Fortbildung von Varianten vollzogen sei. Dann haben wir, auch wenn wir abbrechen, doch nicht die faktische Mannigfaltigkeit von anschaulichen, einzelnen und ineinander übergeführten Varianten gemeint als diese faktische Reihe von irgendwie sich darbietenden und willkürlich herangezogenen, oder von vornherein fiktiv erzeugten Gegenständen; sondern wie alles Einzelne den Charakter des exemplarischen Beliebens hat, so gehört auch zur Variationsmannigfaltigkeit immerzu ein Belieben: es ist gleichgültig, was immer noch sich ihr beigesellen möge, gleichgültig, was ich im Bewußtsein des »ich könnte so weitergehen« noch in den Griff bekäme. Zu jeder Variationsmannigfaltigkeit gehört wesentlich dieses merkwürdige und so überaus wichtige Bewußtsein des »und so weiter nach Belieben«. Dadurch allein ist gegeben, was wir eine »offen unendliche« Mannigfaltigkeit nennen; evidenterweise ist sie dieselbe, ob wir langehin erzeugend oder beliebig Passendes heranziehend fortschreiten, also die Reihe wirklicher Anschauungen erweitern, oder ob wir früher schon abbrechen.

c) Das Im-Griff-behalten der ganzen Variationsmannigfaltigkeit als Grundlage der Wesenserschauung

Auf diese Mannigfaltigkeit (bezw. auf das Fundament des sich konstituierenden offenen Prozesses der Variation mit den wirklich in die Anschauung tretenden Varianten) gründet sich als eine höhere Stufe die eigentliche Erschauung des Allgemeinen als Eidos. Voran liegt der Übergang vom Ausgangsexempel, das die Leitung gibt und das wir Vorbild nannten, zu immer neuen Nachbildern, mögen wir sie der ziellosen Gunst der Assoziation und Einfällen passiver Phantasie verdanken und sie uns nur willkürlich als Exempel zueignen, oder mögen wir sie durch pure eigene Aktivität phantasiemäßigen Umfingierens aus [414] unserem ursprünglichen Vorbild gewonnen haben. Bei diesem Übergang von Nachbild zu Nachbild, von Ähnlichem zu Ähnlichem kommen alle die beliebigen Einzelheiten in der Folge ihres Auftretens zu überschiebender Deckung und treten rein passiv in eine synthetische Einheit, in der sie alle als Abwandlung voneinander erscheinen, und dann weiter als beliebige Folgen von Einzelheiten, in denen sich dasselbe Allgemeine als Eidos vereinzelt. Erst in dieser fortlaufenden Deckung kongruiert ein Selbiges, das nun rein für sich herausgeschaut werden kann. Das heißt, es ist als solches passiv vorkonstituiert, und die Erschauung des Eidos beruht in der aktiven schauenden Erfassung des so Vorkonstituierten – genau wie bei jeder Konstitution von Verstandesgegenständlichkeiten und spezieller von Allgemeingegenständlichkeiten.

Voraussetzung dafür ist natürlich, daß die Mannigfaltigkeit als solche, als Vielheit bewußt ist und nie ganz aus dem Griff gelassen wird. Sonst gewinnen wir nicht das Eidos als ideal Identisches, das nur ist als ἓν ἐπί πολλῶν. Beschäftigen wir uns z. B. mit dem Umfingieren eines Dinges oder einer Figur in beliebige neue Figuren, so haben wir immer Neues und immer nur Eines: das Letztfingierte. Nur wenn wir die früheren Fikta im Griff behalten, als eine Mannigfaltigkeit im offenen Prozeß, und nur wenn wir auf das Kongruieren und das rein Identische hinschauen, gewinnen wir das Eidos. Die überschiebende Deckung brauchen wir freilich nicht eigens aktiv zu vollziehen, da sie bei dem Nacheinanderdurchlaufen und Im-Griff-behalten der Durchlaufenen von selbst rein passiv eintritt.

d) Das Verhältnis der Wesenserschauung zur Erfahrung von Individuellem. Der Irrtum der Abstraktionslehre

Das Eigentümliche der Wesenserschauung auf Grund der Variation wird noch deutlicher werden, [415] wenn wir sie mit der schauenden Erfahrung individueller Gegenstände kontrastieren. Gegenüber der spezifischen Freiheit in der Variation besteht in jeder Erfahrung von Individuellem eine ganz bestimmte Bindung. Das heißt, wenn wir auf Grund passiver Vorgegebenheit ein Individuelles rezeptiv erfahren, ihm uns erfassend zuwenden, es als seiend hinnehmen, stellen wir uns damit sozusagen auf den Boden dieser Apperzeption. Durch sie sind Horizonte vorgezeichnet für weitere mögliche Erfahrungen auf diesem mit dem ersten Schritt vorgegebenen Boden. Alles, was wir weiter erfahren, muß in einen Zusammenhang der Einstimmigkeit zu bringen sein, wenn es als Gegenstand für uns gelten soll; andernfalls erhält es den Nichtigkeitsstrich, wird nicht als Wirklichkeit rezeptiv hingenommen: auf dem Boden einer Einheit der Erfahrung, wie er mit jedem einzelnen Gegenstand der Erfahrung bereits vorgezeichnet ist, muß Einstimmigkeit herrschen und ist jeder Widerstreit ausgeschlossen, bezw. er führt zur Durchstreichung. Alles Erfahren im prägnanten Sinne, welcher Aktivität, zumindest der untersten Stufe, in sich schließt, heißt also »sich auf den Boden der Erfahrung stellen«.

Das Gleiche gilt für Phantasien, sofern wir in einem Zusammenhang phantasieren und sich die einzelnen Phantasien zur Einheit einer Phantasie zusammenschließen sollen. Hier wiederholt sich alles für wirkliche Erfahrung Gesagte im Modus des Quasi. Wir haben eine Quasi-Welt als einheitliche Phantasiewelt. Sie ist der »Boden«, auf den wir uns im Zuge eines einheitlichen Phantasierens stellen können – nur mit dem Unterschied, daß es unserem freien Belieben anheimgestellt ist, wie weit wir solche Einheit reichen lassen wollen; wir können eine solche Welt beliebig erweitern, während der Einheit einer wirk[416]lichen Welt durch die Vorgegebenheiten feste Grenzen gesetzt sind.[2]

Im Gegensatz zu dieser Gebundenheit der Erfahrung von Individuellem wird uns die spezifische Freiheit in der Erschauung der Wesen verständlich: wir sind im freien Erzeugen der Variationsmannigfaltigkeit, im Fortschreiten von Variante zu Variante nicht in gleicher Weise durch die Bedingungen der Einstimmigkeit gebunden, wie im Fortschreiten der Erfahrung von einem individuellen Gegenstand zum anderen auf dem Boden der Einheit der Erfahrung. Stellen wir uns etwa ein individuelles Haus vor, das jetzt gelb gefärbt ist, so können wir uns ebensogut denken, es könnte blau gefärbt sein, oder es könnte statt des Ziegeldaches ein Schieferdach haben, oder statt dieser Gestalt eine andere. Das Haus ist eines, das möglicherweise statt irgendwelcher ihm in einheitlicher Vorstellung zukommender Bestimmungen ebensogut andere mit ihnen unverträgliche haben könnte. Es, dasselbe, ist denkbar als *a* und als *non-a*, aber natürlich, wenn als *a*, dann nicht zugleich als *non-a*. Es kann nicht beides in eins, beides zugleich sein, es kann nicht zugleich wirklich sein mit jedem von beiden, aber es kann statt *a* in jedem

Moment *non-a* sein. Es ist also ein Identisches gedacht, an dem entgegengesetzte Bestimmungen getauscht werden können. »Anschaulich« im Vollzug dieser Evidenz ist zwar die Existenz des Gegenstandes gebunden an den Besitz des einen oder aber des anderen der gegensätzlichen Prädikate und an die Forderung des Ausschlusses ihres Zusammen; aber ein identisches Substrat der einstimmigen Merkmale liegt evidenterweise vor, nur daß seine schlichte Thesis nicht möglich ist, sondern nur die modifizierte Thesis: wenn [417] dieses Identische als *a* bestimmt existiert, so gehört ihm das *a'* in der durchstrichenen Form *non-a* zu, und umgekehrt. Das identische Substrat ist freilich nicht ein Individuum schlechthin. Das Umschlagen ist Umschlagen eines Individuums in ein mit ihm in der Koexistenz unverträgliches zweites Individuum. Ein Individuum schlechthin ist ein existierendes (oder möglicherweise existierendes). Was aber als Einheit im Widerstreit erschaut wird, ist kein Individuum, sondern eine konkrete Zwittereinheit sich wechselseitig aufhebender, sich koexistenzial ausschließender Individuen: ein eigenes Bewußtsein mit einem eigenen konkreten Inhalt, dessen Korrelat konkrete Einheit im Widerstreit, in der Unverträglichkeit heißt. Diese merkwürdige Zwittereinheit liegt der Wesenserschauung zugrunde.

Die alte Abstraktionslehre, die besagt, daß das Allgemeine sich nur auf dem Grunde individuell einzelner Anschauungen durch Abstraktion konstituieren kann, ist also teils unklar, teils unrichtig. Z. B. wenn ich den Allgemeinbegriff Baum auf Grund von Anschauungen individuell einzelner Bäume bilde – und zwar gedacht als reinen Begriff – so ist der Baum, der mir da vorschwebt, gar nicht als individuell bestimmter Baum gesetzt; vielmehr stelle ich ihn so vor, daß er derselbe ist in Wahrnehmung und frei beweglicher Phantasie, daß er nicht als existierend gesetzt oder auch in Frage gestellt ist, und daß er gar nicht als ein Individuum festgehalten ist. Das Einzelne, das der Wesenserschauung zugrunde liegt, ist nicht im eigentlichen Sinne ein geschautes Individuum als solches. Die merkwürdige Einheit, die hier zugrunde liegt, ist vielmehr ein »Individuum« im Wechsel der »außerwesentlichen« konstitutiven Momente (der außerhalb der identisch zu erfassenden Wesensmomente als Ergänzungsmomente auftretenden).

[418] e) Kongruenz und Differenz in der überschiebenden Deckung der Variationsmannigfaltigkeiten

In dem Gesagten liegt schon: mit der Kongruenz in der Deckung der Variationsmannigfaltigkeiten ist nach der anderen Seite verbunden mancherlei Differenz. Wenn wir z. B. von einer gegebenen roten Farbe zu einer Folge beliebiger anderer roter Farben übergehen – mögen wir sie wirklich sehen oder als Farben »in der Phantasie« vorschweben haben – so gewinnen wir das im Wandel der »beliebigen« Varianten kongruierende Eidos Rot als das notwendig Gemeinsame, während die verschiedenen Ausdehnungen in der Deckung, statt zu kongruieren, vielmehr sich streitend abheben.

Die Idee der Differenz ist also nur zu verstehen in ihrer Verflechtung mit der des identisch Gemeinsamen als Eidos. Differenz ist dasjenige, was in der Überschiebung der Mannigfaltigkeiten nicht zur Einheit der dabei hervortretenden Kongruenz zu bringen ist, was also dabei nicht ein Eidos sichtbar macht. Es kommt nicht zur Einigkeit der Kongruenz, besagt: es streitet als Differierendes in der Überschiebung miteinander. Z. B. eine Farbe ist identisch, jedoch sie ist einmal Farbe dieser, das andere Mal jener Ausbreitung und Gestalt. In der Überschiebung streitet eines mit dem anderen, und sie verdrängen sich gegenseitig.

Andererseits aber ist es klar, daß nichts in Widerstreit treten kann, was nichts Gemeinsames hat. Nicht nur, daß hier schon die identische Farbe vorausgesetzt ist, vielmehr wenn das eine Farbige rund, das andere eckig ist, so könnten sie doch nicht in Widerstreit treten, wenn nicht bei-

des ausgedehnte Figuren wären. Also weist jede Differenz in der Überschiebung mit anderen als mit ihr streitenden Differen[419]zen auf ein neues herauszuschauendes Allgemeines, hier Gestalt, hin, als Allgemeines der jeweils zur Einheit des Widerstreites gekommenen übereinanderliegenden Differenzen. Für die Lehre vom Stufenbau der Ideen bis hinauf zu den obersten Regionen wird das von großer Wichtigkeit sein.
Überblicken wir zusammenfassend die drei Hauptschritte, die zum Prozeß der Ideation gehören:

1. erzeugendes Durchlaufen der Mannigfaltigkeit der Variationen;
2. einheitliche Verknüpfung in fortwährender Deckung;
3. herausschauende aktive Identifizierung des Kongruierenden gegenüber den Differenzen.

f) Variation und Veränderung

Noch eines bedarf der Klärung. Wir sprechen von Variation und von Varianten, nicht von Veränderung und Veränderungsphasen. In der Tat sind beiderlei Begriffe trotz einigen Zusammenhangs wesentlich unterschieden.
Eine Veränderung ist immer Veränderung eines Realen, ganz allgemein gefaßt als eines zeitlich Seienden, eines Dauernden, durch eine Dauer hindurch Währenden. Jedes Reale ist veränderlich und ist nur in der Veränderung oder Unveränderung. Unveränderung ist nur ein Grenzfall der Veränderung. Veränderung besagt stetiges Anderssein, bezw. Anderswerden, und doch Dasselbe, individuell Dasselbe sein im stetigen Anderswerden: die Veränderung einer Farbe, ihr Verblassen usw., ist dafür ein Beispiel. Ein Reales verändert sich als dieses individuelle Reale, es wandelt seinen Zustand, behält aber seine individuelle Identität im Wandel dieses Zustandes. Unveränderung hingegen heißt: Dasselbe sein [420] in der Dauer, aber dabei sich stetig gleich bleiben in jeder Phase der Dauer. Bei der Veränderung ist das Sein in der Dauer durch ihre Phasen hindurch ein Anderssein oder Anderswerden in

jeder neuen Phase, d. h., zwar individuell Dasselbe bleiben, aber zugleich sich nicht gleich bleiben.

In der Blickstellung auf die Phasen der Dauer des Realen und auf das, was diese Phasen besetzt, haben wir eine Mannigfaltigkeit der Darstellungen Desselben: Dasselbe jetzt, Dasselbe dann usw. und je nachdem von Phase zu Phase Dasselbe als Gleiches oder Ungleiches. Aber in der geänderten Blickstellung auf das eine Dauernde, das sich in den Phasen darstellt, zeitlich »abschattet« als Dasselbe, erfahren wir die Einheit, das Identische, das sich verändert oder nicht verändert, das durch den Fluß der Darstellungsmannigfaltigkeiten hindurch währt, fortdauert. Diese Einheit ist nicht etwa das Allgemeine der einzelnen Zeitphasen, wie diese nicht Varianten sind. Sie ist ja gerade das eine Individuum, das dauert und dauernd sich verändert oder sich gleich bleibt. Bei aller Veränderung bleibt das Individuum identisch dasselbe. Hingegen beruht die Variation eben darauf, daß wir die Identität des Individuellen fallen lassen und es umfingieren in anderes mögliches Individuelles.

Andererseits gehört es zur Veränderung eines Individuellen, daß ihre Phasen auch (obschon in geänderter Blickstellung) als Varianten behandelt werden können. Dann tritt hervor, daß keine Veränderung möglich ist, in der nicht alle Veränderungsphasen gattungsmäßig zusammengehören. Eine Farbe kann sich nur wieder in eine Farbe ändern und nicht etwa in einen Ton. Jede mögliche Veränderung vollzieht sich, wie daraus zu ersehen ist, innerhalb einer obersten Gattung, die sie nie überschreiten [421] kann.

3. *Der Sinn der Rede von der »Erschauung« der Allgemeinheiten*

Wir sprechen von einer Wesens-»erschauung« und überhaupt von der Erschauung der Allgemeinheiten. Diese Rede bedarf noch der Rechtfertigung. Wir gebrauchen den Ausdruck Erschauen hier in dem ganz weiten Sinn, der nichts anderes besagt als Selbsterfahren, selbst gesehene Sachen haben und auf Grund dieses Selbst-sehens die Ähnlichkeit vor Augen haben, daraufhin jene geistige Überschiebung vollziehen, in der das Gemeinsame, das Rot, die Figur etc. »selbst« hervortritt, und das heißt, zur schauenden Erfassung kommt. Es handelt sich dabei natürlich nicht um ein sinnliches Sehen. Das allgemeine Rot kann man nicht sehen, wie man ein individuelles, einzelnes Rot sieht; aber die Erweiterung der Rede vom Sehen, die nicht umsonst im allgemeinen Sprachgebrauch üblich ist, ist unvermeidlich. Es kommt darin zum Ausdruck, daß ein Gemeinsames und Allgemeines beliebig vieler einzeln gesehener Exemplare uns ganz analog direkt und als es selbst zu eigen wird wie ein individuell Einzelnes im sinnlichen Wahrnehmen, aber freilich in jenem komplizierteren Erschauen der aktiv vergleichenden Überschiebung der Kongruenz. Das gilt für jederlei schauendes Erfassen von Gemeinsamkeiten und Allgemeinheiten, nur daß da, wo ein reines Eidos als ein Apriori erschaut werden soll, diese Erschauung ihre besondere methodische Gestalt hat – eben die beschriebene, in der Variation hervorgerufene Gleichgültigkeit gegen die Wirklichkeit, wodurch das als Wirklichkeit Dastehende den Charakter des beliebigen Exempels, des gleichgültigen Ausgangsgliedes einer Variationsreihe erhält.

[422] 4. *Die Notwendigkeit einer ausdrücklichen Ausschaltung aller Seinssetzungen zwecks Gewinnung der reinen Allgemeinheit*

Man könnte nun meinen, unsere Beschreibung der Wesenserschauung mache sich ihre Aufgabe zu schwer und operiere überflüssigerweise mit den als angeblich fundamental betonten Variationsmannigfaltigkeiten und den daran so eigentümlich beteiligten Funktionen der Phantasie. Es genüge doch zu sagen, ein beliebiges Rot hier und ein Rot dort, eine beliebige vorgegebene Vielheit von roten Gegenständen der Erfahrung oder sonstigen Vorstellung liefere die Möglichkeit zur Erschauung des Eidos Rot. Was nur zu beschreiben sei, das sei das Durchlaufen in überschiebender Deckung und das Herausschauen des Allgemeinen. Indessen hier ist wohl zu beachten, daß das »beliebig« in solchen Reden nicht bloße Rede sein oder ein nebensächliches Verhalten unsererseits bedeuten darf, sondern daß es zum Grundcharakter des Aktus der Ideenschau selbst gehört.

Ist aber in solchen Reden gar die Meinung die, daß eine bestimmte Vielheit ähnlicher Gegenstände zureiche, durch vergleichende Deckung das Allgemeine zu gewinnen, so ist noch einmal zu betonen: wir gewinnen für dieses Rot hier und jenes Rot dort wohl ein beiderseits Identisches und Allgemeines, aber nur als Gemeinsames eben dieses und jenes Rot. Wir gewinnen nicht das reine Rot überhaupt als Eidos. Freilich können wir, ein drittes Rot oder mehrere, sich wann immer darbietende Rot heranziehend, erkennen, daß das Allgemeine der zwei identisch dasselbe ist wie das Allgemeine der vielen. Aber wir gewinnen so immer nur Gemeinsamkeiten und Allgemeinheiten in bezug auf empirische Umfänge; die Möglichkeit des Fortgangs in infinitum ist damit noch nicht einsichtig gegeben. Sowie wir jedoch sagen, [423] jedes beliebige und neu heranzuziehende Gleiche muß dasselbe ergeben, und abermals sagen: das Eidos Rot ist Eines gegenüber der Unendlichkeit möglicher Einzelheiten, die diesem und irgendeinem damit zu deckenden Rot zugehören, brauchen wir schon eine unendliche Variation in unserem Sinne als Untergrund. Sie liefert uns das, was zum Eidos als untrennbares Korrelat gehört, den sogenannten Umfang des Eidos, des »rein begrifflichen Wesens«, als die Unendlichkeit von möglichen Einzelheiten, die darunter fallen, die seine »Vereinzelungen« sind und zu ihm, platonisch gesprochen, im Verhältnis der Teilhabe stehen: jedes erdenkliche Einzelne überhaupt ist bezogen auf das Wesen, hat an ihm und seinen Wesensmomenten Teil. Wie dem reinen Allgemeinen korrelativ als Umfang die *Allheit* der darunter fallenden Einzelheiten entspricht, werden wir sogleich erörtern.

Zuvor ist noch darauf hinzuweisen, daß *auch die gänzlich freie Variation nicht genügt*, das Allgemeine wirklich als reines zu gewinnen. Selbst das durch Variation gewonnene Allgemeine muß noch nicht im eigentlichen Sinne *rein*, frei von aller Wirklichkeitssetzung sein. Wenngleich durch die Variation schon die Beziehung auf das zufällige, wirklich existierende Ausgangsexempel ausgeschaltet ist, so kann dem Allgemeinen doch noch eine Beziehung auf Wirklichkeit anhaften, und zwar in folgender Weise: Für ein reines Eidos ist die faktische Wirklichkeit der in Variation versetzten Einzelfälle völlig irrelevant. Und das muß wortwörtlich genommen werden. Die Wirklichkeiten müssen behandelt werden als Möglichkeiten unter anderen Möglichkeiten, und zwar als beliebigen Phantasiemöglichkeiten. Das geschieht nur dann, wenn jede Bindung an vorgegebene Wirklichkeit in der Tat aufs Sorgsamste ausgeschlossen ist. Variieren wir frei, aber im geheimen daran festhaltend, daß es z. B. beliebige [424] Töne *in der Welt* sein sollen, von Menschen auf der Erde zu hörende oder gehörte Töne, dann haben wir zwar ein Wesensallgemeines als Eidos, aber *auf unsere tatsächliche Welt bezogen* und an diese universale Tatsache gebunden. Das ist eine geheime, nämlich aus begreiflichen Gründen uns selbst unmerkliche Bindung.

In der natürlichen Entwicklung der universalen, sich allzeit vereinheitlichenden Erfahrung ist uns die erfahrene Welt als universaler verharrender Seinsgrund zuteil geworden und als universales Feld aller unserer Tätigkeiten. In der festesten und universalsten aller unserer Gewohnheiten gilt uns die Welt und bleibt sie, welchen Interessen immer wir nachgehen, für uns in aktueller Geltung; wie alle Interessen sind auch die der eidetischen Erkenntnis auf sie bezogen. Bei jedem Phantasiespiel, wie wir es schon in Gang gesetzt dachten mit dem Ansatz beliebiger möglicher, unter einen empirisch gewonnenen Begriff fallender Einzelheiten, und so auch bei jeder Phantasievariation mit der Intention auf eine Ideenschau ist die Welt mitgesetzt; jedes Faktum und jedes Eidos bleibt auf die tatsächliche Welt bezogen, der Welt zugehörig. Begreiflicherweise merken wir in der natürlichen Einstellung nicht diese gerade vermöge ihrer Universalität verborgene Weltsetzung und Seinsbindung.

Nur wenn wir uns dieser Bindung bewußt werden, sie b e w u ß t a u ß e r S p i e l s e t z e n und somit auch den weitesten Umgebungshorizont der Varianten von aller Bindung, aller Erfahrungsgeltung befreien, schaffen wir vollkommene Reinheit. Wir stehen dann sozusagen in einer puren Phantasiewelt, einer W e l t a b s o l u t r e i n e r M ö g l i c h k e i t. Jede solche Möglichkeit kann nun Zentralglied für mögliche reine Variationen im Modus der Beliebigkeit sein. Von jeder aus ergibt sich ein absolut reines Eidos, von jeder anderen aus aber nur dann, [425] wenn die Variationsreihen der einen und der anderen sich zu e i n e r in beschriebener Weise verknüpfen. So ergibt sich für Farben und Töne ein verschiedenes Eidos, sie sind andersartig, und zwar hinsichtlich des in ihnen rein Angeschauten.

Ein reines Eidos, eine Wesensallgemeinheit ist z. B. die Artung Rot oder die Gattung Farbe; aber nur wenn sie gefaßt sind als reine Allgemeinheiten, also frei von aller Voraussetzung irgendwelchen tatsächlichen Daseins, irgendeines faktischen Rot, bzw. irgend einer farbigen tatsächlichen Wirklichkeit. Das ist auch der Sinn der geometrischen Aussagen; z. B. wenn wir den Kreis als eine Art von Kegelschnitt bezeichnen, bezw. eidetisch einsichtig erfassen, so ist dabei nicht die Rede von einer wirklichen Fläche als einer solchen der faktischen Naturwirklichkeit. Demgemäß ist ein r e i n e i d e t i s c h e s Ü b e r h a u p t - u r t e i l e n, wie das geometrische oder das über ideal mögliche Farben, Töne u. dgl., in seiner Allgemeinheit a n k e i n e v o r a u s g e s e t z t e W i r k l i c h k e i t gebunden. In der Geometrie ist die Rede von erdenklichen Figuren, in der eidetischen Farbenlehre von erdenklichen Farben, die den Umfang rein erschauter Allgemeinheiten bilden.

Mit derart urprünglich geschöpften Begriffen operiert auch die ganze Mathematik, erzeugt sie ihre unmittelbaren Wesensgesetze (Axiome) als »notwendige und im strengen Sinn allgemeine« Wahrheiten, »von denen gar keine Ausnahme als möglich verstattet ist« (Kant). Sie erschaut sie ja als generelle Wesensverhalte, die in absoluter Identität für alle erdenklichen Vereinzelungen ihrer reinen Begriffe – für jene fest abgeschlossenen Variationsmannigfaltigkeiten oder apriorischen Umfänge – erzeugbar und als das evident erkennbar sind. Aus ihnen erzeugt sie weiter in deduktiver Intuition (apriorischer »Evidenz« notwendiger Folge) ihre Theorien und abgeleiteten »Lehrsätze«, wieder als ideale [426] Identitäten in beliebiger Wiederholung der Erzeugung einsehbar.

Anmerkungen

Anmerkungen bzw. Anmerkungszusätze des Herausgebers sind durch ein vorangestelltes »[Hrsg.]« gekennzeichnet oder stehen fallweise selbst in eckigen Klammern. Alle anderen Anmerkungen stammen von Husserl.
In der ersten Anmerkung des Herausgebers zu jedem Text ist die Ausgabe genannt, der der Text jeweils entnommen wurde. Den Verlagen sei für die freundliche Genehmigung des Abdrucks gedankt; die Copyrightvermerke finden sich Seite 299.
In allen Texten zeigen die Seitenzahlen in eckigen Klammern [ ] den Beginn einer neuen Seite in der zugrunde gelegten Ausgabe an. Alle Zwischenüberschriften stammen, wenn nicht anders angegeben, aus den betreffenden Ausgaben.

Einleitung

(S. 5–51)

1 Was den großen Verdiensten, die sich der holländische Nijhoff-Verlag um Husserl erworben hat, keinen Abbruch tut.
2 Zur Lebenswelt-Problematik vgl. im zweiten Band dieser Auswahl Abschnitt 7 der Einleitung und den Text »Das Problem der Lebenswelt«.
3 Der erste Text des vorliegenden Bandes ist diesem Werk entnommen.
4 Näheres über Husserls Leben bei K. Schuhmann, *Husserl-Chronik*, Den Haag 1977.
5 Der zweite und dritte Text des vorliegenden Auswahlbandes sind diesem Werk entnommen.
6 Der zweite Text des zweiten Auswahlbandes ist diesem Werk entnommen.
7 Der fünfte Text des vorliegenden Auswahlbandes ist diesem Werk entnommen.
8 Der dritte Text des zweiten Auswahlbandes ist diesem Werk entnommen.
9 Der letzte Text des zweiten Auswahlbandes ist diesem Werk entnommen.
10 Der letzte Text des vorliegenden Auswahlbandes ist diesem Werk entnommen.

11 H. Lübbe, *Bewußtsein in Geschichten. Studien zur Phänomenologie der Subjektivität*, Freiburg 1972, S. 32.
12 Vgl. H. L. Van Breda, »Die Rettung von Husserls Nachlaß und die Gründung des Husserl-Archivs«, in: *Husserl und das Denken der Neuzeit*, hrsg. von H. L. Van Breda und J. Taminiaux, Den Haag 1959, S. 42 ff.
13 Dieser Vorlesung ist der erste Text des zweiten Auswahlbandes entnommen.
14 Nähere Erläuterungen zu diesen Begriffen enthält Abschnitt 2 der Einleitung des zweiten Auswahlbandes.
15 Husserl, *Krisis*, S. 48.
16 Ebd., S. 49.
17 Husserl, *Ideen I*, S. 43 f. (zit. nach der Orig.-Ausg.).
18 Ebd., S. 44.
19 Vgl. Husserl, *Prolegomena*, S. 68 (zit. nach der Orig.-Ausg.).
20 Diese plausible These findet sich bei U. Claesges, *Edmund Husserls Theorie der Raumkonstitution*, Den Haag 1964, S. 29 ff.
21 Siehe den folgenden Abschnitt sowie Abschnitt 6 der Einleitung des zweiten Auswahlbandes.
22 Vgl. Aristoteles, *Metaphysik* 1003a.
23 Zur genaueren Analyse dieser ganzen Verhältnisse vgl. im zweiten Auswahlband Abschnitt 2 der Einleitung und den Text »Analyse der Wahrnehmung«.
24 Kant, *Kritik der reinen Vernunft*, B 25.
25 Zur genaueren Analyse der Dingwahrnehmung vgl. im zweiten Auswahlband Abschnitt 2 der Einleitung und den ersten Text.
26 Diese ganze Problematik wird in Abschnitt 3 der Einleitung des zweiten Auswahlbandes noch einmal in konkreterer Form aufgenommen.
27 Husserl, *Cartesianische Meditationen*, S. 63.
28 Zu dieser ganzen Problematik vgl. Abschnitt 4 der Einleitung des zweiten Auswahlbandes.
29 Vgl. hierzu im zweiten Auswahlband den letzten Abschnitt der Einleitung.
30 Näheres zu diesem Begriff in Abschnitt 1 der Einleitung des zweiten Auswahlbandes.

Widerlegung des Psychologismus

(S. 53–97)

1 [Hrsg.] Die folgenden Abschnitte I–IV sind die Paragraphen 17–20 aus Band I der *Logischen Untersuchungen*: *Prolegomena zur reinen Logik* (die ersten drei Sätze von § 17 sind weggelassen). Abgedruckt ist der Text der umgearbeiteten 2. Auflage von 1913. Für eine Ergänzung der teilweise unvollständigen bibliographischen Angaben in Husserls Anmerkungen wurde die von E. Holenstein besorgte historisch-kritische Neuausgabe in Band XVIII der »Husserliana« benutzt.
Die Paragraphen 17–20 bilden das 3. Kapitel der *Prolegomena* mit dem Titel »Der Psychologismus, seine Argumente und seine Stellungnahme zu den üblichen Gegenargumenten«. In den ersten beiden Kapiteln hatte Husserl allgemein nach Wesen und Aufgabe der Logik gefragt. Das Hauptergebnis lautete: Die Logik schreibt den Wissenschaften die geregelte Form ihrer Begründungsverfahren vor und ist deshalb eine normative Wissenschaftslehre – wir würden heute sagen: eine normative Wissenschaftstheorie. Als solche kann sie zugleich Richtlinien für das praktische wissenschaftliche Arbeiten enthalten und in diesem Sinne als »Kunstlehre« fungieren. In jeder normativen Wissenschaftslehre stecken irgendwelche theoretischen Erkenntnisse, auf denen sie aufbaut. Die Frage ist nun: Woher bezieht die Logik als normative Wissenschaftslehre die theoretischen Einsichten, auf denen sie beruht? Etwa aus der Psychologie, wie die herrschende Meinung zu Husserls Zeit unterstellt? Mit dieser Frage setzt der hier abgedruckte Text ein.

2 J. St. Mill, An Examination of Sir William Hamilton's Philosophy and of the Principal Philosophical Questions discussed in his Writings, 5th ed., London 1878, S. 461. – [Hrsg.] Eine vollständige Übersetzung dieses Werks entstand nach Abfassung der *Logischen Untersuchungen*: J. St. Mill, *Eine Prüfung der Philosophie Sir William Hamiltons*, deutsch von H. Wilmanns, Halle 1908. Die von Husserl zitierte Stelle findet sich S. 505 f.

3 Th. Lipps, Grundzüge der Logik, Hamburg und Leipzig 1893, § 3.

4 Ich gebrauche die Ausdrücke Psychologist, Psychologismus u. dgl. ohne jede abschätzende »Färbung«, ähnlich wie C. Stumpf in seiner Schrift »Psychologie und Erkenntnistheorie«.

5 »Die Logik ist eine psychologische Disziplin, so gewiß das Erkennen nur in der Psyche vorkommt und das Denken, das sich in ihm vollendet, ein psychisches Geschehen ist« (LIPPS, a. a. O.).

6 Einleitung, I. Begriff der Logik. KANTS Werke, ed. HARTENSTEIN 1867, VIII. Band, S. 15. – [Hrsg.] Wiederabgedruckt in: *Kants gesammelte Schriften*, Bd. 9, Berlin 1923, S. 14.

7 J. FR. HERBART, Psychologie als Wissenschaft, neu gegründet auf Erfahrung, Metaphysik und Mathematik, Königsberg 1825, II. Analytischer Teil, § 119 (Originalausgabe II., S. 173).

8 Vgl. z. B. MILL, a. a. O. S. 459 f.

9 TH. LIPPS, Die Aufgabe der Erkenntnistheorie und die WUNDT'sche Logik, I.: Philosophische Monatshefte 26 (1880) S. 530 f.

10 Vgl. z. B. B. W. HAMILTON, Lectures on Logic, vol. I, 3d ed., S. 78 (zitiert von MILL a. a. O. S. 460); M. W. DROBISCH, Neue Darstellung der Logik nach ihren einfachsten Verhältnissen mit Rücksicht auf Mathematik und Naturwissenschaft, 4. Aufl., Leipzig 1875, § 2 (cf. das Zitat oben S. 36 [hier nicht abgedruckt; Hrsg.]). Vgl. hier auch B. ERDMANN, Logik, I. Band, Halle a. d. S. 1892, S. 18. – [Hrsg.] Die Stelle bei Mill, die Husserl hier im Auge hat, lautet: »Wenn ich von Gesetzen und von ihrer absoluten Notwendigkeit in Relation zum Denken spreche, so darf man nicht annehmen, daß diese Gesetze und diese Notwendigkeit in der Welt des Geistes dieselben seien wie in der Welt der Materie. Für freie Intelligenzen ist ein Gesetz eine ideale Notwendigkeit, das in der Form einer Vorschrift gegeben ist, die wir befolgen sollten, die wir aber auch verletzen können, wenn es uns beliebt; während für die Existenzen, die das Universum der Natur bilden, ein Gesetz nur ein anderer Name für diejenigen Ursachen ist, die blind und universal in der Hervorbringung gewisser unvermeidlicher Ergebnisse tätig sind. Unter Denkgesetz oder unter logischer Notwendigkeit verstehen wir deshalb nicht ein physisches Gesetz, wie z. B. das Gravitationsgesetz, sondern eine allgemeine Vorschrift, die wir allerdings verletzen können, die aber, wenn wir nicht gehorchen, unseren ganzen Denkprozeß zu einem selbstmörderischen und absolut nichtigen macht. Diese Gesetze sind folglich die primären Bedingungen der Möglichkeit giltigen Denkens; und ... die gesamte reine Logik ist nur eine scharf gegliederte Entwicklung der verschiedenen Arten ihrer Anwendung.« (Zit. nach: J. St. Mill, *Eine Prüfung der Philosophie Sir William Hamiltons*, deutsch von H. Wilmanns, Halle 1908, S. 505 f.)

11 CHR. SIGWART, Logik, I. Band, Die Lehre vom Urteil, vom Begriff und vom Schluß, Freiburg i. Br. 1889, 2., durchges. und erw. Aufl., Tübingen 1904, S. 10. Freilich bewegt sich (wie wir im VII. Kapitel sehen werden) SIGWARTS eigene Behandlungsweise der Logik durchaus in psychologistischer Richtung.

12 LIPPS, Die Aufgabe der Erkenntnistheorie, a. a. O. S. 529.

13 LIPPS, Grundzüge der Logik § 1.

14 LIPPS, a. a. O. § 3, S. 2.

15 Dieser Gesichtspunkt tritt mit steigender Deutlichkeit in den Werken von MILL, SIGWART, WUNDT, HÖFLER-MEINONG hervor. Vgl. darüber die Zitate und Kritiken im VIII. Kap., § 49 f. [im vorliegenden Band in Abschn. 13 f.; Hrsg.].

16 Vgl. H. LOTZE, Logik. Drei Bücher vom Denken, vom Untersuchen und vom Erkennen: System der Philosophie, I. Teil, 2. Aufl., Leipzig 1880, § 332, S. 543–544. P. NATORP, Über objektive und subjektive Begründung der Erkenntnis, Philosophische Monatshefte XXIII (1887) S. 264. ERDMANN, Logik I, S. 18. Vgl. dagegen C. STUMPF, Psychologie und Erkenntnistheorie, S. 5. (Abhandlungen der philosophisch-philologischen Klasse der königlich bayerischen Akademie der Wissenschaften, XIX. Bd., II. Abt., 1891, S. 469. Daß bei STUMPF von Erkenntnistheorie, nicht von Logik die Rede ist, macht offenbar keinen wesentlichen Unterschied.)

17 [Hrsg.] Husserl verweist hier auf § 16 der *Prolegomena*, wo er folgendes ausgeführt hatte (S. 47 ff.): Die Logik ist eine »normative Wissenschaft« oder »normative Disziplin«. Jede normative Wissenschaft setzt gewisse nicht-normative Wahrheiten voraus, die in irgendwelchen theoretischen Wissenschaften enthalten oder aus deren Inhalt ableitbar sind. Für eine normative Wissenschaft sind diejenigen theoretischen Wissenschaften (bzw. Gruppen von theoretischen Sätzen, die aus theoretischen Wissenschaften entnommen sind) wesentlich, »welche für die Ermöglichung der normativen Disziplin von entscheidender Bedeutung sind« (*Prolegomena*, S. 50).

18 [Hrsg.] Husserl verweist hier auf folgende Ausführungen in § 13 der *Prolegomena* (S. 37 f.): »Achten wir doch auf die bei den Vertretern einer reinen Logik so beliebte Zusammenstellung der Logik und der reinen Mathematik. Auch die mathematischen Disziplinen begründen Kunstlehren. Der Arithmetik entspricht die praktische Rechenkunst, der Geometrie die Feldmeßkunst. Wieder schließen sich, obschon in etwas anderer Weise, an die theore-

tischen abstrakten Naturwissenschaften Technologien, an die Physik die physikalischen, an die Chemie die chemischen Technologien. Mit Rücksicht darauf liegt die Vermutung nahe, es sei der eigentliche Sinn der prätendierten reinen Logik, eine abstrakte theoretische Disziplin zu sein, die in analoger Weise wie in den bezeichneten Fällen eine Technologie begründe, eben die Logik im gemeinen, praktischen Sinne. Und wie nun überhaupt bei Kunstlehren mitunter vorzugsweise eine, mitunter aber mehrere theoretische Disziplinen den Unterbau für die Ableitung ihrer Normen beistellen, so könnte auch die Logik im Sinne der Kunstlehre von einer Mehrheit solcher Disziplinen abhängen, also in jener reinen Logik bloß das eine, wenn auch vielleicht das hauptsächlichste, Fundament besitzen. Würde sich dann überdies zeigen, daß die im prägnanten Sinne logischen Gesetze und Formen einem theoretisch abgeschlossenen Kreis abstrakter Wahrheit angehören, der auf keine Weise in die bislang abgegrenzten theoretischen Disziplinen einzuordnen und somit selbst als die fragliche reine Logik in Anspruch zu nehmen sei: dann würde sich die weitere Vermutung aufdrängen, daß Unvollkommenheiten der Begriffsbestimmung dieser Disziplin, sowie die Unfähigkeit, sie in ihrer Reinheit darzustellen und ihr Verhältnis zur Logik als Kunstlehre klarzulegen, die Vermengung mit dieser Kunstlehre begünstigt und den Streit, ob die Logik wesentlich als theoretische oder praktische Disziplin abgegrenzt werden solle, ermöglicht habe. Während die eine Partei auf jene rein theoretischen und im prägnanten Sinne logischen Sätze hinblickte, hielt sich die andere an die angreifbaren Definitionen der prätendierten theoretischen Wissenschaft und an ihre tatsächliche Durchführung.«

19 [Hrsg.] Husserls Nachweis vollzieht sich in zwei Schritten. Im ersten zeigt er die Unhaltbarkeit des Psychologismus an seinen Konsequenzen; im zweiten widerlegt er ihn durch Nachweis der Unhaltbarkeit seiner Hauptargumente und ihrer Voraussetzungen. Dieser zweite Teil der Kritik ist hier in den folgenden Abschnitten abgedruckt.

20 [Hrsg.] Vgl. Anm. 19. Der erste Teil der Psychologismuskritik, auf die Husserl sich hier bezieht, umfaßt die Kapitel 4–7 der *Prolegomena*.

21 [Hrsg.] Die folgenden zehn Abschnitte bilden als die Paragraphen 41–51 das komplette 8. Kapitel der *Prolegomena*: »Die psychologistischen Vorurteile«. Auch hier wurde für eine Ergänzung der

teilweise unvollständigen bibliographischen Angaben in Husserls Anmerkungen die von E. Holenstein besorgte historisch-kritische Neuausgabe in Band XVIII der »Husserliana« benutzt.

22 Sicherlich ist das Merkmal des Merkmals, allgemein gesprochen, nicht ein Merkmal der Sache. Meinte das Prinzip, was die Worte klar besagen, so wäre ja zu schließen: Dies Löschblatt ist rot, rot ist eine Farbe, also ist dies Löschblatt eine Farbe.

23 In dieser Überzeugung, daß der normative Gedanke, das Seinsollen, nicht zum Inhalt der logischen Sätze gehört, treffe ich zu meiner Freude mit Natorp zusammen, der sie jüngst in der Sozialpädagogik (Stuttgart 1899, § 4) kurz und klar ausgesprochen hat: »Logische Gesetze sagen, nach unserer Behauptung, ebensowenig, wie man tatsächlich unter solchen und solchen Umständen denkt, als, wie man denken soll.« Mit Beziehung auf das Beispiel des Gleichheitsschlusses »wenn $A = B$ und $B = C$, so ist $A = C$«, heißt es: »Dies sehe ich ein, indem ich nichts als die zu vergleichenden Termini und deren dadurch zugleich gegebene Relationen vor Augen habe, ohne irgend an den, sei es tatsächlichen oder seinsollenden Verlauf oder Vollzug eines entsprechenden Denkens dabei denken zu müssen« (a. a. O. S. 20, bzw. 21). – Auch in einigen anderen, nicht minder wesentlichen Punkten berühren sich meine Prolegomena mit diesem Werke des scharfsinnigen Forschers, welches mir für die Bildung und Darstellung meiner Gedanken leider nicht mehr hilfreich sein konnte. Dagegen konnten auf mich zwei ältere Schriften Natorps, der oben zitierte Aufsatz aus den Phil. Monatsh. XXIII [vgl. Anm. 16; Hrsg.] und die Einleitung in die Psychologie anregend wirken – wie sehr sie mich auch in anderen Punkten zu Widerspruch reizten.

24 Die »reine« oder »formale Mathematik«, so wie ich den Terminus gebrauche, befaßt die gesamte reine Arithmetik und Mannigfaltigkeitslehre, nicht aber die Geometrie. Dieser entspricht in der reinen Mathematik die Theorie der Euclidschen Mannigfaltigkeit von drei Dimensionen, welche Mannigfaltigkeit die Gattungsidee des Raumes, nicht aber dieser selbst ist.

25 Daß die Wissenschaft, welche sich auf alle Wissenschaften hinsichtlich deren Form bezieht, sich *eo ipso* auf sich selbst bezieht, klingt paradox, aber es birgt keinerlei Unzuträglichkeit. Das allereinfachste hierhergehörige Beispiel mache dies klar. Der Satz vom Widerspruch regelt alle Wahrheit und, da er selbst Wahrheit ist, auch sich selbst. Man überlege, was diese Regelung hier bedeutet,

man formuliere den auf sich selbst angewendeten Satz vom Widerspruch, und man stößt auf eine einsichtige Selbstverständlichkeit, somit auf das gerade Gegenteil von Verwunderlichkeit und Fraglichkeit. So verhält es sich überhaupt mit der Regelung der reinen Logik in Beziehung auf sich selbst.

26 [Hrsg.] Nach § 7 der *Prolegomena* (S. 17 ff.) haben »Begründungen« folgende charakteristischen Eigentümlichkeiten:
»Sie haben, um auf ein Erstes hinzuweisen, in Beziehung auf ihren Gehalt den Charakter fester Gefüge. Nicht können wir, um zu einer gewissen Erkenntnis, z. B. der des Pythagoräischen Lehrsatzes, zu gelangen, ganz beliebige aus den unmittelbar gegebenen Erkenntnissen zu Ausgangspunkten wählen, und nicht dürfen wir im weiteren Verlaufe beliebige Gedankenglieder einfügen und ausschalten: soll die Evidenz des zu begründenden Satzes wirklich aufleuchten, die Begründung also wahrhaft Begründung sein.
Noch ein Zweites merken wir alsbald. Von vornherein, d. h. vor dem vergleichenden Hinblick auf die Beispiele von Begründungen, die uns von überall her in Fülle zuströmen, möchte es als denkbar erscheinen, daß jede Begründung nach Gehalt und Form ganz einzigartig sei. Eine Laune der Natur – dies dürften wir zunächst wohl für einen möglichen Gedanken halten – könnte unsere geistige Konstitution so eigensinnig gebildet haben, daß die uns jetzt so vertraute Rede von mannigfachen Begründungsformen eines jeden Sinnes bar und als Gemeinsames bei der Vergleichung irgendwelcher Begründungen immer nur das Eine zu konstatieren wäre: Daß eben ein Satz *S*, der für sich evidenzlos ist, den Charakter der Evidenz erhält, wenn er im Zusammenhang auftritt mit gewissen, ihm ohne jedes rationale Gesetz ein für allemal zugeordneten Erkenntnissen P_1 P_2 ... Aber so steht die Sache nicht. Nicht hat eine blinde Willkür irgend einen Haufen von Wahrheiten P_1 P_2 ... *S* zusammengerafft und dann den menschlichen Geist so eingerichtet, daß er an die Erkenntnis der P_1 P_2 ... unweigerlich (bzw. unter ›normalen‹ Umständen) die Erkenntnis von *S* anknüpfen muß. In keinem einzigen Falle verhält es sich so. Nicht Willkür und Zufall herrscht in den Begründungszusammenhängen, sondern Vernunft und Ordnung, und das heißt: regelndes Gesetz. [...]
[...] Wo immer wir von gegebenen Erkenntnissen begründend aufsteigen zu neuen, da wohnt dem Begründungswege eine gewisse Form ein, die ihm gemeinsam ist mit unzähligen anderen Begründungen, und die in gewisser Beziehung steht zu einem allge-

meinen Gesetze, das alle diese einzelnen Begründungen mit einem Schlage zu rechtfertigen gestattet. Keine Begründung steht, dies ist die höchst merkwürdige Tatsache, isoliert. [. . .]
Endlich sei noch ein Drittes als merkwürdig hervorgehoben. Von vornherein, d. h. vor der Vergleichung der Begründungen verschiedener Wissenschaften, möchte man den Gedanken für möglich halten, daß die Begründungsformen an Erkenntnisgebiete gebunden seien. Wenn schon nicht überhaupt mit den Klassen von Objekten die zugehörigen Begründungen wechseln, so könnte es doch sein, daß sich die Begründungen nach gewissen sehr allgemeinen Klassenbegriffen, etwa denjenigen, welche die Wissenschaftsgebiete abgrenzen, scharf sondern. Ist es also nicht so, daß keine Begründungsform existiert, die zwei Wissenschaften gemeinsam ist, der Mathematik z. B. und der Chemie? Indessen auch dies ist offenbar nicht der Fall, wie schon das obige Beispiel lehrt. Keine Wissenschaft, in der nicht Gesetze auf singuläre Fälle übertragen würden, also Schlüsse der uns als Beispiel dienenden Form öfter aufträten. Und dasselbe gilt von vielen Schlußarten sonst. Ja wir werden sagen dürfen, daß alle anderen Schlußarten sich so verallgemeinern, sich so ›rein‹ fassen lassen, daß sie von jeder wesentlichen Beziehung auf ein konkret beschränktes Erkenntnisgebiet frei werden.«

27 [Hrsg.] Husserl hatte in § 9 der *Prolegomena* (S. 23) ausgeführt, »daß alle wissenschaftlichen Methoden, die nicht selbst den Charakter von wirklichen Begründungen (sei es einfachen oder noch so komplizierten) haben, entweder denkökonomische Abbreviaturen und Surrogate von Begründungen sind, die, nachdem sie selbst durch Begründungen ein für allemal Sinn und Wert empfangen haben, bei ihrer praktischen Verwendung zwar die Leistung, aber nicht den einsichtigen Gedankengehalt von Begründungen in sich schließen; oder daß sie mehr oder weniger komplizierte Hilfsverrichtungen darstellen, die zur Vorbereitung, zur Erleichterung, Sicherung oder Ermöglichung künftiger Begründungen dienen und abermals keine diesen wissenschaftlichen Grundprozessen gleichwertige und neben ihnen selbständige Bedeutung beanspruchen dürfen«.

28 Gute Beispiele in letzteren Beziehungen bietet auch die elementare Rechenkunst. Ein Wesen, das dreidimensionale Gruppenordnungen (und im besonderen bei Zeichenverteilungen) so klar anschauen und praktisch beherrschen könnte, wie wir Menschen die zweidimensionalen, hätte vielfach ganz andere Rechenmetho-

den. Vgl. über derartige Fragen meine Philosophie der Arithmetik; speziell über den Einfluß physischer Umstände auf die Gestaltung der Methoden S. 275 f., 312 ff.

29 Vgl. oben § 19, zumal S. 55 [hier Abschn. 3, bes. S. 57; Hrsg.]. – [Hrsg.] Husserl verweist hier außerdem auf M. W. Drobisch, *Neue Darstellung der Logik*, Leipzig [4]1875, § 2, S. 3, auf den er sich, S. 36 der *Prolegomena*, folgendermaßen bezogen hatte: »In seiner noch immer wertvollen Logik lesen wir: ›Das Denken kann in doppelter Beziehung Gegenstand einer wissenschaftlichen Untersuchung werden: einmal nämlich, sofern es eine Tätigkeit des Geistes ist, nach deren Bedingungen und Gesetzen geforscht werden kann; sodann aber, sofern es als Werkzeug zur Erwerbung mittelbarer Erkenntnis, das nicht nur einen richtigen, sondern auch einen fehlerhaften Gebrauch zuläßt, im ersteren Falle zu wahren, im anderen zu falschen Ergebnissen führt. Es gibt daher sowohl Naturgesetze des Denkens als Normalgesetze für dasselbe, Vorschriften (Normen), nach denen es sich zu richten hat, um zu wahren Ergebnissen zu führen. Die Erforschung der Naturgesetze des Denkens ist eine Aufgabe der Psychologie, die Feststellung seiner Normalgesetze aber die Aufgabe der Logik.‹ Und zum Überfluß lesen wir in der beigegebenen Erläuterung: ›Normalgesetze regulieren eine Tätigkeit immer einem gewissen Zwecke gemäß.‹«

30 Vgl. oben S. 56 [58].

31 Vgl. oben S. 57 [59].

32 Allerdings ist die Unmöglichkeit theoretischer Zusammenhänge zwischen heterogenen Gebieten und das Wesen der fraglichen Heterogenität logisch nicht hinreichend erforscht.

33 Vgl. die Argumentation des § 18, oben S. 52, 2. Absatz [Abschn. 2, S. 54 f.].

34 LOTZE, Logik[2] § 18, S. 34 und § 112, S. 138.

35 A. RIEHL, Der philosophische Kritizismus und seine Bedeutung für die positive Wissenschaft, II. Band, 1. Teil, Die sinnlichen und logischen Grundlagen der Erkenntnis, Leipzig 1879, S. 226.

36 Vgl. zur Ergänzung die schönen Ausführungen von NATORP, Über objektive und subjektive Begründung der Erkenntnis. Philos. Monatshefte XXIII. S. 265 f. Ferner G. FREGES anregende Schrift: Die Grundlagen der Arithmetik (1884) S. VI f. (Daß ich die prinzipielle Kritik nicht mehr billige, die ich an FREGES antipsychologistischer Position in meiner Philosophie der Arithmetik I. S. 129–132 geübt habe, brauche ich kaum zu sagen.) Bei

dieser Gelegenheit sei bezüglich der ganzen Diskussionen dieser Prolegomena auf das Vorwort der späteren Schrift FREGES, Die Grundgesetze der Arithmetik. I. Bd. Jena 1893, hingewiesen.

37 Man verwechsle nicht den Satz vom Widerspruch mit dem normativen Satz für Urteile, der seine evidente Folge ist: »Von zwei kontradiktorischen Urteilen ist eines richtig«. – Der Begriff der Richtigkeit ist korrelativ mit dem der Wahrheit. Richtig ist ein Urteil, wenn es für wahr hält, was wahr ist; also ein Urteil, dessen ›Inhalt‹ ein wahrer Satz ist. Die logischen Prädikate Wahr und Falsch gehen, ihrem eigentlichen Sinne nach, ausschließlich die Sätze, im Sinne idealer Aussage-Bedeutungen, an. – Wieder steht der Begriff des kontradiktorischen Urteiles in Korrelation mit dem kontradiktorischen Satze: Im noetischen Sinne heißen Urteile kontradiktorisch, wenn ihre Inhalte (ihre idealen Bedeutungen) in jener deskriptiv bestimmten Beziehung stehen, die wir – im formal-logischen Sinn – als Kontradiktion bezeichnen.

38 [Hrsg.] Husserl verweist hier auf den 2. Band der *Logischen Untersuchungen,* 2. Aufl., S. 106 ff.

39 In den Argumentationen des III. Kapitels spielte es seine Rolle speziell im § 19, S. 57 [Abschn. 3, S. 59].

40 J. ST. MILL, An Examination[5], S. 462. – [Hrsg.] »Die Eigenschaften des Denkens, welche die Logik betreffen, sind einige seiner zufälligen Eigenschaften, diejenigen nämlich, von deren Gegenwart das gute Denken zum Unterschied vom schlechten abhängt.« (Zit. nach: J. St. Mill, *Eine Prüfung der Philosophie Sir William Hamiltons*, deutsch von H. Wilmanns, Halle 1908, S. 508.)

41 a. a. O. S. 473, 475, 476, 478.

42 SIGWART, Logik I.[2], S. 16.

43 W. WUNDT, Logik. Eine Untersuchung der Prinzipien der Erkenntnis und der Methoden wissenschaftlicher Forschung, I. Band, Erkenntnislehre, 2. Aufl., Stuttgart 1893, S. 91. WUNDT stellt hier beständig nebeneinander die Evidenz und die Allgemeingültigkeit. Was die letztere anlangt, so scheidet er subjektive Allgemeingültigkeit, die eine bloße Folge der Evidenz sei, und die objektive, die auf das Postulat der Begreiflichkeit der Erfahrung hinausläuft. Da aber Berechtigung und angemessene Erfüllung des Postulates doch wieder auf Evidenz fußt, so scheint das Hereinziehen der Allgemeingültigkeit in die prinzipiellen Erörterungen der Ausgangspunkte nicht tunlich.

44 Logik, Unter Mitwirkung von A. MEINONG verfaßt von A. HÖFLER, Wien 1890, S. 16 oben.

45 a. a. O. S. 17.

46 Verlangte die Evidenztheorie wirklich die Deutung, welche HÖFLER a. a. O. S. 133 bietet, so wäre sie schon durch unsere frühere Kritik der empiristischen Verkennungen der logischen Prinzipien gerichtet (vgl. S. 74 d. W.). HÖFLERS Satz »ein bejahendes und ein verneinendes Urteil über denselben Gegenstand sind unverträglich« ist, genau besehen, in sich falsch, geschweige denn, daß er als Sinn des logischen Prinzips gelten könnte. Ein ähnliches Versehen unterläuft bei der Definition der Korrelativa Grund und Folge, die, wenn sie richtig wäre, aus allen Schlußgesetzen falsche Sätze machen würde. Sie lautet: »Ein Urteil *F* ist dann die ›Folge‹ eines ›Grundes‹ *G*, wenn mit dem Fürwahrhalten von *G* das (vorgestellte) Fürfalschhalten von *F* unverträglich ... ist« (a. a. O. S. 136). Man beachte, daß HÖFLER Unverträglichkeit durch Evidenz der Inkoexistenz erklärt (a. a. O. S. 129). Er verwechselt offenbar die ideale »Inkoexistenz« der betreffenden Sätze (deutlicher zu reden: ihr Nichtzusammengelten) mit der realen Inkoexistenz der entsprechenden Akte des Fürwahrhaltens, Vorstellens usw.

47 Die Umwendung des Begriffs Wahrheit in den der Möglichkeit evidenten Urteilens hat ihr Analogon in dem Verhältnis der Begriffe individuelles Sein und Wahrnehmungsmöglichkeit. Die Äquivalenz dieser Begriffe ist, wofern nur unter Wahrnehmung die adäquate Wahrnehmung verstanden wird, unbestreitbar. Es ist danach eine Wahrnehmung möglich, welche in einem Schauen die ganze Welt, die überschwengliche Unendlichkeit von Körpern wahrnimmt. Natürlich ist diese ideale Möglichkeit keine reale, die für irgend ein empirisches Subjekt angenommen werden könnte, zumal solches Schauen ein unendliches Kontinuum des Schauens wäre: einheitlich gedacht eine KANTsche Idee.

48 [Hrsg.] Husserl verweist hier auf die 6. Untersuchung, Kap. 5, in Band II der *Logischen Untersuchungen*.

Tatsache und Wesen

(S. 98–130)

1 [Hrsg.] Der folgende Text ist das 1. Kapitel (»Tatsache und Wesen«) des 1. Abschnitts »Wesen und Wesenserkenntnis« in Band I

der *Ideen zu einer reinen Phänomenologie und phänomenologischen Philosophie*. Der vorliegende Wiederabdruck bringt den Text der Urfassung in Band I des *Jahrbuchs für Philosophie und phänomenologische Forschung* (1913) auf der Grundlage der Edition von K. Schuhmann in »Husserliana« III,2.

2 Es werden hier keine Geschichten erzählt. Weder an psychologisch-kausale, noch an entwicklungsgeschichtliche Genesis braucht und soll bei dieser Rede von Ursprünglichkeit gedacht werden. Welcher sonstige Sinn gemeint ist, das wird erst später zu reflektiver und wissenschaftlicher Klarheit kommen. Von vornherein fühlt aber jeder, daß das Frühersein der empirisch-konkreten Tatsachenerkenntnis vor jeder anderen, z. B. jeder mathematisch-idealen Erkenntnis keinen zeitlichen Sinn haben müsse und in unzeitlichem verständlich ist.

3 Wie schwer es in unserer Zeit den psychologischen Forschern ist, sich diese einfache und ganz fundamentale Einsicht zuzueignen, zeigt exemplarisch die befremdliche Polemik O. Külpes gegen meine Lehre von der kategorialen Anschauung in dem mir eben zukommenden Werke »Die Realisierung« I (1912), S. 127. Ich bedauere es, von dem ausgezeichneten Gelehrten mißverstanden zu sein. Eine kritische Antwort wird aber unmöglich, wo das Mißverständnis ein so vollkommenes ist, daß vom Sinne der eigenen Feststellungen nichts mehr übrig bleibt.

4 In den »Log. Unt.« pflegte ich das Wort Ideation für die originärgebende Wesenserschauung zu gebrauchen und zumeist sogar für adäquate. Doch bedarf es offenbar eines freieren Begriffs, der jedes schlicht und direkt auf ein Wesen gerichtete und es fassende, setzende Bewußtsein umspannt, darunter auch jedes »dunkle«, also nicht mehr anschauende.

5 Vgl. meinen Artikel im »Logos« I, S. 315.

6 Vgl. über die Idee der reinen Logik als mathesis universalis »Log. Unters.« Bd. I, Schlußkapitel.

7 [Hrsg.] Husserl verweist hier auf Abschnitt III der *Ideen I*, Kap. 1, § 70.

8 Vgl. »Log. Unters.« II. Bd., 3. Unt., § 11 f.

9 Vgl. über die Unterscheidung der logischen Kategorien in Bedeutungskategorien und formal-ontologische Kategorien »Log. Unters.« I. Bd., § 67. Speziell auf die Kategorien Ganzes und Teil bezieht sich die ganze 3. Untersuchung des II. Bandes. – Den aus historischen Gründen anstößigen Ausdruck Ontologie habe ich damals noch nicht aufzunehmen gewagt, ich bezeichnete diese

Untersuchung (a. a. O. S. 222 der ersten Auflage) als Stück einer »apriorischen Theorie der Gegenstände als solcher«, was A. v. Meinong in das Wort »Gegenstandstheorie« zusammengezogen hat. Demgegenüber halte ich es jetzt, der geänderten Zeitlage entsprechend, für richtiger, den alten Ausdruck Ontologie wieder zur Geltung zu bringen.

10 Vgl. »Log. Unters.« II. Bd., 6. Unters., 2. Abschnitt, bes. § 46 f.

11 Die näheren Ausführungen der für die Formenlehre der Bedeutungen – dieses Grundstückes einer »apriorischen Grammatik« – sehr wichtigen Theorie der »syntaktischen Formen« und »syntaktischen Stoffe« werde ich gelegentlich der Veröffentlichung meiner vieljährigen Vorlesungen über reine Logik mitteilen. Über die »reine« Grammatik und die allgemeinen Aufgaben einer Formenlehre der Bedeutung vgl. »Log. Unters.« II. Bd., 4. Unters.

12 Vgl. die ausführlichen Analysen »Log. Unters.« II, Unters. 3, besonders in der etwas verbesserten Darstellung der Neuauflage (1913).

Die phänomenologische Fundamentalbetrachtung

(S. 131–195)

1 [Hrsg.] Der folgende Text ist der 2. Abschnitt in Band I der *Ideen zu einer reinen Phänomenologie und phänomenologischen Philosophie.* Der vorliegende Wiederabdruck bringt den Text der Urfassung in Band I des *Jahrbuchs für Philosophie und phänomenologische Forschung* (1913) auf der Grundlage der Edition von K. Schuhmann in »Husserliana« III,2. Husserl hat in seinen Handexemplaren in einem Zeitraum von fast zwei Jahrzehnten zahlreiche Korrekturen am ursprünglichen Text vorgenommen, die der Herausgeber der ersten Ausgabe als Band III der »Husserliana« (1950), W. Biemel, alle in den Text eingearbeitet hat. In einer zweiten, von K. Schuhmann besorgten »Husserliana«-Ausgabe (1976) ist die Urfassung wiederhergestellt, und Husserls Korrekturen sind in einem gesonderten Band abgedruckt. Ich habe unter Benutzung der »Husserliana«-Ausgabe von K. Schuhmann an einigen Stellen, bei denen mir schien, daß eine Husserlsche Korrektur oder Hinzufügung die Deutlichkeit oder Verständlichkeit des Textes verbesserte, ohne die Gedankenführung zu modifizieren, den Wortlaut entsprechend geändert. Die Stellen sind in den folgenden Anmerkungen angegeben. Außerdem habe ich in den Anmerkungen einige besonders aufschlußreiche Stellen zitiert,

die sich auf später geschriebenen Beiblättern Husserls zu den *Ideen I* finden und im zweiten Teilband der genannten Ausgabe von Schuhmann abgedruckt sind.

2 [Hrsg.] »d. h.« eingefügt aufgrund einer Korrektur in einem Handexemplar Husserls (vgl. »Husserliana« III,2, S. 483).

3 [Hrsg.] Der letzte Satz ist von Husserl in einem Handexemplar zum Urtext hinzugefügt (vgl. »Husserliana« III,2, S. 484).

4 [Hrsg.] In Ergänzung dieser Stelle erläutert Husserl die Epoché auf einem Beiblatt zu einem Handexemplar folgendermaßen: »Die mir beständig als seiend vorgegebene Welt nehme ich nicht so hin, so wie ich es im gesamten natürlich-praktischen Leben tue, darunter auch so wie ich es in den positiven Wissenschaften tue: als eine im voraus seiende Welt, und in letzter Hinsicht nicht als den universalen Seinsboden für eine in Erfahrung und Denken fortschreitende Erkenntnis. Keine Erfahrung von Realem vollziehe ich hinfort naiv-geradehin. Was sie mir bietet als seiend schlechthin, als vermutlich oder wahrscheinlich seiend, als zweifelhaft, als nichtig (als Schein), nehme ich nicht so auf. Die im naiven Erfahren betätigten Geltungsmodi, deren naiver Vollzug das ›auf dem Boden der Erfahrung stehen‹ (ohne sich in einer besonderen Vornahme und Entscheidung auf ihren Boden zu stellen) ausmacht, setze ich außer Vollzug, ich versage mir diesen Boden. Das betrifft Erfahrungen von Weltlichem nicht bloß einzelweise. Schon jede einzelne hat wesensmäßig ihren universalen Erfahrungshorizont, der, obschon unexpliziert, die offen endlose Totalität der seienden Welt als beständig mitgeltende mit sich führt. Eben dieses im natürlichen Leben aktuell und habituell immerfort mich tragende, mein gesamtes praktisches und theoretisches Leben fundierende im voraus Gelten bzw. im voraus Für-mich-Sein ›der‹ Welt inhibiere ich, ich nehme ihm die Kraft, die mir bisher den Boden der Erfahrungswelt gab. Und doch geht der alte Gang der Erfahrung weiter wie bisher – nur daß diese Erfahrung, in der neuen Einstellung modifiziert, mir eben den ›Boden‹ nicht mehr liefert, auf dem ich bisher stand. So übe ich phänomenologische ἐποχή, die mir also hinfort und eo ipso den Vollzug jedes Urteils, jeder prädikativen Stellungnahme zu Sein und Sosein und allen Seinsmodalitäten von räumlich-zeitlichem Dasein, von ›Realem‹, verschließt.« (»Husserliana« III,2, S. 586.)

5 [Hrsg.] »Comtesche« in einem Handexemplar Husserls hinzugefügt (vgl. »Husserliana« III,2, S. 485).

6 [Hrsg.] In seinen Handexemplaren hat Husserl diese Frage durch folgende Erweiterungen des Textes verdeutlicht:
»Kann nach Ausschaltung des universalen Bodens der natürlichen Erfahrung, der Erfahrung im gewöhnlichen Sinn, überhaupt noch eine mögliche Erfahrung und ein Erfahrungsboden übrig sein, und damit ein Seinsboden für eine mögliche Wissenschaft? Was kann denn übrig bleiben, wenn die ganze Welt ›ausgeschaltet‹ ist?«
»Ist das Weltall nicht All des Seienden überhaupt? Hat es einen Sinn, nach dem, was ›übrig‹ bleibt, zu fragen? In der Tat, der Ausdruck ist bedenklich, da er, aus der sinnlichen realen Welt genommen, den Gedanken mit sich führt eines Wegtuns eines Teiles aus einem Ganzen, aus einem realen Zusammenhang. Die Frage darf aber in der Form ihren guten Sinn behalten: was kann als Sein noch setzbar sein, wenn das Weltall, das All der Realität eingeklammert bleibt?« (»Husserliana« III,2, S. 485.)

7 [Hrsg.] Auf einem Beiblatt zu einem Handexemplar schließt Husserl hier folgenden Ausblick auf den weiteren Gedankengang an: »So wird sich die vorangestellte Frage beantworten, was denn noch übrig bleiben kann, wenn durch jene phänomenologische Epoché das Weltall – wie wir zunächst doch meinen, das All des Seienden überhaupt – außer Geltung gesetzt wird. Es verbleibt, oder vielmehr es wird durch diese Epoché allererst eröffnet, die absolute Seinsregion, die der absoluten oder ›transzendentalen‹ Subjektivität – nicht eine partiale Region der totalen Realitätenregion Weltall, vielmehr von ihr und allen ihren Sonderregionen prinzipiell geschieden, aber keineswegs geschieden im Sinne einer Angrenzung, als ob sie sich ergänzend mit der Welt verbinden, mit ihr ein umfassendes Ganzes bilden könnte. Die Welt ist in sich eine Totalität, die ihrem Sinn gemäß eine Erweiterung nicht zuläßt. Und doch wird sich zeigen, daß die Region der absoluten oder transzendentalen Subjektivität in einer besonderen, ganz einzigartigen Weise das reale Weltall bzw. alle möglichen realen Welten und alle Welten jedes erweiterten Sinnes ›in sich trägt‹, nämlich in sich durch wirkliche und mögliche ›intentionale Konstitution‹.« (»Husserliana« III,2, S. 590 f.)

8 [Hrsg.] »der Neuzeit« eingefügt aufgrund einer Korrektur in einem Handexemplar Husserls (vgl. »Husserliana« III,2, S. 486).

9 [Hrsg.] Husserl fügt in einem Handexemplar hinzu: »frei variierend und im reinen Überhaupt das Invariante, das verbleibende Allgemeine herausschauend« (»Husserliana« III,2, S. 487). Zur

Lehre von der eidetischen Variation vgl. in der vorliegenden Auswahl den Text »Wesenserschauung durch eidetische Variation«, S. 255 ff.

10 [Hrsg.] Wortlaut verbessert aufgrund einer Korrektur in einem Handexemplar Husserls (vgl. »Husserliana« III,2, S. 489).

11 Vgl. oben § 15, S. 29 [hier im Text »Tatsache und Wesen«, Abschn. 15, S. 126; Hrsg.].

12 Vgl. oben § 35, bes. S. 63 [hier Abschn. 9, S. 150; Hrsg.].

13 [Hrsg.] In einem Handexemplar hat Husserl hinzugefügt: »eine durch die psychologische Literatur beständig hindurchgehende Verwechselung« (»Husserliana« III,2, S. 493).

14 Wir gebrauchen hier, wie in dieser Schrift überhaupt, das Wort »prinzipiell« in einem strengen Sinne, mit Beziehung auf höchste und daher radikalste Wesensallgemeinheiten, bzw. Wesensnotwendigkeiten.

15 In meinen Göttinger Vorlesungen habe ich (und zwar seit dem S.-S. 1904) die unzureichende Darstellung, die ich (noch zu sehr bestimmt durch die Auffassungen der herrschenden Psychologie) in den »Logischen Untersuchungen« hinsichtlich der Verhältnisse zwischen diesen schlichten und fundierten Anschauungen gegeben hatte, durch eine verbesserte ersetzt und über meine weiterführenden Forschungen eingehende Mitteilungen gemacht – welche übrigens inzwischen terminologisch und sachlich literarische Wirkungen geübt haben. In den nächsten Bänden des »Jahrbuches« hoffe ich diese, wie andere in Vorlesungen längst verwertete Untersuchungen zur Veröffentlichung bringen zu können. – [Hrsg.] Zu einer solchen Veröffentlichung ist es nicht gekommen.

16 [Hrsg.] Husserl war mit diesem Absatz wie mit dem ganzen § 44 später nicht mehr zufrieden, wie aus folgender Bemerkung dazu (etwa um das Jahr 1924) hervorgeht: »Die absolute Gegebenheit und ihr Korrelat, das ›Absolute‹, ist falsch definiert. Das, worauf es ankommt, ist doch, daß Dinggegebenheit nicht nur als Gegebenheit durch Abschattung ist, sondern immerzu und notwendig präsumptive Gegebenheit, und zwar hinsichtlich jedes Gegenwartpunktes, jedes Punktes, in dem das Ding leibhaft als jetzt seiend und so seiend gegeben ist. Was immer von ihm gegeben ist: es kann sein, daß es falsche Prätention war, das hängt vom Fortgang der einstimmigen Wahrnehmung ab. Für immanentes Sein entfällt das. Mag eine Präsumption auf künftiges Sein nicht stimmen, mag es aufhören; soweit es erfahren ist, ist es auch notwendig, der Erfahrungsglaube für das wirklich Erfahrene ist nicht

durch den Gang weiterer Wahrnehmung betroffen.« (»Husserliana« III,2, S. 597 f.)
In diesem Sinne hat Husserl an den entscheidenden Sätzen des Absatzes in seinen Handexemplaren zahlreiche Korrekturen angebracht. Berücksichtigt man sie, würde der Text bis hierhin etwa folgenden Wortlaut haben: »Doch führen wir zunächst den Kontrast speziell zwischen Ding und Erlebnis noch nach der anderen Seite durch. Das Erlebnis stellt sich, sagten wir, als wahrnehmungsmäßige Gegenwart nicht durch Abschattung dar. Darin liegt, die Erlebniswahrnehmung ist schlichtes Erschauen von etwas, das in seinem ganzen gegenwärtigen Gehalt in jedem Punkte seines Jetzt in der Wahrnehmung als ›Absolutes‹ gegeben (bzw. zu geben) ist und nicht als Identisches von Erscheinungsweisen durch einseitige Abschattung. Alles, was wir von der Dinggegebenheit ausgeführt haben, verliert hier seinen Sinn, und das muß man sich im einzelnen zur völligen Klarheit bringen. Ein Gefühlserlebnis schattet sich nicht einseitig ab. Blicke ich darauf hin, so habe ich für jeden Punkt seiner kontinuierlichen Gegenwart ein Absolutes, es hat keine Seiten, die sich bald so, bald so darstellen könnten. Denkend kann ich Wahres und Falsches darüber denken, aber das, was im schauenden Blick dasteht, ist absolut da mit seinen Qualitäten, seiner Intensität usw., nicht präsumptiv einseitig erfahren.« (»Husserliana« III,2, S. 494 f.)
Husserl bestätigt diese Korrekturen noch durch folgende Randbemerkung: »Ja, woran auf den nachfolgenden Seiten angeknüpft ist, auf Seitengegebenheit kommt es an; damit auf die offene Präsumption und die Möglichkeit des Nichtseins« (»Husserliana« III,2, S. 494).

17 [Hrsg.] Den nachfolgenden Teil des Satzes hat Husserl in einem Handexemplar hinzugefügt (vgl. »Husserliana« III,2, S. 495).

18 Es handelt sich also um einen ganz ausgezeichneten Fall der empirischen Notwendigkeiten, die im § 6 am Schlusse des zweiten Absatzes, S. 15 der Abh. [im Text »Tatsache und Wesen«, Abschn. 6, S. 108; Hrsg.], erwähnt sind. Vgl. dazu auch die 3. Unters. des II. Bd. in der Neuauflage der »Log. Unters.«.

19 Es ist zu beachten, daß dieser phänomenologische Grundbegriff der Motivation, der sich mir mit der in den »Log. Untersuchungen« vollzogenen Absonderung der rein phänomenologischen Sphäre alsbald ergab (und als Kontrast zum Begriffe der auf die transzendente Realitätssphäre bezogenen Kausalität), eine Verallgemeinerung desjenigen Begriffes der Motivation ist, dem

gemäß wir z. B. vom Wollen des Zweckes sagen können, daß es das Wollen der Mittel motiviere. Im übrigen erfährt der Begriff der Motivation aus wesentlichen Gründen verschiedene Wendungen, die zugehörigen Äquivokationen werden ungefährlich und erscheinen sogar als notwendig, sowie die phänomenologischen Sachlagen geklärt sind. – [Hrsg.] Zum Begriff der Motivation vgl. Band II der *Ideen*, »Husserliana« IV, S. 220 ff.

20 [Hrsg.] Die Einfügung in Klammern wurde aufgrund einer Ergänzung in einem Handexemplar Husserls hinzugesetzt (vgl. »Husserliana« III,2, S. 498).

21 [Hrsg.] Die Einfügung in Klammern wurde aufgrund einer Ergänzung in einem Handexemplar Husserls hinzugesetzt (vgl. »Husserliana« III,2, S. 499).

22 [Hrsg.] Die Einfügung in Klammern wurde aufgrund einer Ergänzung in einem Handexemplar Husserls hinzugesetzt (vgl. »Husserliana« III,2, S. 499).

23 [Hrsg.] Die Einfügung in Klammern wurde aufgrund einer Ergänzung in einem Handexemplar Husserls hinzugesetzt (vgl. »Husserliana« III,2, S. 499).

24 Ich gestatte mir hier vorübergehend zu Zwecken eindrucksvoller Kontrastierung eine außerordentliche und doch in ihrer Art zulässige Erweiterung des Begriffes »Sinn«.

»Encyclopaedia Britannica«-Artikel

(S. 196–224)

1 [Hrsg.] Der folgende Text ist die vierte und abschließende Fassung eines Artikels »Phänomenologie«, den Husserl 1927 für die *Encyclopaedia Britannica* verfaßt hat. Er spiegelt seine Bemühung der zwanziger Jahre, über eine neue, in phänomenologischem Sinne konzipierte Psychologie in die transzendentale Phänomenologie einzuführen. Der Text ist dem von W. Biemel herausgegebenen Band IX der »Husserliana«: *Phänomenologische Psychologie*, entnommen.

2 [Hrsg.] Die Gedanken dieses Abschnitts hat Husserl in einem Vortragsmanuskript des Jahres 1928 (»Amsterdamer Vorträge«) weiter entfaltet, das ebenfalls in Band IX der »Husserliana« abgedruckt ist (vgl. dort S. 328 ff.). Vgl. außerdem in der vorliegenden Auswahl den Text »Psychologismus und transzendentale Grundlegung der Logik«, S. 225 ff.

Psychologismus und transzendentale Grundlegung der Logik

(S. 225–254)

1 [Hrsg.] Die Abschnitte 2–13 des folgenden Textes enthalten aus dem zweiten Teil der *Formalen und transzendentalen Logik* von 1929 das 1. Kapitel »Psychologismus und transzendentale Grundlegung der Logik« unter Auslassung des Einleitungs- und Schlußparagraphen, die die Funktion haben, das Kapitel mit dem vorangegangenen bzw. folgenden Text zu verbinden. Die Paragraphen 56–67 erscheinen in der vorliegenden Auswahl als die Abschnitte 2–13. Als 1. Abschnitt wurde dem Ganzen § 8 vorangestellt, eine den »Vorbereitenden Betrachtungen« des Werks entnommene allgemeine Vorüberlegung, an die Husserl zu Beginn von § 56 ausdrücklich anknüpft. Grundlage der vorliegenden Auswahl ist der Erstdruck der *Formalen und transzendentalen Logik* in Band X des *Jahrbuchs für Philosophie und phänomenologische Forschung*. Die von P. Janssen besorgte historisch-kritische Neuausgabe in Band XVII der »Husserliana« wurde für eine Textverbesserung aufgrund von Husserls Handexemplar benutzt.

2 [Hrsg.] Husserl verweist hier auf »bald folgende Publikationen«, die aber nicht erschienen sind, und auf das 6. Kapitel der *Formalen und transzendentalen Logik*, insbesondere § 99. Mit dem Psychologismus hatte sich Husserl auch in der Vorlesung »Phänomenologische Psychologie« (Sommer 1925) und in einem Vortragsmanuskript des Jahres 1928 auseinandergesetzt, die beide in Band IX der »Husserliana« veröffentlicht sind (vgl. dort S. 3 ff. und S. 328 ff.). Vgl. aus derselben Zeit in der vorliegenden Auswahl Abschnitt 8 des *Encyclopaedia Britannica*-Artikels.

3 [Hrsg.] Husserl verweist hier auf § 10 der *Formalen und transzendentalen Logik*.

4 Über diese in den »Prolegomena« noch nicht gemachte Unterscheidung bringen meine bald erscheinenden Logischen Studien die begründende Ausführung. – [Hrsg.] Die hier von Husserl angekündigten Untersuchungen sind nicht erschienen. Ein Teil dessen, was sie bringen sollten, ist aber in *Erfahrung und Urteil* enthalten (vgl. dort Abschn. III).

5 Außerwesentliche Zeitbezogenheit können irreale Gegenständlichkeiten sehr wohl annehmen, wie nicht minder außerwesentliche Raumbezogenheit und Realisierung.

6 [Hrsg.] Husserl verweist hier auf § 107 der *Formalen und transzendentalen Logik*.

7 Wie es mich selbst in der Zeit der »Logischen Untersuchungen« beirrt hat.

8 [Hrsg.] Husserl verweist hier auf § 44 der *Formalen und transzendentalen Logik*.

9 [Hrsg.] Husserl verweist hier auf § 46 der *Formalen und transzendentalen Logik*.

10 Ich finde nicht, daß man der zuerst in den »Logischen Untersuchungen«, II. Teil durchgeführten und in meinen »Ideen« vertieften Klärung der Evidenz und der ganzen zugehörigen Verhältnisse zwischen bloßer »Intention« und »Erfüllung« eine hinreichende Beachtung geschenkt hätte. Sie ist sicherlich sehr der Vervollkommnung bedürftig, aber ich glaube doch, in dieser ersten Klärung einen entscheidenden Fortschritt der Phänomenologie gegenüber der philosophischen Vergangenheit sehen zu dürfen. Ich bin der sicheren Überzeugung, daß erst durch die aus ihr erwachsene Einsicht in das Wesen und die eigentliche Problematik der Evidenz eine ernstlich wissenschaftliche Transzendentalphilosophie (»Vernunftkritik«) möglich geworden ist, wie im Grunde auch eine ernstlich wissenschaftliche Psychologie, diese nämlich zentral gefaßt als Wissenschaft vom Eigenwesen des Psychischen, als welches (wie Brentano entdeckt hat), in der Intentionalität liegt. Die neue Lehre hat freilich die Unbequemlichkeit, daß die Berufung auf Evidenz aufhört, sozusagen ein Trick der erkenntnistheoretischen Argumentation zu sein, und dafür ungeheure Bereiche von evident faßbaren und lösbaren Aufgaben stellt, letztlich die Aufgaben der phänomenologischen Konstitution, worüber das 6. und 7. Kapitel näheres beibringen wird.

11 [Hrsg.] Husserl verweist hier auf die von Heidegger herausgegebenen *Vorlesungen zur Phänomenologie des inneren Zeitbewußtseins*. Vgl. im zweiten Band der vorliegenden Auswahl den Text »Phänomenologie des inneren Zeitbewußtseins«, insbesondere die Abschnitte 24 und 25.

12 [Hrsg.] Text verbessert unter Berücksichtigung einer Korrektur in Husserls Handexemplar (vgl. »Husserliana« XVII, S. 175).

Wesenserschauung durch eidetische Variation

(S. 255–270)

1 [Hrsg.] Die nachfolgenden Abschnitte 1–4 sind die Paragraphen 86–89, die in der Schrift *Erfahrung und Urteil* innerhalb des drit-

ten Teils des Werkes (»Die Konstitution der Allgemeingegenständlichkeiten und die Formen des Überhaupt-Urteilens«) die erste Hälfte des 2. Kapitels »Die Gewinnung der reinen Allgemeinheiten durch die Methode der Wesenserschauung« bilden. *Erfahrung und Urteil* ist ein von L. Landgrebe, dem einen der beiden letzten Husserl-Assistenten, zusammengestelltes und redigiertes, mit Husserl durchgesprochenes und von ihm autorisiertes Manuskript, das aber erst kurz nach seinem Tode 1938 von Landgrebe veröffentlicht werden konnte. Dem Werk liegen von Landgrebe mehr oder weniger stark bearbeitete Manuskripte aus den zwanziger Jahren zugrunde. Der hier wiedergegebene Text ist der von Landgrebes Neuausgabe aus dem Jahre 1948, inzwischen unverändert in 5. Auflage mit einem Nachwort von L. Eley erschienen. Eine erste Darstellung der eidetischen Variation aus dem Jahre 1925 findet sich in § 9 der *Phänomenologischen Psychologie*.

2 [Hrsg.] Im Buch wird hier auf die ausführlichen Erörterungen des Phantasieerlebnisses in § 40 von *Erfahrung und Urteil* hingewiesen.

Literaturhinweise

I. Werke von Husserl

(Soweit sie in der Einleitung genannt wurden.)

Husserliana – Edmund Husserl: Gesammelte Werke. Aufgrund des Nachlasses veröffentlicht in Gemeinschaft mit dem Husserl-Archiv an der Universität Köln vom Husserl-Archiv (Löwen). Den Haag 1950 ff.

Bd. I: Cartesianische Meditationen und Pariser Vorträge. Hrsg. von S. Strasser. 1950.

Bd. II: Die Idee der Phänomenologie. Fünf Vorlesungen. Hrsg. von W. Biemel. 1950.

Bd. III: Ideen zu einer reinen Phänomenologie und phänomenologischen Philosophie. Erstes Buch. Allgemeine Einführung in die reine Phänomenologie. Hrsg. von W. Biemel. 1950.

Bd. III,1: Dass. Text der 1.–3. Auflage. Neu hrsg. von K. Schuhmann. 1976.

Bd. III,2: Dass. Ergänzende Texte (1912–1929). Neu hrsg. von K. Schuhmann. 1976.

Bd. IV: Ideen zu einer reinen Phänomenologie und phänomenologischen Philosophie. Zweites Buch. Phänomenologische Untersuchungen zur Konstitution. Hrsg. von W. Biemel. 1952.

Bd. VI: Die Krisis der europäischen Wissenschaften und die transzendentale Phänomenologie. Eine Einleitung in die phänomenologische Philosophie. Hrsg. von W. Biemel. 1954.

Bd. VII: Erste Philosophie (1923/24). Erster Teil. Kritische Ideengeschichte. Hrsg. von R. Boehm. 1956.

Bd. VIII: Erste Philosophie (1923/24). Zweiter Teil. Theorie der phänomenologischen Reduktion. Hrsg. von R. Boehm. 1959.

Bd. IX: Phänomenologische Psychologie. Vorlesungen Sommersemester 1925. Hrsg. von W. Biemel. 1962.

Bd. X: Zur Phänomenologie des inneren Zeitbewußtseins (1893–1917). Hrsg. von R. Boehm. 1966.

Bd. XI: Analysen zur passiven Synthesis. Aus Vorlesungs- und Forschungsmanuskripten 1918–1926. Hrsg. von M. Fleischer. 1966.

Bd. XVI: Ding und Raum. Vorlesungen 1907. Hrsg. von U. Claesges. 1973.

Bd. XVII: Formale und transzendentale Logik. Versuch einer Kritik der logischen Vernunft. Hrsg. von P. Janssen. 1974.
Bd. XVIII: Logische Untersuchungen. Erster Band. Prolegomena zur reinen Logik. Hrsg. von E. Holenstein. 1975.
Bd. XIX: Logische Untersuchungen. Zweiter Band. Untersuchungen zur Phänomenologie und Theorie der Erkenntnis. 2 Bde. Hrsg. von U. Panzer. 1984.

Außerhalb der »Husserliana« erschienene Schriften:

Logische Untersuchungen. 1. Aufl. in 2 Bdn. Halle a. d. S. 1900–01. 2. Aufl. in 3 Bdn. Ebd. 1913. Unveränd. Nachdr. der 2. Aufl. Tübingen 1968. 1980.
Bd. I: Prolegomena zur reinen Logik.
Bd. II,1: Untersuchungen zur Phänomenologie und Theorie der Erkenntnis.
Bd. II,2: Elemente einer phänomenologischen Aufklärung der Erkenntnis.

Philosophie als strenge Wissenschaft. In: Logos 1 (1910/11) S. 289–341. Neu hrsg. von W. Szilasi. Frankfurt a. M. 1965.

Ideen zu einer reinen Phänomenologie und phänomenologischen Philosophie. Erstes Buch. Allgemeine Einführung in die reine Phänomenologie. In: Jahrbuch für Philosophie und phänomenologische Forschung. Bd. I. Halle a. d. S. 1913. S. 1–360. – Sonderdr. Ebd. 1913. Unveränd. Nachdr. Tübingen 1980.

Edmund Husserls Vorlesungen zur Phänomenologie des inneren Zeitbewußtseins. Hrsg. von M. Heidegger. In: Jahrbuch für Philosophie und phänomenologische Forschung. Bd. IX. Halle a. d. S. 1928. S. 367–497. – Sonderdr. Ebd. 1928. Unveränd. Nachdr. Tübingen 1980.

Formale und transzendentale Logik. Versuch einer Kritik der logischen Vernunft. In: Jahrbuch für Philosophie und phänomenologische Forschung. Bd. X. Halle a. d. S. 1929. S. 1–298. – Sonderdr. Ebd. 1929. Unveränd. Nachdr. Tübingen 1981.

Erfahrung und Urteil. Untersuchungen zur Genealogie der Logik. Red. und hrsg. von L. Landgrebe. Mit einem Nachw. von L. Eley. 5. Aufl. Hamburg 1976. [Unveränd. Text des Erstdr. von 1938.]

V. Logische Untersuchung. Nach der 1. Aufl. von 1901. Hrsg., eingel. und mit Reg. vers. von E. Ströker. Hamburg 1975.

Cartesianische Meditationen. Hrsg., eingel. und mit Reg. vers. von E. Ströker. Hamburg 1977.

Die Krisis der europäischen Wissenschaften und die transzendentale Phänomenologie. Hrsg., eingel. und mit Reg. vers. von E. Ströker. Hamburg 1977. [Text des 1936 veröffentlichten Ersten Teiles einer von Husserl geplanten Folge weiterer Abhandlungen; zu den Teilen aus dem Nachlaß Husserls vgl. »Husserliana« VI.]

II. Literatur über Husserl

(Für Arbeiten zur Konstitutions- und Lebensweltproblematik sei auf den zweiten Auswahlband verwiesen.)

1. *Bibliographien*

Schriften Husserls bis Juni 1959 (Originaltexte und Übersetzungen). Zsgest. von H. L. Van Breda. In: Edmund Husserl. 1859–1959. Den Haag 1959.

Schriften über Husserl. In: Revue Internationale de Philosophie 2 (1939), zsgest. von J. Patočka; 14 (1950), zsgest. von J. Raes; 71/72 (1965), zsgest. von G. Maschke und I. Kern. – Zeitschrift für philosophische Forschung 13,2/3 (1959), Bibliogr. 1945–1959 von L. Eley. – Archiv für Geschichte der Philosophie 57 (1975), Bibliogr. 1965–1971 von M. M. van de Pitte.

2. *Einführende und allgemeine Literatur*

Boehm, R.: Vom Gesichtspunkt der Phänomenologie. Husserl-Studien. Den Haag 1968.

Fink, E.: Studien zur Phänomenologie 1930–1939. Den Haag 1966.

– Nähe und Distanz. Phänomenologische Vorträge und Aufsätze. Freiburg/München 1976.

Held, K.: Husserl. In: Klassiker der Philosophie. Hrsg. von O. Höffe. Bd. 2. München 1981. S. 274–297, 490–493.

Heidegger, M.: Prolegomena zur Geschichte des Zeitbegriffs. Hrsg. von P. Jaeger. Frankfurt a. M. 1979. (Gesamtausgabe. Bd. 20.)

Janssen, P.: Edmund Husserl. Freiburg/München 1976.

Landgrebe, L.: Der Weg der Phänomenologie. Gütersloh 1963.

– Phänomenologie und Geschichte. Gütersloh 1968.

– Faktizität und Individuation. Studien zu den Grundfragen der Phänomenologie. Hamburg 1982.

Noack, H. (Hrsg.): Husserl. [Mit Beiträgen von P. Natorp,

O. Becker, L. Landgrebe u. a.] Darmstadt 1973. (Wege der Forschung. Bd. 40.)
Ricœur, P.: Husserl: An Analysis of his Phenomenology. Evanston (Ill.) 1967.

3. *Husserls Leben; Entwicklung, geschichtliche Stellung und Nachwirkung seines Denkens*

Aguirre, A.: Die Phänomenologie Husserls im Lichte ihrer gegenwärtigen Interpretation und Kritik. Darmstadt 1982.
Biemel, W.: Die entscheidenden Phasen der Entfaltung von Husserls Philosophie. In: Zeitschrift für philosophische Forschung 13,2 (1959) S. 187–213.
Gadamer, H.-G.: Die phänomenologische Bewegung. In: H.-G. G.: Kleine Schriften III. Tübingen 1972. S. 150–189.
Heidegger, M.: Sein und Zeit. Halle a. d. S. 1927 [u. ö.].
Henrich, D.: Über die Grundlagen von Husserls Kritik der philosophischen Tradition. In: Philosophische Rundschau 6 (1958) S. 1–26.
Husserl und das Denken der Neuzeit. (Akten des zweiten Internationalen Phänomenologischen Kolloquiums, Krefeld 1956.) Hrsg. von H. L. Van Breda und J. Taminiaux. Den Haag 1959.
Husserl Studies. Hrsg. von J. N. Mohanty und K. Schuhmann. Den Haag 1984 ff.
Lübbe, H.: Bewußtsein in Geschichten. Studien zur Phänomenologie der Subjektivität. Freiburg 1972.
Merleau-Ponty, M.: Phénoménologie de la perception. Paris 1945. – Dt.: Phänomenologie der Wahrnehmung. Übers. von R. Boehm. Berlin 1966.
Phänomenologische Forschungen. Hrsg. von der Deutschen Gesellschaft für phänomenologische Forschung. Red. E. W. Orth. Freiburg/München 1975 ff. [Jährlich 1–2 Bde.]
Sartre, J.-P.: L'être et le néant. Paris 1943. – Dt.: Das Sein und das Nichts. Übers. von J. Streller. Hamburg 1952. [Unvollst.] Ebd. 1962. [Vollst. – Neuübers. i. Vorb.]
Scheler, M.: Der Formalismus in der Ethik und die materiale Wertethik. Tl. I. In: Jahrbuch für Philosophie und phänomenologische Forschung. Bd. I. Halle a. d. S. 1913. S. 405–565. Tl. II. Ebd. S. 21–478. – Sonderdr. Ebd. 1913. 1916. [Später weitere Aufl.]
Schuhmann, K. (Hrsg.): Husserl-Chronik. Denk- und Lebensweg Edmund Husserls. Den Haag 1977. (Husserliana. Dokumente. Bd. 1.)

Schütz, A.: Der sinnhafte Aufbau der sozialen Welt. Wien 1932. Nachdr. Frankfurt a. M. 1974.
Sokolowski, R.: The Formation of Husserl's Concept of Constitution. Den Haag 1964.
Spiegelberg, H.: The Phenomenological Movement. A Historical Introduction. 2 Bde. Den Haag 1960 [u. ö.].

4. *Wahrheit, Wesen, Evidenz in der Phänomenologie*

Adorno, Th. W.: Zur Metakritik der Erkenntnistheorie. Studien über Husserl und die phänomenologischen Antinomien. Stuttgart 1956.
Carr, D.: Interpretation und Evidenz. In: Freiburger Zeitschrift für Philosophie und Theologie 23,3 (1976) S. 253–268.
Eley, L.: Die Krise des Apriori in der transzendentalen Phänomenologie E. Husserls. Den Haag 1962.
– Metakritik der formalen Logik. Den Haag 1969.
Hoyos Vásquez, G.: Intentionalität als Verantwortung. Den Haag 1976.
Orth, E. W.: Bedeutung, Sinn, Gegenstand. Studien zur Sprachphilosophie E. Husserls und R. Hönigswalds. Bonn 1967.
Reinach, A.: Was ist Phänomenologie? München 1951. [Zuerst ersch. in: A. R.: Gesammelte Schriften. Halle a. d. S. 1921.]
Tugendhat, E.: Der Wahrheitsbegriff bei Husserl und Heidegger. Berlin 1967.

5. *Epoché; Reduktion; Phänomenologie und Psychologie*

Aguirre, A.: Genetische Phänomenologie und Reduktion. Zur Letztbegründung der Wissenschaft aus der radikalen Skepsis im Denken E. Husserls. Den Haag 1970.
Drüe, H.: E. Husserls System der phänomenologischen Psychologie. Berlin 1963.
Fulda, H. F.: Husserls Wege zum Anfang einer transzendentalen Phänomenologie. In: Der Idealismus und seine Gegenwart. Festschr. für W. Marx. Hamburg 1976. S. 147–165.
Funke, G.: Phänomenologie – Metaphysik oder Methode? Bonn 1966.
Gurwitsch, A.: Théorie du champ de la conscience. Desclée de Brouwer 1957. – Dt.: Das Bewußtseinsfeld. Übers. von W. D. Fröhlich. Berlin 1975.
Held, K.: Husserls Rückgang auf das phainómenon und die

geschichtliche Stellung der Phänomenologie. In: Phänomenologische Forschungen 10 (1980) S. 89–145.
Herrmann, F.-W. v.: Husserl und die Meditationen des Descartes. Frankfurt a. M. 1971.
Kern, I.: Husserl und Kant. Eine Untersuchung über Husserls Verhältnis zu Kant und zum Neukantianismus. Den Haag 1964.
Schuhmann, K.: Die Fundamentalbetrachtung der Phänomenologie. Den Haag 1971.
Seebohm, Th.: Die Bedingungen der Möglichkeit der Transzendentalphilosophie. Bonn 1962.
Ströker, E.: Das Problem der Epoché in der Philosophie Edmund Husserls. In: Analecta Husserliana. Bd. 1. Dordrecht 1971. S. 175–185.
– Phänomenologie und Psychologie. Die Frage ihrer Beziehung bei Husserl. In: Zeitschrift für philosophische Forschung 37 (1983) S. 3–19.

Textnachweise

Widerlegung des Psychologismus. – Aus: E. H.: Logische Untersuchungen. Bd. I: Prolegomena zur reinen Logik. Unveränd. Nachdr. der 2., umgearb. Aufl. 1913. Tübingen: Niemeyer, 1980. §§ 17–20, 41–51, S. 50–60, 154–191. © 1980 Max Niemeyer Verlag, Tübingen.

Tatsache und Wesen. – Aus: E. H.: Ideen zu einer reinen Phänomenologie und phänomenologischen Philosophie. Erstes Buch. Allgemeine Einführung in die reine Phänomenologie. In: Jahrbuch für Philosophie und phänomenologische Forschung. Bd. I. Halle a. d. S.: Niemeyer, 1913. Unveränd. Nachdr. Tübingen: Niemeyer, 1980. §§ 1–17, S. 7–32. © 1980 Max Niemeyer Verlag, Tübingen.

Die phänomenologische Fundamentalbetrachtung. – Aus: Ebd. In: Ebd. §§ 27–51, 55, S. 48–96, 106–108. © 1980 Max Niemeyer Verlag, Tübingen.

Encyclopaedia Britannica-Artikel. – Aus: Husserliana – E. H.: Gesammelte Werke. Bd. IX: Phänomenologische Psychologie. Vorlesungen Sommersemester 1925. Hrsg. von Walter Biemel. Den Haag: Nijhoff, 1962. S. 277–301. © 1962 Martinus Nijhoff Publishers B. V., Den Haag.

Psychologismus und transzendentale Grundlegung der Logik. – Aus: E. H.: Formale und transzendentale Logik. In: Jahrbuch für Philosophie und phänomenologische Forschung. Bd. X. Halle a. d. S.: Niemeyer, 1929. Unveränd. Nachdr. Tübingen: Niemeyer, 1981. §§ 8, 56–67, S. 29–31, 135–155. © 1981 Max Niemeyer Verlag, Tübingen.

Wesenserschauung durch eidetische Variation. – Aus: E. H.: Erfahrung und Urteil. Untersuchungen zur Genealogie der Logik. Red. und hrsg. von Ludwig Landgrebe. Mit einem Nachw. von Lothar Eley. 5. Aufl. Hamburg: Meiner, 1976. (Philosophische Bibliothek. Bd. 280.) §§ 86–89, S. 409–426. © 1976 Felix Meiner Verlag, Hamburg.

Deutsche Philosophie des 20. Jahrhunderts

IN RECLAMS UNIVERSAL-BIBLIOTHEK

Theodor W. Adorno, Philosophie und Gesellschaft. Fünf Essays. Auswahl und Nachwort von Rolf Tiedemann. 8005 [2]

Hans Albert, Kritische Vernunft und menschliche Praxis. 9874 [2]

Werner Becker, Elemente der Demokratie. 8009 [2]

Dieter Birnbacher, Verantwortung für zukünftige Generationen. 8447 [4] – auch geb.

Hans Blumenberg, Wirklichkeiten, in denen wir leben. 7715 [2]

Rüdiger Bubner, Zur Sache der Dialektik. 4 Aufsätze. 9974 [2]

Hans Ebeling, Freiheit, Gleichheit, Sterblichkeit. Philosophie nach Heidegger. 7776 [2]

Iring Fetscher, Arbeit und Spiel. Essays zur Kulturkritik und Sozialphilosophie. 7979 [2]

Kurt Flasch, Augustin. Einführung in sein Denken. 9962 [5] – Das philosophische Denken im Mittelalter. Von Augustin bis Machiavelli. 8342 [8] – auch geb.

Hans-Georg Gadamer, Die Aktualität des Schönen. Kunst als Spiel, Symbol und Fest. 9844

Volker Gerhardt, Pathos und Distanz. Studien zur Philosophie Friedrich Nietzsches. 8504 [3]

Jürgen Habermas, Politik, Kunst, Religion. 9902 [2]

Rudolf Haller, Facta und Ficta. Studien zu ästhetischen Grundlagenfragen. 8299 [2]

Nicolai Hartmann, Der philosophische Gedanke und seine Geschichte. Nachwort von Ingeborg Heidemann. 8538 [3]

Martin Heidegger, Der Ursprung des Kunstwerkes. Mit einer Einführung von Hans-Georg Gadamer. 8446 [2]

Werner Heisenberg, Quantentheorie und Philosophie. Vorlesungen und Aufsätze. Hrsg. Jürgen Busche. 9948 [2]

Dieter Henrich, Selbstverhältnisse. Gedanken und Auslegungen zu den Grundlagen der klassischen Philosophie. 7852 [2]

Otfried Höffe, Den Staat braucht selbst ein Volk von Teufeln. Philosophische Versuche zur Rechts- und Staatsethik. 8507 [2]

Edmund Husserl, Die phänomenologische Methode. Ausg. Texte I. Hrsg. von Klaus Held. 8084 [4] – Phänomenologie der Lebenswelt. Ausg. Texte II. Hrsg. von Klaus Held. 8085 [4]

Karl Jaspers, Über Bedingungen und Möglichkeiten eines neuen Humanismus. 3 Vorträge. Nachwort von Kurt Rossmann. 8674

Bernulf Kanitscheider, Kosmologie. Geschichte und Systematik in philosophischer Perspektive. 8025 [6]
Hans Lenk, Pragmatische Vernunft. Philosophie zwischen Wissenschaft und Praxis. 9956 [2]
Wolf Lepenies, Gefährliche Wahlverwandtschaften. Essays zur Wissenschaftsgeschichte. 8550 [2]
Paul Lorenzen, Theorie der technischen und politischen Vernunft. 9867 [2]
Hermann Lübbe, Praxis der Philosophie. Praktische Philosophie. Geschichtstheorie. 9895 [2]
Odo Marquard, Abschied vom Prinzipiellen. 7724 [2] – Apologie des Zufälligen. 8351 [2]
Gottfried Martin, Einleitung in die allgemeine Metaphysik. 8961 [2]
Günther Patzig, Tatsachen, Normen, Sätze. 9986 [3]
Manfred Riedel, Norm und Werturteil. Grundprobleme der Ethik. 4 Aufsätze. 9958 [2]
Alfred Schmidt, Kritische Theorie, Humanismus, Aufklärung. Philosophische Arbeiten 1969–1979. 9977 [2]
Joachim Schulte, Wittgenstein. Eine Einführung. 8564 [3] – auch geb.
Walter Schulz, Vernunft und Freiheit. Aufsätze und Vorträge. 7704 [2]
Robert Spaemann, Philosophische Essays. 7961 [2]
Wolfgang Stegmüller, Rationale Rekonstruktion von Wissenschaft und ihrem Wandel. 9938 [2]
Ulrich Steinvorth, Stationen der politischen Theorie. Hobbes, Locke, Rousseau, Kant, Hegel, Marx, Weber. 7735 [5]
Ernst Tugendhat, Probleme der Ethik. 8250 [2]
Ernst Tugendhat / Ursula Wolf, Logisch-semantische Propädeutik. 8206 [3]
Friedrich Waismann, Logik, Sprache, Philosophie. Vorrede von Moritz Schlick. Hrsg. von Gordon Baker, Brian McGuinness und Joachim Schulte. 9827 [8] – Wille und Motiv. Zwei Abhandlungen über Ethik und Handlungstheorie. Hrsg. von Joachim Schulte. 8208 [3]
Carl Friedrich von Weizsäcker, Ein Blick auf Platon. Ideenlehre, Logik und Physik. 7731 [2]

Philipp Reclam jun. Stuttgart

Geschichte der Philosophie in Text und Darstellung

Band 1: *Antike.* Hrsg. von Wolfgang Wieland. 9911 [5]
Band 2: *Mittelalter.* Hrsg. von Kurt Flasch. 9912 [6]
Band 3: *Renaissance und frühe Neuzeit.* Hrsg. von Stephan Otto. 9913 [5]
Band 4: *Empirismus.* Hrsg. von Günter Gawlick. 9914 [5]
Band 5: *Rationalismus.* Hrsg. von Rainer Specht. 9915 [5]
Band 6: *Deutscher Idealismus.* Hrsg. von Rüdiger Bubner. 9916 [5]
Band 7: *19. Jahrhundert.* Positivismus, Historismus, Hermeneutik. Hrsg. von Manfred Riedel. 9917 [5]
Band 8: *20. Jahrhundert.* Hrsg. von Reiner Wiehl. 9918 [6]

Alle acht Bände auch in Kassette erhältlich.

»Diese Unternehmung besticht durch einen gescheiten Ausweg aus dem Dilemma, in das uns die Einsicht führt, daß es einen unparteiischen Standpunkt vielleicht nur für den lieben Gott gibt. Sie verfügt über eine Konzeption, die die je verschiedene Eigenart der geistigen Standpunkte und Perspektiven schon durch die Kombination der literarischen Gattungen herausstellt. Die Brauchbarkeit für das philosophische Bildungswesen wird dadurch sehr gefördert. Besonders für die neu gestaltete Oberstufe des Gymnasiums, in der dem Fach Philosophie eine besondere Bedeutung zukommt, scheint die Mischung von Text und Darstellung geeignet.
Der Philosophieunterricht, der sich dieses Angebot zunutze macht, stellt die geistespolitischen Kategorien bereit, die für das Verständnis der westlichen Staatstheorien im Fach Gemeinschaftskunde erforderlich sind.« *Eckhard Nordhofen, F. A. Z.*

Philipp Reclam jun. Stuttgart